《江苏铁路百年人物》

主　编：周世青

撰　稿：周世青　刘长安　任　静　付建中

《江苏铁路百年》丛书

江苏铁路
百年人物

周世青 主编
《江苏铁路百年》编委会 编著

JIANGSU TIELU
BAINIAN RENWU

中国铁道出版社
CHINA RAILWAY PUBLISHING HOUSE

图书在版编目(CIP)数据

江苏铁路百年人物 / 周世青主编;《江苏铁路百年》编委会编著. —北京:中国铁道出版社,2017.12

(江苏铁路百年)

ISBN 978-7-113-23417-1

Ⅰ.①江… Ⅱ.①周… ②江… Ⅲ.①铁路运输业-人物-列传-江苏-近现代 Ⅳ.①K826.16

中国版本图书馆CIP数据核字(2017)第171177号

书　　名:江苏铁路百年人物

作　　者:周世青主编　《江苏铁路百年》编委会编著

责任编辑:曾亚非　　**电话:**010-51873698　　**电子信箱:**zyfbooks@126.com

封面设计:崔丽芳

责任印制:郭向伟

出版发行:中国铁道出版社(100054,北京市西城区右安门西街8号)

网　　址:http://www.tdpress.com

印　　刷:三河市兴达印务有限公司

版　　次:2017年12月第1版　2017年12月第1次印刷

开　　本:700 mm×1 000 mm　1/16　**印张:**25.25　**字数:**375千

书　　号:ISBN 978-7-113-23417-1

定　　价:66.00元

序

PREFACE

铁路是国民经济的动脉。一部中国铁路发展史，就是中国百年历史发展的缩影。江苏地区，因其人文、经济的发达，在中国铁路发展的历程中始终处于领先的地位，江苏铁路因此成为中国铁路史上的一颗璀璨的明珠。

南京铁道职业技术学院、江苏省铁路办公室共同筹建的江苏铁路教育馆，自 2015 年 6 月开馆后，受到了社会各界的普遍欢迎。为巩固和进一步扩大展览的社会效益，主办方决定在《江苏铁路百年历程》展的基础上，组织编撰《江苏铁路百年》丛书。同时，也为江苏铁路从无到有，从筚路蓝缕到世界领先的百余年发展史，做出一个阶段性的记录。

《江苏铁路百年》丛书包括 3 个各为专题而又合成系列的内容:《江苏铁路百年人物》《江苏铁路百年遗存》和《江苏铁路百年故事》，总体形成一部极具特色的描述江苏地区铁路发展历程的作品，填补了研究普及江苏铁路发展历史的空白，其创作价值和出版意义应予充分肯定。

人物、地点与事件是构成历史的基本三要素。本丛书中《江苏铁路百年人物》一书，遴选了江苏铁路发展百年历史上的重要人物，从李鸿章、盛宣怀到王荷波、张嘉璈再到梅旸春、王道年、翟婉明等的晚清、民国、新中国三个历史时期百余名人士，都做了生平介绍，记载了他们对江苏铁路的突出贡献，从一个侧面反映了江苏铁路发展的历史。其中重点突出了发轫于铁路工人运动的中国共产党江苏组织成立与发展史，这是近代以来中国人民革命史上的辉煌篇章。值得一提的是，作者除了对于中共党员、进步人士及劳动模范的历史作用做出了褒奖之外，书中还介绍了在江苏铁路发展建设中做出过贡献的晚清、民国政界及相关专业人士，对其历史功绩都给予了实事求是的肯定与适当的评价，体现了历史唯物主义和实事求是的精神。这说明，一部江苏铁路发展的历史，就是我们中国人自己努力奋斗的历史。特别是新中国成立以后，在党和政府的领导下，江苏铁路从自成体系服务国家到高速发展领先国际，在中国铁路乃至整个交通发展史上写下了浓墨重彩的一笔。《江苏铁路百年故事》一书，则以大量生动的历史事件，全方位地反映了江苏铁路发展的百年史实，这是江苏铁路在内忧外患中艰难起步，在连天炮火中救国解放，在一穷二白中艰苦创业，在改革开放中发展腾飞各阶段历史的生动写照。贯穿着这些故事之中的是一种精神和力量，这就是苦干、实干、不屈不挠与艰苦奋斗，给人以鼓舞，给人以启迪。江苏铁路人的这种精神，体现了我们民族的风范，是我们努力奋斗实现中国梦的不竭动力。作为江苏铁路发展历史的一个重要内容，《江苏铁路百年遗存》一书，以图文并茂的形式，集结了江苏铁路发展史上的重要遗址、珍贵文物和历史文献，成为江苏铁路百年历史的生动写照，具有极高的史料价值。

江苏铁路历史久远，此类书刊并不多见，丛书作者悉心收集、精心研究和认真撰述，使该书成为宣传普及江苏铁路历史的重要教材，同时也具有文献史料的实证性价值。有鉴于此，南京铁道职业技术学院、江苏省铁路办公室共同组织编撰《江苏铁路百年》丛书具有深远的历史意义。同时，对以周世青先生为首的创作团队创造性的辛勤努力及其丛书的社会历史价值均应予高度评价。相信丛书出版后，会得到专业人士、广大读者及社会的充分认可，并在记载和宣传江苏铁路百年发展史中发挥出应有的作用。

马振犊

2017 年 2 月 20 日

（马振犊：中国第二历史档案馆馆长、研究馆员）

目录

CONTENTS

序

第一篇　晚清时期

左宗棠　早期铁路发展的重要推手 / 3
洪仁玕　提出在中国修建铁路的先驱 / 6
李鸿章　“中国铁路元勋” / 8
容　闳　倾力铁路的“留学生之父” / 11
王　韬　鼓吹铁路的第一报人 / 13
刘铭传　力陈铁路修至清江浦 / 15
张之洞　对铁路影响颇巨的晚清名臣 / 17
薛福成　放眼世界呼唤铁路 / 20
陆润庠　协理沪宁铁路的晚清状元 / 23
吕海寰　津浦铁路督办大臣 / 25
盛宣怀　清末“铁路总管” / 28
马建忠　为兴建铁路摇旗呐喊 / 31
许景澄　津镇铁路的谈判代表 / 33
张　謇　热心铁路的状元实业家 / 36
沈云霈　“东陇海铁路之父” / 39
刘　鹗　倾心铁路的晚清“通才” / 42

王清穆　主持商办江苏铁路 / 45
端　方　奏建宁省铁路的功臣 / 48
詹天佑　“中国铁路之父” / 51
唐绍仪　曾任全国铁路督办的外交家 / 54
邝孙谋　詹天佑献身铁路的推荐者 / 57

第二篇　中华民国时期

汤寿潜　民国首任交通总长 / 61
孙中山　提出“铁道立国”的伟大先行者 / 64
施肇曾　督办铁路有功的实业家 / 67
梁士诒　为铁路奔波忙碌的两朝元老 / 69
施肇基　以身作则的铁路总办 / 72
张静江　江南铁路功臣 / 75
徐骝良　早期著名铁路工程专家 / 78
颜德庆　曾任铁道部技监的工程专家 / 81
叶恭绰　开拓近代交通事业的文化人 / 83
王荷波　从铁路走出的中共早期领导人 / 86
连声海　任职最短的民国铁道部部长 / 89
郑　华　首都铁路轮渡的设计师 / 92
顾孟余　从大学教授到铁道部部长 / 95
张嘉璈　颇有作为的铁道部部长 / 98
黄伯樵　忠于职勇于事 / 101
孙　科　中国历史上首任铁道部部长 / 104
钱宗泽　功不可没的陇海铁路局长 / 107
买雨田　铁路大罢工纠察队长 / 110
陈兆春　“我们都是普通工人” / 112
凌鸿勋　“一代工程巨子” / 115

孙津川　英名永载中国工运史册 / 118
茅以升　中国近代桥梁之父 / 121
汪禧成　铁道信号事业的开拓者 / 124
俞大维　被称作“兵工之父”的交通部长 / 127
姚佐唐　与革命先驱李大钊同行 / 129
曾养甫　开拓交通事业的专家型官员 / 131
杨廷宝　下关火车站扩建工程设计者 / 133
唐绍泉　让革命的种子在工友中萌芽 / 136
王再生　龙华千古仰高风 / 138
金允文　铁路应用化学工作的开拓者 / 141
赵文秀　一腔热血洒津浦 / 144
王　柢　沧桑百载尽流芳 / 146
马绪善　南京铁路地下党组织的领头人 / 149

第三篇　中华人民共和国时期

顾懋勋　康奈尔归来的桥梁专家 / 153
石志仁　铁路机车车辆工业的开拓者 / 156
顾宜孙　中国铁路工程教育先驱 / 159
梅旸春　新中国第一代桥梁专家 / 162
茅以新　著名铁道机械工程专家 / 165
罗　河　图算及摄影测量学的一代宗师 / 168
黄逸峰　上海铁路局首任局长 / 171
汪菊潜　不辱使命，殚精竭虑 / 174
徐双生　铁路信号革新能手 / 177
陈昌言　鞠躬尽瘁，忠于职守 / 179
赵国鑫　保持常年安全的扳道员 / 182
唐振绪　新中国铁路教育科研的开拓者 / 184

童大埙　百岁铁道工程专家 / 187
李国豪　杰出的桥梁大师 / 190
王序森　南京长江大桥钢梁的设计者 / 193
刘曾达　老一辈功勋卓著的桥梁专家 / 196
宋次中　南京长江大桥工程指挥部指挥 / 199
姚明初　混凝土轨下基础结构专家 / 202
刘钟华　我国铁路内燃机车专业的创建者 / 205
朱思本　蜚声中外的铁道车辆技术专家 / 208
瞿　赳　我国牵引动力事业的开拓者 / 211
张锡弟　行车指挥自动化系统的开拓者 / 214
彭　敏　铁路桥梁建设的卓越领导者 / 217
钱冬生　著名桥梁工程教育家 / 220
徐邦栋　中国滑坡学的开创者和领路人 / 223
王道年　一生"铸"入戚墅堰 / 226
潘　田　生命随铁路而延伸 / 229
王宝贵　铁路轮渡优秀船长 / 232
岳延贵　"岳延贵调度法"的创立者 / 235
苏　民　铁道车辆科学研究的开拓者 / 237
王光华　铁路运输组织科学研究的领导者 / 240
周晨光　铁道金属材料及热处理专家 / 243
何希敬　建设苏北铁路的首倡者 / 246
方秦汉　一代"钢霸" / 249
王志遂　铁路桥梁抢修的领军人 / 252
韩金宝　车辆检修的能工巧匠 / 255
周　镜　铁路路基土工技术主要开拓者 / 258
庄铭耕　永远走在时间前面 / 261
许庆斌　中国运输经济学科的带头人 / 264
周月有　"钢轨 X 光眼" / 267

张金荣　五年干了十年活 / 270
胡宝玲　勇闯生命禁区的“水下尖兵” / 273
潘淮生　铁路职教园地的优秀园丁 / 276
陈剑秋　连续售票 12 万张无差错 / 279
严隽耄　我国机车车辆学科第一位博导 / 282
汪希时　铁路信号技术的创新与开拓者 / 285
施仲衡　中国城市轨道交通第一人 / 288
缪耀珊　我国铁路牵引供电系统的开拓者 / 291
吴培元　勇于创新的机辆制动技术专家 / 294
曹春元　桥梁制造技术难关的攻坚者 / 297
陈　新　与大江大河的不解之缘 / 299
袁保宗　铁道信号与信息处理专家 / 302
秦淞君　我国隧道工程技术的重要贡献者 / 305
赵燠南　东风 4 机车研发的领头人 / 308
邱世昱　著名铁路货车技术专家 / 311
黄自山　干一行，爱一行，钻一行 / 314
施雨农　铁路计算机网络和应用专家 / 317
周振远　铁路建设者的楷模 / 320
钱清泉　铁道电气化自动化工程的领军人 / 323
贾国荃　铁路环境保护领域的先行者 / 326
范广荣　铁路大提速的先行者 / 329
马德明　“天下第一钩” / 332
李炳华　“彭城铁路徐虎” / 334
李慧娟　铁路窗口的服务明星 / 337
卢义明　汗洒货场无怨悔 / 340
殷　军　除夕夜总在职工中间 / 343
刘国庆　与共和国同龄的技术能手 / 346
吴瑞桐　平凡岗位上的不平凡业绩 / 349

陆村宝　心中只有“火车头” / 352
黄柱国　用心走好安全“钢丝” / 355
缪昌文　让高铁列车开起来更顺畅 / 358
楚永萍　给车辆装上“飞毛腿”的人 / 361
王玉泽　我国高速铁路设计的开拓者之一 / 364
胡建龙　他的认真让所有人竖起大拇指 / 367
丁荣军　为列车设计中国“芯”的带头人 / 370
吴淑玄　焊花璀璨写春秋 / 373
翟婉明　铁路提速的“保护神” / 375
高宗余　人生因桥而出彩 / 378
吕陇民　把简单的事做好就是不简单 / 381
佘才高　成功源于兴趣，更在于责任 / 384
王文华　大山深处的坚守 / 387
张　忠　用知识和技能激发活力 / 389

后记 / 392

第一篇 晚清时期

Chapter One
The Late Qing Dynasty

左宗棠

早期铁路发展的重要推手
左宗棠

左宗棠(1812—1885),字季高、朴存,号上农人,湖南湘阴人。中国晚清政治家、军事家、洋务派首领。他一生经历了湘军平定太平天国运动、洋务运动、平叛陕甘回民起义和收复新疆维护中国统一等重要历史事件,也是早期中国铁路发展的重要推手。

左宗棠1812年11月10日出生,自幼聪颖,5岁时随父到长沙读书,14岁考童子试中第一名,曾写下“身无半文,心忧天下;手释万卷,神交古人”的对联以铭心志。1832年,20岁时中举。1851年太平天国起义爆发后,由好友胡林翼保荐,先后入湖南巡抚张亮基、骆秉章幕下,从此逐步步入仕途。1856年,升任兵部郎中。1860年,太平军攻破江南大营后,随同钦差大臣、两江总督曾国藩襄办军务。曾在湖南招募5 000人,组成“楚军”,赴江西、安徽与太平军作战。1861年太平军攻克杭州后,由曾国藩疏荐任浙江巡抚,督办军务。1862年,左宗棠组成中法混合军,称“常捷军”,并扩充中英混合军,先后攻陷金华、绍兴等地,升闽浙总督。1864年3月,左宗棠攻陷杭州,控制浙江全境。论功,封一等恪靖伯。随即奉命率军入江西、福建追击太平军李世贤、汪海洋部,至1866年2月攻灭于广东嘉应州(今梅县)。镇压太平天国后,左宗棠倡议减兵并饷,加给练兵。1866年上疏奏请设局监造轮船,获准试行,于是在福州马尾择址办船厂,派员出国购买机器、船槽,并创办求是堂艺局(亦称船政学堂),培养造船技术和海军人才。因西北起义渐趋激烈,清廷命左宗棠为陕甘总督,左宗棠推荐原江西巡抚沈葆桢任总理船政大臣。一年后,福州船政局(亦称马尾船政局)正式开工,成为中国第一个新式造船厂。1867 年，奉命为钦差大臣，督办陕甘军务，率军入陕西攻剿西捻军和西北反清回民军，残酷镇压了陕甘回民起义。左宗棠主政陕甘期间，继续从事洋务，创办兰州制造局(亦称甘肃制造局)、甘肃织呢总局(亦称兰州机器织呢局)，后者为中国第一个机器纺织厂。

湖南湘阴左宗棠纪念馆

1874 年 5 月，作为钦差大臣的左宗棠督办新疆军务。次年 4 月，左宗棠坐镇甘肃酒泉，收复新疆战役打响。1876 年，指挥多路清军讨伐阿古柏，次年 1 月占和阗(今和田)，收复除伊犁地区外的新疆全部领土，阿古柏在绝望中服毒自杀。左宗棠随即上疏建议新疆改设行省，以收长治久安之效。1879 年中俄伊犁交涉时，抨击崇厚一任俄国要求，轻率定议约章，丧权失地，主张“先之以议论”，“决之于战阵”。1880 年春，在新疆部署兵事，出肃州抵哈密坐镇，命令三路大军并进，彻底击溃了阿古柏残余势力，收复大片国土。1881 年初，中俄《伊犁条约》签定，中国收回了伊犁和特克斯河上游两岸领土(霍尔果斯河以西地区和北面的斋桑湖以东地区却被沙俄强行割去)。左宗棠应诏至北京任军机大臣兼在总理衙门行走，管理兵部事务。左宗棠在新疆期间，为保证军粮供给，发展地方经济，曾大力兴办屯垦业，其功绩遗泽至今。

1881 年夏，调任两江总督兼南洋通商大臣。1884 年 6 月，奉召入京，再任军机大臣。时值中法战争，法国舰队在福州马尾发动突然袭击，福建水师全军覆灭，左宗棠奉命督办福建军务。11 月抵福州后，积极布防，并组成“恪靖援台军”东渡台湾。

作为洋务派领袖，左宗棠也一直是中国铁路发展的推手。在1880—1881年的铁路问题论争中，左宗棠力持定议，坚定地支持刘铭传，并主张先建防俄北路，从天津至北京段入手。在刘铭传于1880奏请修筑清江浦至京铁路的基础上，左宗棠又于1885年7月再次奏请朝廷。他在奏折里提出："铁路宜仿造"。电报、轮船，特别是铁路关系商务军事，"一经告成，民因而富，国因而强，人物因而倍盛，有利无害"。他极力主张先修清江浦至通州铁路，"以通南北之枢"，"由官招商试办"，"迨至办有成效，再行添设分枝"至于"推广于西北一路，尤为日后必然之势"。

1885年，左宗棠病故于福州，终年73岁。

洪仁玕

提出在中国修建铁路的先驱

洪仁玕

洪仁玕(1822—1864),字益谦(亦作谦益),号吉甫,广东花县人,洪秀全的族弟,“拜上帝会”创始人之一,太平天国后期主要领导者。

洪仁玕自幼喜读经史、天文历数,参加科举考试失败后以教村塾为生。1843年洪秀全创立“拜上帝会”,洪仁玕洗礼入教。洪秀全“出游天下”宣传教义时,因家人反对,洪仁玕未得同去,后在清远一带任塾师。洪仁玕一面教书,一面宣传教义,发展教徒。1851年1月,太平军于金田起义时,洪仁玕没能到达。洪秀全派人到花县迎接,洪仁玕立即响应。接着,洪仁玕和前来迎接的人发动起义,失败后逃亡,于1852年4月到达香港。

在香港,洪仁玕结识瑞典传教士韩山文,受洗入教。韩山文死后,他任伦敦布道师,学习天文,留心西方文化。通过学习,洪仁玕的思想认识达到了新的飞跃。在他脑海里,逐渐形成一个用发展资本主义来改造中国的方案,这就是日后他的《资政新篇》的由来。1858年洪仁玕离香港北上,于1859年4月22日到达天京。这时正值天京内讧之后,早期的领袖或战死沙场,或在内讧中被戮,天王洪秀全猜忌异姓,翼王石达开又率兵出走,朝中无人。天王倚重洪仁玕,不出一月,累累加封而至“开朝精忠军师顶天扶朝纲干王”,命他总理朝政。

洪仁玕受天王重用,很想有所作为。他根据对世界大势、西方文明的了解,写了一部《资政新篇》,进呈天王,主张接受西方文明,走西方强国富民之路。经天王批准刊行,成为天国后期的政治纲领和珍贵典籍。

洪仁玕十分重视交通运输业这一先行部门的发展,最早提出在中国修建铁路的建议：以铁路“为全国之脉络，通则无病焉。”在《资政新篇》的“法法类”中，他提出了二十多条具体建议和措施。洪仁玕反对传统观点中对西方发明“奇技淫巧”“雕虫小技”的蔑视。在他看来，“火船、火车、钟表、电火表……等物”，“有夺造化之巧，足以广阔见之精，此正正堂堂之技”，所以要当作“中宝”一样珍惜。他还认识到俄罗斯邦之所以声威日著，就是由于“遣其长子伪装凡民到佛兰西学习邦法，火船技艺”。日本和美国亦是如此。

洪仁玕不仅认识到铁路火车的实用价值，更将其上升到近代文明的高度。在“用人察失类之禁朋党之弊”中，洪仁玕讲到“倘至兵强国富，俗厚风淳之日又有朝发夕至之火船火车……纵有一切诡弊，难逃太阳之照矣。”

从洪仁玕对铁路火车的价值和意义的论述，可以看出他对铁路火车的功能有了清晰的认识，可以简单概括为利商、便运、调兵、富国等。洪仁玕还设计了铁路运输线路的方案：“先于二十一省通二十一条大路，以为全国之脉络，通则国家无病焉。通省者阔三丈，通郡者阔二丈五尺，通县及市镇者阔二丈，通乡者阔丈余”。他认为有了铁路和火轮车，“虽三四千里之遥，亦可朝发夕至”，对军事和经济各方面都大有利益。洪秀全曾在《资政新篇》刻本有关兴筑铁路一项上写了“此策是也”的眉批。

可惜，洪仁玕的倡议未能实现，就于 1864 年 11 月 23 日在江西南昌就义。但他的远见卓识，必将在中国的历史长河中留下浓重的笔迹。正如后人对其评价说：“在中国近代史上，洪仁玕应该占有一席地位；在中国近代经济史和中国近代经济思想史上，洪仁玕应该占有一席之地；在中国铁路史上，洪仁玕应该占有一席更加突出的重要地位。否认洪仁玕在中国铁路史上首倡者的历史功绩，就是否认历史事实本身。”

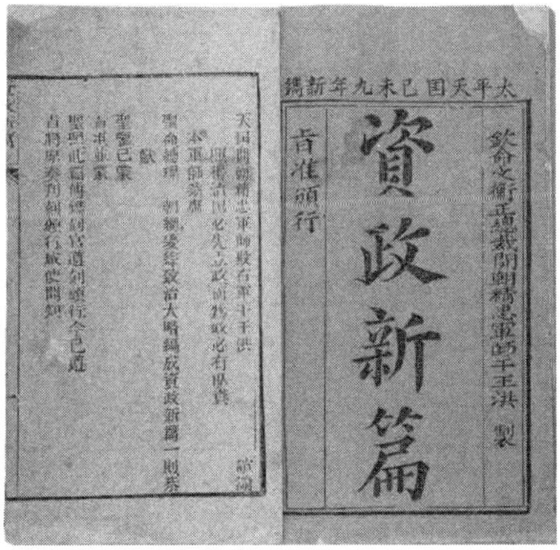

洪仁玕著《资政新篇》影印件

李鸿章

“中国铁路元勋”

李鸿章

李鸿章(1823—1901),本名章桐,字渐甫,号少荃(泉),安徽合肥人,晚清名臣。洋务运动的重要代表人物,也是中国近代铁路建设事业的开创者。

1823 年 2 月 15 日,李鸿章出生于合肥肥东县东乡磨店乡。他少年聪慧,六岁进入家馆棣华书屋学习,先后拜堂伯李仿仙和合肥名士徐子苓为师,攻读经史,打下扎实的学问功底。1845 年进京会试,为曾国藩门生,1847 年中进士。1853 年回乡办团练,参与镇压太平天国革命。1861 年奉命筹建淮军,翌年出任江苏巡抚。1867 年升任湖广总督,负责镇压捻军。1870 年调任直隶总督兼北洋通商大臣。甲午战争失败后,赴日本签订丧权辱国的《马关条约》。此后,还担任过两广总督、督办政务大臣等职。

李鸿章所处的时代是中国封闭的大门被西方的坚船利炮不断打开的时代,正如他自己所说这是“三千年未有之大变局”。作为当时“坐镇北洋,遥执朝政”的封疆大吏,李鸿章明确提出铁路乃自强根本,成为兴修铁路的积极主张者。当时中国积贫积弱,铁路建设耗资大、周期长。李鸿章认为筑路可以借外债,但不能丧失国家主权。1876 年,英国商人擅自修筑吴淞铁路,严重侵犯了中国主权,为此,李鸿章多次与英方进行严正交涉,并提议由中国赎回自办,促成中英双方签订“收赎吴淞铁路条款”,清政府用 28.5 万两白银赎回吴淞铁路。遗憾的是,清政府竟将赎回的吴淞铁路拆毁,违背了李鸿章赎路自办的初衷。

中国第一条自建铁路——唐胥(唐山到胥各庄)铁路是在李鸿章的支持下建成的。修建之初,顽固守旧势力百般阻挠,李鸿章一面批驳顽固派势力，争取朝廷允许修筑铁路，一面采取“先斩后奏”的办法，支持由开平煤矿出资修筑唐胥铁路。1880 年唐胥铁路动工，第二年即建成。直到这时，李鸿章才正式奏报朝廷。为了减少阻力，李鸿章故意在奏折中把这一条铁路说成是一条运输煤炭的“马路”。然而，唐胥铁路通车后不久，清政府就以“机车直驶，震动东陵，且喷出黑烟，有伤禾稼”，下令禁止使用机车。因此，唐胥铁路被迫改为驴马拖拽。由于禁止使用机车，所修铁路几乎报废。李鸿章又四处活动，据理力争，终于在 1882 年起争取到恢复使用机车牵引。

1882 年直隶总督李鸿章乘“龙号”机车视察唐胥铁路

李鸿章对中国铁路的贡献还在于提出了比较合理的筑路计划。1880 年他在《妥筹铁路事宜折》中，从国计、民生、军事、转运、邮政、矿务、行旅等方面，列举修建铁路“大利约有九端”，即从便民利商与巩固国防的角度着眼于铁路建设。为此，他提出了宏伟的筑路计划：“查中国要道，南路宜修二条：一由清江经山东，一由汉口经河南，俱达京师；北路二条，宜由京师东通奉天，西通甘肃。诚得此四路以为根本，则傍路繁要之区，虽相去或数百里而地段较短，需费较省，即招商集股，亦舆情乐就。从此由干达枝，纵横交错，不患铁路之不振兴。”李鸿章还授意刘铭传上了一份《筹造铁路以图自强》的折子，明确提出：铁路乃自强根本，建造铁路对漕运、赈灾、商务、矿务、厘捐、旅行都有好处,朝廷可以先造一条北京到清江浦的铁路,以沟通南北交通。

李鸿章对铁路的军事价值有清醒的认识。他指出:“从来兵合则强,兵分则弱,中国边防海防各万余里,若处处设备,非特无此饷力,亦且无此办法,苟有铁路以利师行,则虽滇、黔、甘、陇之运,不过一日可达,十八省防守之旅,皆可谓游击之师,将来裁兵节饷,并成劲旅,一呼可集,声势联络,一兵能抵十兵之用。”台湾孤悬海外,防务薄弱,极易遭敌攻击。因此,李鸿章对修建台湾铁路非常重视。在他的支持下,截至 1893 年,台湾已筑成 107 公里铁路。

李鸿章在复杂多变的形势下,力排众议,屡挫屡奋,呕心沥血,惨淡经营,使中国铁路从无到有,并最终促使清政府将修铁路定为国策。从某种意义上说,没有李鸿章就没有早期中国铁路事业。

1901 年 11 月 7 日,李鸿章在北京病逝,终年 78 岁。

倾力铁路的“留学生之父”
容闳

容闳(1828—1912),原名光照,族名达萌,号纯甫,广东香山人,中国近代著名的教育家、外交家和社会活动家。容闳是第一个毕业于美国耶鲁大学的中国留学生,是中国留学生事业的先驱,被誉为“中国留学生之父”。

1828年深秋,容闳出生在广东香山县南屏村的一户贫困农家。1835年,七岁的容闳跟随父亲去澳门,入读澳门马礼逊学堂,后随校迁至香港学习。1847年随师赴美留学,1850年考入耶鲁大学,1854年以优异成绩毕业,成为毕业于美国大学的第一个中国留学生。1855年回国,曾在广州美国公使馆、香港高等审判厅、上海海关等处任职。

容闳出于对太平天国的同情,1860年到太平天国首都天京,向洪仁玕提出组织良好军队、设立武备学校及海军学校、建立有效能的政府、颁定教育制度等七条建议,表示如被采纳,愿为太平天国效力。洪仁玕虽赞成,却因形势所迫无法实行。因而,容闳对太平天国任事坚辞未受。

1863年,容闳受曾国藩委派,为筹建江南制造局赴美采购机器,次年回国。所购100多种机器,成为第一个洋务企业——江南制造总局的主要设备。曾国藩遂保举容闳以五品候补同知衔,任江苏巡抚丁日昌的译员。容闳先后翻译了《地文学》《契约论》等书。同治五年,曾国藩采纳容闳建议,在江南制造总局内设立兵工学校,培养机械工程技术人员。

1868年,容闳向清政府提出以选派幼童出洋留学为重点的四项条陈。1872年奉命率学生30人赴美留学,兼任驻美副使,长期驻美。1875年出使美国、西班牙、秘鲁三国任副大臣。由于受到保守势力的疯狂攻击,派出的留学生于1881年被撤回,“中国幼童留美运动”被迫中止。这批留学生中,除早亡、留美不归和埋没故里者外，大多数人在不同岗位上为国家作出了突出贡献。

由于对洋务派的失望，容闳 1882 年至 1894 年又侨居美国。1894 年 7 月，中日甲午战争爆发，身在美国的容闳焦灼地关心战事，为祖国命运担忧。他通过关系给湖广总督张之洞写信表示愿回国效力。张之洞马上复电，要容闳回国商议。从 1896 至 1898 年间，容闳通过各种渠道向清政府提出种种兴国方案，其中最重要的是提出设立国家银行、修筑全国铁路两大建议。1896 年容闳拟请政府在京设立国家银行，得到时任总理衙门大臣的旧友张荫桓和户部尚书翁同龢的支持，上奏清廷获准，后遭电报局总办兼上海招商局总办盛宣怀的破坏，而功败垂成。

近代中国最早的一批“海归”(二排左二为容闳)

容闳积极主张改变中国近代落后的交通运输业。他倡议成立中外合资的铁路公司，并详细地陈述了铁路创建的招股、章程和人才应用等方面的举措。容闳的建议，即《容观察闳铁路条陈》被维新派人士所赞同。接着，容闳向清政府提议修建天津到镇江的铁路干线，但遭到盛宣怀的反对，未能得以实施。1896 年，容闳再次向清政府提出修建天津到镇江的铁路的建议，于 1898 年准许，但又遇到德国的阻碍。按容闳的计划，这条铁路应是跨越山东境内，而此时德国强占山东，不许铁路跨越。虽然容闳的计划胎死腹中，但这毕竟是以后建成的南北大动脉津浦铁路的最早动议。

1912 年 1 月 1 日，孙中山在南京就任民国政府临时大总统，次日便致信诚邀在美国的容闳归国担任要职，而此时的容闳已疾病缠身。4 月 21 日上午，容闳因病情恶化溘然长逝，终年 84 岁。

容闳的一生因促成两件大事而彪炳史册，即建成了中国近代第一座完整的机器厂——上海江南机器制造局；组织了第一批官费赴美留学幼童。在中国近代西学东渐、戊戌变法和辛亥革命中，容闳都有不可磨灭的贡献。

鼓吹铁路的第一报人
王韬

王韬

王韬(1828—1897),初名王利宾,学名瀚,字兰卿,后改名王韬,别号天南、遁叟等,江苏吴县(今苏州吴中区)人。近代著名思想家,中国历史上第一位报刊政论家。

王韬祖先原籍昆山,系明代巨族,明末兵乱,迁至甫里(今吴中区角直镇)。王韬1828年11月10日在甫里出生,5岁随母亲识字,而后随任乡村私塾先生的父亲,熟读四书五经,打下扎实的经学基础。1843年,15岁的王韬应县考中秀才,1846年到金陵应乡试不第。

王韬并不后悔,从此放弃科举,以期读书十年,另辟蹊径,然后出为世用。20岁那年,王韬赴上海探望在那里设馆授徒的父亲,富有西洋气息的上海立刻向他展现了一个新的奇异世界。不久父亲去世,他接受英国人麦都司的聘请到新教伦敦会办的墨海书馆从事著译工作。

1862年王韬化名黄畹,上书太平军,从战略上为太平军献策。后东窗事发,书信落入清军手中,清廷下令逮捕。王韬在英国驻沪领事避难四个月后逃亡香港,从此改王利宾为王韬。在香港,王韬受到英华书院院长里雅各的赏识,协助其翻译中国典籍,并主编《近事编录》,从而开始了长达20年之久的"海外"流亡生涯。在这期间,王韬从1867年冬起,用三年时间,游历英国、法国和瑞士等西方国家。这些大大超出他想象的海外奇观,令他欣喜异常。1870年回到香港后,王韬与友人黄平甫集资购得英华书院的印刷设备,于1874年创办了世界上第一家华资中文报纸《循环日报》,由此王韬被称为"中国第一报人"。王韬在该报主持笔政10年,于1884年回到上海定居。1879年,王韬应日本文人邀请,前往日本进行为期四个月的考察,写成《扶桑记游》。晚年曾担任上海格致书院院长，创办弢园书局，并尽其余力从事著述，刊行了《经学辑要》《西学辑存》等书，继续致力于改良主义和西方科技知识的宣传介绍。1893 年，孙中山拜会王韬，王韬为其修改了《上李鸿章书》，推荐到《万国公报》上发表，并代为向李鸿章的幕僚加以引荐。

循環日報

王韬创办的传播资产阶级改良思想的报纸《循环日报》

王韬是早期铁路建设的热情鼓吹者，曾在多篇文章中述及铁路建设。他说，中国南北道阻，货物转运困难，如果修筑铁路，则远近相通，可以互为联络；“不独利商，并且利国。凡文移之往来，机事之传递，不捷而速，化驰若神，遏乱民，御外侮，无不恃此焉”。他指出，“电报与铁路，西国以为至要之图，利国利民，莫可胜言，而中国以为不急之务，且以为中国断不能行，亦断不可行；或谓愚民惑于风水之说，强欲开辟，必致纷然不靖，是以利民者扰民也，此不宜者一也。或谓轮车之路，凿山开道，遇水填河，高者平，卑者增，其费浩繁，将何从措，即使竭蹶而为之，徒足以病民而害国，此不宜者二也。呜呼！是殆中国未之行耳，中国之民未之见耳。设使由少以成多，由近以及远，暂行试办，安见其必多窒碍乎？且铁路之所至，亦即电线之所通，其消息之流传，顷刻可知。国家于有事之时，运饷糈，装器械，载兵士，征叛逆，指日可以集事。”

王韬在 1864 年《上李鸿章书》中，曾十分感叹日本与西方通商仅七八年时间，“而枪炮舟船诸事，皆能构置”，相比之下，国内顽固派却拼命阻挠学习西法和引进铁路。他大胆地提出：“引进铁路，奋发图强，绝不能甘居日本之后。”1867 年，王韬随传教士去英国，实地考察了铁路，访问了铁路的管理人员，亲身领略了西国“轮车之迅捷”。他热诚地希望国内豪杰之士及早掌握这一变革之道。他认为：中国若要富强，则必须“筑轮车铁路”，这样可以做到“皆与民共其利，乌俾民情得以自达，而不至於上下隔阂，则民间忠义之气，能奋发於无形”。同时，他还提到铁路在国防上的价值，认为“俾中国之大，远近可以相互联络，仓卒有变，调兵遣舶，数日而可至”。

1897 年 5 月 24 日，王韬病逝于上海城西草堂，走完了他富有传奇色彩的一生。

刘铭传

力陈铁路修至清江浦

刘铭传

刘铭传(1836—1896),字省三,自号大潜山人,安徽合肥人,清朝名臣,洋务派骨干,台湾第一任巡抚,被称为台湾的“近代化之父”。刘铭传一生做过三件大事:一是跟随李鸿章镇压太平军和捻军起义,这成为他进入官场的起点,二是抗击法国侵略者进犯我国台湾,三是担任台湾巡抚,开发并建设台湾,为台湾的经济发展做出了不可磨灭的贡献。

1836 年 9 月 7 日刘铭传出生于贫苦农民家庭,兄弟多人,他排行老六,脸又微麻,人称刘六麻子。他少年时读过几年私塾,后来父亲和两个哥哥先后离世,在世的几位哥哥都已成家,只剩刘铭传与母亲相依为命,生活十分拮据。他参加了当地贩卖私盐,曾受到官府的追捕。1856 年夏天大旱,庄稼无收,民不聊生。刘铭传率附近农民到富豪家抢粮,官府派人追到刘家,没有捉到刘铭传,便放火烧了刘家的房屋,他母亲惊吓而死。从此刘铭传便举旗建寨。

当时,太平军已经攻下了南京,并建立起了与清政府相对的政权,达到了全盛时期。刘铭传曾想投奔太平军,后听说太平天国内乱,于是放弃。1858 年,合肥知县英涵诬刘铭传谋反,知州邹筲审讯后放其归乡并好言抚慰。刘铭传感念其不杀之恩,从此投靠朝廷,并于 1859 年 8 月率部下团练,在六安击败陈玉成下属部队,并在 1862 年成为李鸿章所组的淮军中“铭字营”头领。刘铭传与太平军、捻军作战,因作战勇猛、屡立战功,多次受到清廷的奖励加封。之后,他回到家乡立义庄、办义学,与他人合办了肥西书院,修建了紫蓬山寺庙、巢湖姥山塔以及合肥的包公祠等。

1880 年，列强加紧侵略我国，四方告警，边疆普遍危急，清廷起用旧将率军守边，刘铭传也应诏入京。在接受朝廷觐见过程中，刘铭传上奏了《奏请筹办铁路折》。

在奏折中，他提出了自己的铁路计划：以北京为中心，向南修筑两条铁路，一条经山东至清江，一条经河南达汉口。由北京向东修抵盛京，向西通达甘肃。四条干线用费浩繁，可次第修筑，先修北京达清江浦的一条。

刘铭传塑像（安徽合肥西紫蓬山）

中国自修铁路开始于 19 世纪 80 年代。刘铭传在中国铁路的产生时期，第一个提出以北京为中心，向长江流域、向西北修筑几条铁路干线的综合铁路计划，从而引起了中国铁路问题的大辩论。他在几次辩论中，坚持在中国自修铁路的主张，曾为中国自修铁路起到了中流砥柱的作用。尤其是他任台湾第一任巡抚期间，克服重重困难，修筑基隆至新竹的 106.7 公里的铁路，成为中国人自办自建的第一条铁路，为我国铁路的发端作出了很大贡献。

1884 年 6 月法军进犯台湾，清政府任命刘铭传授他福建巡抚衔，督办台湾防务。刘铭传当即奏上《海防十策》，被清政府采纳，接着他便赴台湾领军抗法。刘铭传在台湾时屡次打败法军登台的方案，在沪尾大捷中最终使法军抛弃登台。中法战争结束后，台湾建省，百废待兴。首任巡抚刘铭传从设防、练兵、清赋、抚番四大要务入手，大刀阔斧，进行了一系列改革，创造了许多“中国第一”，奠定了台湾近代化的基础。然而，刘铭传的改革是在当时已经腐烂透顶的清政府支配下进行的。在其推行过程中，他遇到了来自各方面的种种阻力，迫使他不得不于 1891 年告病辞官，返回安徽肥西故乡。

1896 年，刘铭传在家病逝，清追封太子太保，谥壮肃，准建专祠。后人评价刘铭传“倡淮旅，练洋操，议铁路，建台省，实创中国未有之奇”。

张之洞

对铁路影响颇巨的晚清名臣

张之洞

张之洞(1837—1909),字孝达,号香涛、香严,又号壹公、旲竞居士,晚年自号抱冰,直隶南皮(今属河北)人。晚清名臣,洋务派代表人物之一。

1837 年 9 月张之洞出生于贵州兴义府官舍,是张锳的第四个儿子。张之洞幼年禀赋聪慧,五岁入家塾,少时文才出众,11 岁时即为贵州全省学童之冠。12 岁时在贵阳出版第一本诗文集。

1853 年,张之洞回直隶南皮应顺天乡试,名列榜首。1863 年中进士,后历任翰林院编修、教习、侍读、侍讲学士及内阁学士等职。1881 年,授山西巡抚,开始大力从事洋务运动,成为后期洋务派的代表人物。1884 年春,中法战争前夕,补授两广总督,任内力主抗击法国侵略军,并筹饷备械,起用前广西提督老将冯子材等,终于击败法国军队。同时,在广东筹建官办新式企业,设立枪弹厂、铁厂、枪炮厂、铸钱厂、机器织布局、矿务局等;以新式装备和操法练兵,并设广东水陆师学堂。1889 年,张之洞调任湖广总督,在此后 18 年中,曾两度暂署两江总督,其余时间均就此任。期间,建立湖北铁路局、枪炮厂、纺织官局;并开办大冶铁矿、内河船运和电讯事业,力促兴筑芦汉、粤汉、川汉等铁路。张之洞把修铁路与发展本国钢铁业结合起来,克服种种困难,多方筹措资金,创建汉阳铁厂。1894 年 6 月,铁厂投产辖炼铁、炼钢、制轨等 10 个分厂,工人 3 000 余人,日出铁 50 多吨,为当时亚洲最大的综合性钢铁厂。该厂生产的路轨质量过关后,使中国人用国产轨铺铁路的梦想成为现实。

张之洞在就职鄂、苏两地总督期间,为培养洋务人才,尤为重视广办学校，曾设武备、农工商、铁路、方言、普通教育、师范等类新式学堂，并多次派遣学生赴日、英、法、德等国留学。在举办洋务事业中，还大量举借外债，开中国地方政府直接向外国订约借款之先河。

甲午战争爆发后，张之洞至江宁（今南京）暂兼两江总督。中国的战败，让张之洞痛心疾首，欲以修铁路自强。他于1895年7、10月间，先后两次向总理衙门提出修建沪宁铁路的建议，理由是“此路有益商务、筹款、海防三端”。年底，他再次上表，建议把这条路分段修筑，分别是：吴淞口—上海，上海—苏州，苏州—镇江，镇江—南京，“筹一段之款，即办一段之路”，“成一段之路，即可先收一段之利”。

张之洞在芦汉铁路开通的首班列车上

1896年1月，清政府同意张之洞所请。在直隶总督王文韶支持下，张之洞奏准将沪宁路归入铁路总公司，由盛宣怀主持该路建设。1898年5月，盛宣怀与怡和洋行订立《沪宁铁路借款草合同》。草约订立后，英国忙于在南非发动殖民地战争及参加八国联军侵华，迟迟未订立正约。1902年11月至1903年3月间，张之洞再度至宁兼任两江总督。经其催促，盛宣怀与英方抓紧谈判，使借款正约于1903年7月得以成立。

1907年3月，清政府命张之洞会同督办津浦铁路大臣袁世凯，办理津浦路借款事宜。张在指导谈判时提出，允给对方一定的“现利”，促其放弃一些意欲攫夺的中国路权，尽力“将借款与造路分为两事”，减少外国债权对中国路权的侵夺。经过谈判，借款正约于1908年1月订立。与以往的铁路借款合同相比，该正约确实收回了一些路权：其一，不以建成的铁路、路产及行车收入作抵，而改用直、鲁、苏三省厘金作抵，使债权国控制中国路权失去了物质前提；其二，取消了路成后债权国可在贷款期内代为管理、分取二成余利之权，而仅由中国一次性付给债权国“现利”20万英镑；其三，规定津浦铁路的建筑、管理权均属中国，外籍总工程师得听命于中国督办，中国可独立制订合同，根据需要予以聘用。

1907年12月，张之洞奉调进京，任体仁阁大学士、军机大臣，兼管学部。1908年7月清廷命张之洞出任督办粤汉铁路大臣，设总公所于北京。张见湘、鄂两省集款无多，成路有难，便有将两省干路收归国有之意，为此便谋借外债。张以津浦路借款成例为前提，与英商谈判不成，德商欲趁机打入长江流域，欣然应允。湘、鄂商民得知后，掀起拒款运动。年逾古稀的张之洞劳虑交加，一病不起，未将借款草约上奏，即于10月4日病故。

张之洞对清末中国铁路的发展作出卓越的贡献，还包括创办南京铁路学堂、湖北驻东铁路学堂（设于东京，中日合办）等中国早期铁路学校；会同刘坤一，上疏请用西法，内有“定路律”之议，实为1903年9月颁布的《铁路简明章程》之先声；所著之《劝学篇》，鼓吹“中学为体，西学为用”，其《外篇》旨在“务通，以开风气”，内有《铁路》专篇，视修铁路如同练兵，同为“救亡要政”。

薛福成

放眼世界呼唤铁路
薛福成

薛福成(1838—1894),字叔耘,号庸庵,江苏无锡人,著名的洋务派人士、爱国外交家和早期资产阶级改良主义者,文学家。

1838 年 4 月 12 日,薛福成出生在无锡宾雁里的一个书香门第,自幼即好经世实学。1858 年中秀才。1860 年撰写《选举论》上、中两篇,揭露科举制度种种弊端,要求加以改变,以利正文风,兴士气,选人才。1864 年入曾国藩幕。之前曾向曾国藩呈递万言书——《上曾侯书》,提出养人才、广垦田、兴屯政、治捻军、澄吏治、厚民生、筹海防、挽时变等八项施政方略。曾国藩大加赞赏,甚为器重,人称“曾门四弟子”之一。1872 年曾国藩病逝,薛福成去苏州书局任职。1875 年,得悉朝廷下诏“博采谠言,用资治理”,便写《应诏陈言》一疏,内含《治平六策》和《海防密议十条》,主张:努力改善外交,将国际公法与中外条约刊发各州县;科举时应为精通洋务的人特设一科,使优秀之才辈出;通过聘请洋员,派送人员留学,定制铁甲舰来发展海军等。他请山东巡抚丁宝桢代为上奏,被清廷采纳,由此名闻朝野。同年下半年,入李鸿章幕。

面对民族危机,薛福成苦思富国强兵之法,于 1879 年写出《筹洋刍议》,提出修改不平等条约,加强北方边防及以“官督商办”和私人集资的方法兴办工商实业等建议,为洋务运动提供了理论根据。1881 年署直隶宣化府,薛福成写下了《酌议北洋海防水师章程》,提出了对未来北洋海军的构想。1884 年初夏,薛福成出任浙江宁绍道台。这时中法战争爆发,遂加强防务,严阵以待。次年多次击退来犯法舰,击伤法将孤拨,挫败法军登陆浙江的企图，因公被授予布政使之职。1888 年薛福成升任湖南按察使，次年改任出使英、法、意、比四国大臣。1890 年 1 月，薛福成率使团启程赴欧洲。期间，认真考察英、法、意、比、俄等国的政治、经济、文化、军事情况，主张向西方学习，实行君主立宪，支持私人兴办工商实业，设立新式学堂以进行近代文化技术教育等，并认为人口增长太快是贫困的原因之一。在出使四国期间，进行了出色的活动，如以国际公约为依据，迫使英国政府同意中国在其属境内设立领事，以保护海外华侨利益。又经反复周旋争执，与英国订约，解决了滇缅边界旧案，收回了大片被侵占领土。1894 年薛福成任满回国，5 月 28 日到达上海，因积劳成疾和旅途劳顿，于 7 月 21 日病逝。

薛福成的业绩和思想，在中国近代史，尤其是中国近代思想史上有着重要地位和社会影响。特别是他在放眼看世界，究心西学的过程中，重点研究铁路并加以热情鼓吹，对中国早期铁路发展起到了推波助澜的作用。

薛福成在《创开中国铁路议》(1878 年作)、《李鸿章妥筹铁路事宜折》(此折为 1880 年薛福成充李鸿章幕僚时所代撰，表达了李鸿章和薛福成自己的铁路思想，故收入其著作集《庸庵文编》)、《出使日记》(写于 1890 年至 1894 年)等著作中，以开放的心态，渊博的知识，凭自己对世界铁路的了解，生动、具体地宣传铁路的优越性，帮助清政府和国人摒除偏见，打消疑虑，赞成在中国修铁路。

薛福成向国人介绍了英国发明铁路火车的历史，火车在运输煤矿、铅矿及促进贸易方面的巨大作用，论述了火车与马车的不同功能，说明火车并不会完全取代马车，英国从事马车运输业的人起初也担心火车之兴影响其生计，但事实证明，火车不但不会影响马车业的发展，反而会促进马车生意，极大地刺激经济、社会的发展。

无锡学前街薛福成故居

薛福成极力批评国内顽固派视铁路为“奇技淫巧”的迂腐观点，指出：“迄于今日，泰西诸国，研精器数，则为火轮舟车，环地球九万里，无阻不通。盖人心由拙而巧，器用由朴而精，风气由分而合，天地之大势，故如此也…今泰西诸国，竞富争强，其兴勃焉，所恃者火轮舟车耳，轮舟之制，中国既仿而用之，有明效矣。窍谓轮车之制不行，则中国终不能富且强也。”并且强调“铁路之兴，大利约有九端”。在分析时局时谈到：“即如日本，以区区小国，在其境内营造铁路，自谓师西洋之长技，辄有藐视中国之心。俄自欧洲起造铁路，渐近浩罕、恰克图等处…中国与俄接壤万数千里，向使早得铁路数条，则就现有兵力尽数调遣；如无铁路，虽增兵增饷，实属防不胜防。”在分析到铁路与国家安全时，他提到：“苟有铁路以利行师，则虽滇、黔、甘、陇之远，不过十日可达，十八省防守之旅，皆可为游击之师……此便於军政者”，并且他认为铁路是御敌之利器，沿线可重兵把守，若形势紧急，可拆铁轨，开走机车车辆，铁路不会轻易落入敌手。如因惧铁路可能为敌占而不修铁路，等于因噎废食。

陆润庠

协理沪宁铁路的晚清状元

陆润庠

陆润庠(1841—1915),字凤石,号云洒、固叟,江苏苏州人。同治十三年(1874)状元,清末官员、实业家、书法家。

陆润庠出生在江苏镇江丹徒学舍。因出生时他祖父陆篙正在镇江任训导,镇江古称"润州";地方学校古曰"庠",故取名"润庠"。据说陆润庠出世时,他母亲做梦来到学舍的后园里,见到一羽凤凰落脚在园中的大石上,醒来就临产了,又因学舍中有南宋乾道二年《熊克凤石图赞》碑,遂以"凤石"为字。陆润庠自幼聪明好学,10 岁便读完了儒家的《九经》;对家传医学,他也用心学习,颇懂医术。他凭借儒学根底考中乡试,成为一名举人。1874 年 2 月,会试中式。4 月,殿试在保和殿举行,陆润庠一举夺魁,成为大清王朝第一百零一名状元。

陆润庠中状元后,按惯例入翰林院为修撰,掌修国史,开始了他的仕宦生涯。此时,英、法、俄、美、日等列强觊觎我边疆地区,大肆侵吞;同治皇帝也已病入膏肓,陆润庠为大清帝国危机担忧。光绪皇帝即位后,陆润庠屡次出为乡试考官,光湖南、陕西就各典试两次。后入值南书房,侍从光绪皇帝作文绘画,擢为侍读。

1900 年,义和团运动兴起。慈禧太后对列强干预她废黜光绪帝极为愤恨,试图借助义和团来教训一下洋人,对列强宣战。八国联军从天津向北京进犯,慈禧太后挟持光绪皇帝逃往西安。陆润庠辗转奔赴西安,慈禧太后被陆润庠的忠心所感动,委任他为礼部侍郎。慈禧太后还京后,陆润庠出任最高监察官左都御史,后又奉命署理工部尚书,成为一品大员。1906 年秋,清廷颁诏宣布“预备立宪”。在官制改革中，以尚书衔领顺天府尹。1907 年，被授予吏部尚书、参预政务大臣。1909 年，入阁为协办大学士，进为体仁阁大学士，转东阁大学士。1911 年，出任弼德院院长，并充任毓庆宫授读。在此期间，继续维护清政府的封建统治，提出一系列有关军国大政的建议。辛亥革命后，陆润庠不愿做民国官员而坚持做遗老，享受逊清的俸禄，继续效忠退位的原宣统帝，照料毓庆宫事务，充任其师傅。陆润庠一生仕途可概括为：一品宰相、两代帝师（溥仪的老师、光绪的陪读）、三朝元老（同治、光绪、宣统）、四部首长（礼部、户部侍郎，吏部和工部尚书）。

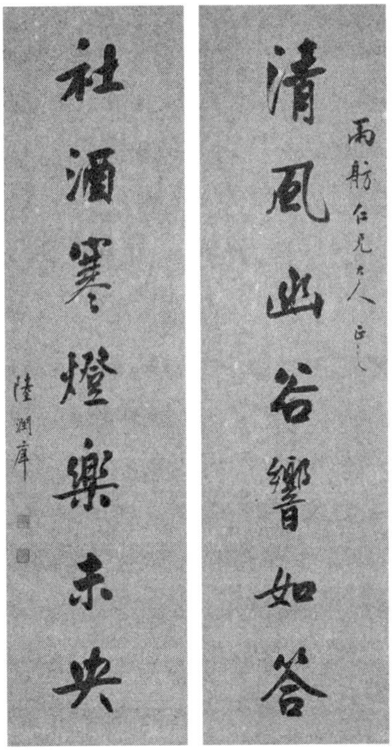

陆润庠书法作品

陆润庠除了做官，还开过工厂，修过铁路。1896 年，署理两江总督兼南洋大臣张之洞，奏派通州（今江苏南通）人、光绪二十年状元张謇在通州设立商务局，陆润庠在老家苏州设立商务局，去官在家的丁立瀛在镇江设立商务局。丁立瀛在镇江无所作为，而张謇在通州兴办了大生纱厂，陆润庠在苏州创办两家纱厂。这便是轰动一时的“状元办厂”。陆润庠把借贷的六十万两商款移作股本，组建了苏经丝厂和苏纶纱厂。经过他的努力，一年后两厂相继开工，其中苏纶纱厂生产纱锭 18 200 枚，成为当时江南一带的大厂。由于两厂的原料享受免纳税厘的优惠政策，经营一年就获利颇丰。这两家企业为苏州整个实业的发展奠定了一个基础。陆润庠还作为沪宁铁路的协理，协助张之洞修建沪宁铁路。陆润庠等人还于 1906 年筹建江苏省铁路有限公司，1908 年 12 月该公司开工修建清徐（清江浦—徐州）铁路，1911 年 4 月修竣清杨段（清江浦—杨庄），全长 17.3 公里，其余因资金不足而无力展筑。次年 5 月，作为支线并入陇海铁路。

1915 年，陆润庠病死，享年 74 岁，被逊清追赠为太傅，谥文端。

吕海寰

津浦铁路督办大臣
吕海寰

吕海寰(1842—1927),字镜宇,山东莱州人。清末著名外交家、中国红十字会创始人,中国近代法律的开拓者之一,历任津浦铁路督办、江苏道台、邮传部大臣等职。

1842年7月吕海寰出生于一个幕僚家庭,自幼聪慧异常,受过良好的私塾教育,12岁参加童子试就名列前茅。就在吕海寰准备科举考试的关键时刻,其祖父却病逝了,加上在外谋生的父亲不能及时接济,生活日渐贫困。1862年初,吕海寰只身一人来到京城,一面教书谋生,一面重整旧业,发奋读书,于1867年中举,后任兵部员外郎十余年。

1894年吕海寰担任江苏常镇通海道。时逢日本强迫清政府拟订不平等的《马关条约》草约,他将拟稿“洋货照完半税”改为“照完正税”,“准日人在通商口岸城镇运货设行栈”改为“通商口岸之城镇”等等,在尽可能的情况下进行了补救。泰州、江阴两教案及英国轮船以在台湾被扣留检查为由要求赔偿损失一案均处理得有理有节,中外钦服,遂以善办外交闻名。吕海寰任常镇通海道时还致力于社会福利事业,如创设保婴局、京口救生会,开浚荷花船坞等。1897年,经李鸿章举荐,吕海寰被任命为清政府驻德国、荷兰公使,开始了他真正的外交生涯。在驻外期间,他尽职尽责,不辱使命,在处理德国侵占胶州湾、德国参加八国联军侵略中国、商约谈判、日俄战争等问题上表现出不凡的外交才能。

1904年3月10日,在他的主导下,创立中国红十字会的前身——万国红十字会上海支会。经吕海寰联络,中国红十字会加入了世界红十字会组织。1911 年辛亥革命起，清廷派吕海寰为大清红十字会会长兼任慈善救济会会长，将大清红十字会定名为中国红十字会，会同办理战地救济事宜。1912 年 10 月，南京临时政府以总统令形式任命吕海寰为中国红十字会会长。

1907 年，67 岁的吕海寰调任督办津浦铁路大臣。到任后，吕多次查勘津浦铁路路线，在詹天佑复查以后，选定德国工程师所绘的红黄蓝绿四线中的绿线，并与张之洞等人详细考察，听取各方意见，将津浦铁路取道安徽境内。吕妥善处理购地事宜。对于铁路占地，均查看核实后照价赔偿，维护沿线乡民利益。如遇百姓阻挠滋事，坚持查明原因，避免事态恶化。黄河桥的建设在津浦铁路建设中最为重要，为平息桥址纷争，吕亲自现场考察勘验，确定在泺口建桥。

1902 年上海中外通商行船条约签署后合影（前排左四为吕海寰）

吕海寰对津浦铁路的另一贡献还在于加强对津浦铁路的管理。他积极倡导官督商办津浦铁路。1908 年吕海寰代直隶、山东、江苏、安徽四省的绅商上奏清政府，要求成立津浦铁路商股有限公司。他向清政府呈上了《四省预筹津浦铁路商股有限公司招股章程》，详细规定了官商合办津浦铁路的具体办法和规定，积极促成津浦铁路官督商办，在一定程度上缓解了清政府的财政压力。吕加强员司管理，严格用人标准，主张唯才是用，提高了工作效率，保证了工程进度。津浦铁路开工不久，大小官员腐败现象严重，吕派人秘密查察，将三十多名声名较劣且嗜好素深的员司撤职，以示惩戒。吕海寰严格控制修筑铁路的经费支出。所有修建津浦铁路的开支经费，均由精于会计的人员办理，并规定不经洋员签字盖章不能支领银钱。吕坚决杜绝各种不良风气，袁世凯凭借自己权利，安排亲信担任要职，遭到吕的当面拒绝了。由于得罪了袁世凯，吕海寰督办津浦铁路的时间不长，即被免职。1909年6月，徐世昌接任津浦铁路督办大臣。吕海寰1927年1月病逝，享年85岁。

盛
宣
怀

清末"铁路总管"
盛宣怀

盛宣怀(1844—1916),字杏荪,又字幼勖、荇生、杏生,号次沂,又号补楼、别署愚斋、晚年自号止叟,江苏省武进人。著名的政治家、企业家和慈善家,被誉为"中国实业之父"和"中国商父"。

1844年11月4日,盛宣怀出生于江苏省常州府武进县(今常州市)。父亲盛康是道光年间进士。1866年,盛宣怀应童子试中秀才,但以后两次乡试均名落孙山,由于举人未中,进士无望,遂弃学而经世,从此他与经营洋务结下一生情缘。

1860年为避太平军战乱,16岁的盛宣怀跟随父亲就任湖北粮道、盐道,其间为解决其父遇到的索费难题,从此崭露头角。1870年经人推荐为湖广总督李鸿章的幕僚,受到李鸿章的赏识,第二年就已升到知府的官级。1872年李鸿章采纳盛宣怀用建造商船来提供建造兵舰费用的建议,委任盛宣怀办理中国第一家轮船航运企业轮船招商局。1873年轮船招商局正式营业,盛宣怀担任会办。1875年李鸿章会同湖广总督李瀚章、两江总督刘坤一札委盛宣怀督办开采湖北煤、铁矿务,仍兼理招商局事。1879年李鸿章采纳盛宣怀建立电报事业的建议,并委盛宣怀协助办理。1881年盛宣怀被任命为津沪电报陆线的总办。1882年李鸿章委任盛宣怀建立上海至广东、宁波、福州、厦门等地的电报线。1892年起,盛宣怀开始在上海督办纺织业,开办华盛纺织总厂。1895年10月2日,盛宣怀通过直隶总督王文韶,禀奏光绪皇帝设立新式学堂,成立天津北洋西学学堂,后更名为北洋大学(天津大学的前身),这是中国近代史上的第一所官办大学。

1896 年，盛宣怀在上海创办南洋公学(交通大学的前身)，开办中国通商银行。1898 年，盛宣怀开办萍乡煤矿，并于 1908 年将它与汉阳铁厂、大冶铁矿合并成立中国第一家钢铁煤联合企业——汉冶萍煤铁厂矿公司。

从 1896 年起盛宣怀开始督办铁路，在此后的十年间与铁路结下不解之缘，成为中国晚清时期的“铁路总管”。

1896 年，洋务大臣张之洞的官办汉阳铁厂难以为继，而此时清政府决定修建卢汉铁路，张之洞推荐了宣怀接手汉阳厂，盛张达成的第一个约定就是湖广境内修铁路，一定要用汉阳厂的钢轨。当年 9 月，盛宣怀走马上任新成立的铁路总公司的督办，第一份奏章就是请求把“轨由厂出”定成了国家政策。

1897 年，在盛宣怀奏请下，清政府以官款再建淞沪铁路，线路大体循吴淞铁路原来走向，全长为 16.09 公里，当年，吴淞铁路从英国人手中赎回，盛宣怀就参与了谈判。盛宣怀、冯焌光、朱其诏代表中国政府和英国汉文正使梅辉立签订《收赎吴淞铁路条款》，条款共 10 条，其中一条：“铁路拟归中国买断，所有地段、铁路、火轮车辆、机器等项，由中国买断之后，即与从前洋商承办之公司无涉。”

1886 年，晚清洋务派人士合影(前排左一为盛宣怀)

修筑铁路需要大量资金，盛宣怀决定用向外资借款的方法，条件虽然苛刻，但比入股导致主权外落要强。盛宣怀在铁路督办大臣任上 9 年，先后向外商借款共计 1.8 亿余两，督办筑成京汉(芦汉)、正太、汴洛、道清、沪宁、株萍等铁路，共计 2 254 公里，占清朝中国自筑铁路的近半。据统计，清朝共筑铁路 9 100 公里，其中中国自筑 5 100 公里。

1905 年，卢汉铁路分段竣工通车，仅 1905 年所得的净利是 237.5 万两白银，1906 年所得净利是 353.4 万两，外方一年便可分享盈余白银 60 万两之多。各地士绅纷纷上书，抨击外资借款修路利权损失太大，再加上沪宁铁路的用途浮滥，掀起了铁路收归自办和民间商办的高潮，盛宣怀成为千夫所指的攻击对象。

1905 年，清政府在北京设立了铁路总局，同时撤销上海的铁路总公司。盛宣怀的铁路总公司终于完成了使命。

1911 年 1 月 6 日，盛宣怀被授为邮传部尚书。5 月 8 日，清“皇族内阁”成立，盛宣怀是 4 名汉族内阁成员之一，官场势力达到顶峰。铁路归邮传部管辖，盛宣怀接管的是一个烂摊子：路政一团混乱，商股还被贪墨一尽，致使旧股不能还，新股不能招。于是，盛宣怀提出“铁路国有”政策，下令将已经承诺由民间商办的川汉铁路和粤汉铁路路权收回作抵押，向英、法、美、德四国银行借款 600 万英镑，以统一全国铁路。盛宣怀的“铁路国有”政策，遭到了许多地方的反对，四川、广东、湖南和湖北发生了保路运动。盛宣怀命令各地加以镇压，进而引燃了辛亥革命的导火索。1911 年 10 月 10 日武昌起义爆发，盛宣怀遭到了各方谴责，责怪他的收路政策导致了动乱。盛宣怀被革职，并辗转青岛、大连，逃亡日本。

1912 年 10 月，盛宣怀回到上海，在上海租界中继续主持轮船招商局和汉冶萍公司。1915 年日本曾威胁利诱盛宣怀同意“中日合办”汉冶萍公司，遭拒绝。

1916 年 4 月 27 日，盛宣怀在上海病逝。

马
建
忠

为兴建铁路摇旗呐喊

马建忠

马建中(1845—1900),学名马斯才,字眉叔,江苏丹徒(今属镇江)人,晚清洋务派重要官员,维新思想家、外交家、语言学家。

1845年2月马建中生于江苏镇江府丹徒县一个天主教家庭。父亲马岳熊在家乡行医经商。马建中青年时代专究西学,在上海时就读中西学并重的天主教耶稣会徐汇公学,学习法文和拉丁文等课程,后进入耶稣会初学院做修士,继续学习拉丁文、法文、英文和希腊文。经过十多年的刻苦攻读,终于成为一位“善古文辞,尤精欧文,英、法现行文字以至希腊、拉丁古文,无不兼通”的学贯中西的新式人才。

1870年,经二哥马建勋引荐,成为李鸿章的幕僚,随办洋务。因为熟悉西洋文化和语言,他受到李鸿章的赏识。1870年以后,马建忠、王韬、郑观应、薛福成等人,主张在学习西方先进科学技术的同时,还要吸纳某些政治、经济学说。他们反对列强侵略,维护民族独立、国家主权,主张变革封建专制制度、发展民族工商业,具有一定程度的反封建的民主思想,对当时的中国社会产生了广泛的影响。

1876年被李鸿章派到法国学习国际法,同时兼任中国驻法公使郭嵩焘的翻译。1879年学成回国,重在李鸿章幕下办理洋务。曾去印度、朝鲜处理外交事务。后任轮船招商局会办、上海机器织布局总办。1880年(光绪六年),马建忠回到天津,重新在李鸿章幕下办理洋务。

马建忠长期奔走域外,经常撰文论说古今中外兴衰事,1897年结集为《适可斋纪言纪行》,其中主张废除厘金,争回关税权,提高关税,发展私人资本主义工商业,反对洋务派对新式工业的垄断;要求对封建专制制度作某些改革,提出“学校建而智士日多，议员立而下情可达”；对外国资本主义的侵略和清政府的媚外政策表示不满。他精通外文，所著《马氏文通》(1898 年出版)为中国第一部较全面系统的汉语语法著作。该书以西方语文的语法为本，对照从古书中精选的例句，研究古汉语的语法规律，创建了一套汉语的语法体系，是奠定汉语语法学基础的开山之作，对后世汉语语法研究产生巨大影响。

马建忠主张办铁路，发展交通事业，连续写了《铁道论》《借债以升铁道说》的论文，这是他的富民说的重要组成部分。文章向清朝统治者阐述了修铁道的重要性，认为“立富强之基者，莫铁道若也。”文章详细地叙述了修铁路的好处，有救患之利，节用之利、开源之利。他感慨系之地指出：“中国自军兴(洋务)以来，制造之局几遍直省，一切枪炮兵器，渐仿外洋为之，而于外洋致富致强最要之策，如火轮车(火车)一事，反漠然无所动于中。”

马建忠著《马氏文通》

为了使中国铁路建设能够顺利进行，马建忠建议，可以先修筑从天津到北京的一段，认为其利有六：一是此段路线已有一英国人勘察过，事半而功倍；二是距离较短，容易建成；三是此段往来官商较多，能起到好的宣传效果；四是津京地位重要，这段运行得好，中国其他地方更易着手；五是可以通过这段铁路培养铁路专门人才，可以挑选华人，学治道途，学置铁轨，学驶轮车，学司收纳，他日即可用于南北铁路线上；六是在举借外债方面从严管理，为将来做一示范，亦为将来举借外债打开通路。

修建铁道资金从哪里来，马建忠提出筹款的办法有二：一是向华商集股，一是借外债。为什么集股只能集华股，不能集洋股，马建忠的考虑是富有远见的，他说：“中国创行铁路，绵亘腹地，岂可让洋商入股，鼾睡卧榻之旁。”由于我国工商业者资金短缺，修建铁路这样的工程，肯定不敷所需，还应举借外债，他主张“铁道专由商办，而借债则官为具保。如是则阳为借债之名，阴收借债之效。用洋人之本，谋华民之生，取日增之利，偿岁减之息。”马建忠对修铁道虽然筹划得极为周详，但短视的清廷当权者当时并未采纳。

1900 年，马建中再度应李鸿章之召，任上海行辕襄理机要，8 月 14 日，因赶译长篇急电而猝然去世，终年 55 岁。

津镇铁路的谈判代表
许景澄

许景澄(1845—1900),原名癸身,字竹筠,世称许公,浙江嘉兴人。许景澄为晚清政治家、外交家,历任驻日、德、法、意、荷、比、俄、奥八个国家的公使,总理衙门大臣兼工部左侍郎,并任中东铁路公司督办。他还参与主持了中俄帕米尔交涉、三国还辽、中俄四厘借款、德租胶澳等事件,为晚清外交及国内事务做出了很大贡献。

许景澄出生于世宦之家,祖父许廷梧和父亲许丙熹均为资政大夫。许景澄自幼敏达好学,聪慧过人,少年从同里赵铭学习辞章,工骈文诗画,尤重研习经世之学。24 岁中进士,进翰林院,三年后授编修官职。许景澄从政之时,正值洋务运动兴起,学习西方以自强求富,成为当时的进步潮流。由于总理各国事务衙门的设立以及对外交往的频繁,从 19 世纪 70 年代起清朝政府开始派遣驻外使节。许景澄将自己的名字赋以许国强。他受到总理大臣文祥的器重,多次作为使才推荐。

1875 年许景澄出任四川、顺天等乡试考官。1880 年被派出使日本,但因父亲去世,未能成行。守丧结束后,补授侍讲。

1884 年许景澄出使法、德、意、荷、奥五国。1885 年又兼任驻比利时公使。出使期间,主持勘验接收在德国伏尔铿造船厂建造的“定远、镇远”等战舰,并在德国等处亲赴造船厂调查,撰成《外国师船图表》,呈选朝廷,供建设海军参考,建议清政府加强海防,提出加强大沽口防卫及在胶州湾建设海军基地等具体主张,为创建中国近代海军作出重要贡献。

1887 年，因母亲去世回国，后应两广总督张之洞的邀请到广州商讨时政，并帮助张之洞起草芦汉铁路章程。1890 年，许景澄再次担任使节，出使俄德奥荷四国，开始了他外交生涯的重要一页。

甲午战争以后，国力衰竭，清政府决定结一强援而立，采取“联俄拒日”的外交方针。然而许景澄对沙俄的凶恶本性早有认识，并预见三国还辽以后，“俄人怀自便之谋，德人挟责报之意，从此事更多矣。”不出所料俄德充当了瓜分中国的先锋，先是俄国打着共同御日的旗号，向中国提出将西伯利亚大铁路通过吉林、黑龙江的“借地筑路”计划。1896 年 9 月，许景澄代表清政府与俄国签订了《中俄合办东省铁路公司合同》。1897 年 1 月，许景澄被清政府正式任命为中东铁路公司督办(兼任)。中东铁路由沙俄兴建。许景澄在任中东铁路公司总办期间，以外交家独有的洞察力，识破了沙俄欲将铁路各线路南移妄图对我入侵的方案。许景澄代表清政府，与沙俄经过多次谈判，最后确定了中东铁路西起满洲里，经海拉尔、齐齐哈尔、哈尔滨、牡丹江，从绥芬河出境抵达海参崴的走向，并使中东铁路枢纽总站设在哈尔滨。1898 年 9 月中旬，许景澄回到久别的故土嘉兴，原想好好在家休息养老，不料朝廷又立即将他召至北京，并委以重任。先后任总理各国事务衙门大臣，吏部左侍郎，京师大学堂总教习、管学大臣。

中日甲午战争中战败后，割地赔款，国力大损，英、俄、法、日、德、比、美等国乘机对清政府施加压力，攫取中国的铁路权益。1898 年，英国和德国资本集团背着中国，在伦敦举行会议，擅自决定承办津镇铁路(天津—镇江)。清政府无奈之下，于 1898 年 8 月委派工部左侍郎许景澄为津镇铁路督办大臣，张翼为帮办大臣，与德、英方面展开借款谈判，商定北段自天津至山东省峄县韩庄，由德国贷款承包建造，南段自山东省利国驿至江苏镇江，由英国贷款建筑。

1899 年(清光绪二十五年)许景澄、张翼与英、德两国银团签订《津镇铁路借款草合同》(天津至镇江铁路)借款 740 万英镑，规定以山东峄县韩庄为界，北段用德国借款，南段用英国借款，并称其建造、行车一切事宜由法、英两国代理。

同年，意大利窥视我浙江省，提出租借三门湾，欲将浙江变成它的势力范围，派军舰6艘来华恫吓，并递哀的美敦书，以示决绝。此事受到许景澄的严词驳斥。后经北洋水师叶祖珪、刘冠雄等将相关时局军力报告陈于朝廷，终将意哀的美敦书退回。意大利见中国态度强硬，未敢再动。这是列强瓜分中国以来，清政府第一次拒绝一个帝国主义国家提出的无理要求。

许公纪念碑(20世纪60年代末拆除)

1900年，爆发了义和团运动，当时清政府利用义和团力量，并派出官兵同时攻打外国使馆，对外宣战。许景澄极力反对。他上书慈禧太后说："攻杀使臣，中外皆无成案"。慈禧太后大为震怒，许景澄被慈禧定为"任意妄奏，语多离间"的罪名，于同年7月28日在北京处死，时年55岁。1901年光绪为许景澄平反，官复原职。1909年，追谥文肃。

1923年，中东铁路公司在哈尔滨修建"许公纪念碑"和许公路，以纪念许景澄。

热心铁路的状元实业家

张謇

张謇

张謇(1853—1926),字季直,号啬庵,江苏南通人。清末状元,中国近代实业家、政治家、教育家,他一生创办了 20 多个企业,370 多所学校,为中国近代民族工业的兴起,教育事业的发展作出了宝贵贡献,被称为"状元实业家"。

1853 年 7 月 1 日,张謇出生于江苏海门常乐镇。1869 年,张謇考中秀才,1874 年,前往南京投奔原通州(今南通)知州孙云锦。1876 年夏,张謇前往浦口入吴长庆庆军幕任文书,后袁世凯也投奔而来,两人构成吴长庆的文武两大幕僚。1880 年吴长庆奉命帮办山东防务,张謇随庆军移驻登州黄县。1882 年,朝鲜发生"壬午兵变",日本乘机派遣军舰进抵仁川,吴长庆奉命督师支援朝鲜平定叛乱,以阻止日本势力扩张。张謇随庆军从海上奔赴汉城,为吴长庆起草《条陈朝鲜事宜疏》,并撰写《壬午事略》《善后六策》等政论文章,主张强硬政策,受到"清流"南派首领潘祖荫、翁同龢等的赏识。1884 年,张謇离开庆军回乡读书,准备应试。1885 年考中举人。1894 年慈禧太后六十大寿辰设恩科会试,张謇考中状元,授翰林院修撰。1904 年,清政府授予他三品官衔。1909 年张謇被推为江苏咨议局议长。1911 年任中央教育会长,江苏议会临时议会长,江苏两淮盐总理。1912 年起草退位诏书,在南京政府成立后,任实业总长,1912 年任北洋政府农商总长兼全国水利总长,1914 年兼任全国水利局总裁。后因目睹列强入侵,国事日非,毅然弃官,走上实业教育救国之路。1926 年 8 月 24 日病逝,享年 73 岁。

张謇很早就意识到现代交通运输变革的作用,他发出"道路交通为文明发达之母”的感言，认为“国内产业凋敝，交通之不便实为最大之原因”。19世纪末，列强纷纷在各自的势力范围内修筑铁路，除索取重利外，还掌控着铁路管理运输权。1895年，张謇撰文《代鄂督条陈立国自强疏》，力主中国人自主建造铁路。1898年，英使窦纳东向清政府请准由英商承造苏杭甬等五条铁路之权。英商怡和洋行据此与清铁路总办大臣盛宣怀秘密签订草约。1903年，清政府与英国正式签订借款合同，共借款290万英镑，1905年4月25日，沪宁铁路分成上海至苏州、苏州至常州、常州至镇江、镇江至江宁（今南京）段同时开工建设。

张謇（右四）及家人和美国教育家杜威博士（右六）合影

1905年英商培坎又来谋我浙赣路权。张謇、汤寿潜等向清政府建议拒绝向英国政府借款修筑沪宁铁路支线（沪杭甬铁路）。10月，张謇与王同愈等江苏在籍官绅18人联合呈文商部，要求商部派左参议王清穆为该路正监督，在籍福建兴泉永道恽祖祁为副监督，综合路政，以清积弊。1906年6月，江苏省绅商组建的江苏省铁路有限公司在上海成立，王清穆为总理，张謇、王同愈、许鼎霖为协理。公司成立后，王清穆、张謇即聘请专家，商讨制定修筑全省铁路计划，分南北两线进行，北线由南通经清江浦（今淮阴）、徐州至开封；南线由南京至上海，上海至枫泾，与浙江的杭嘉铁路连接。张謇还与汉阳铁厂督办盛宣怀签订《购买钢轨等件合同》，购定贝色麻钢轨二千五百吨及配套的鱼尾板垫板、螺钉、钩钉的合同，经运到上海船边交货。

1907年7月21日，苏路行开工礼于护军营侧。从上海南站至枫泾段，由江苏省铁路有限公司建设，枫泾至杭州闸口段，由浙江省铁路公司建设，全长125公里。张謇利用大生纱厂的盈利22万两，承包了苏路南段的沪嘉(兴)线修建铁路桥37座，制造铁篷车4部，运石车10部。

1907年9月，英国强迫清政府借款150万英镑，把沪杭甬路权出卖给英国。张謇等发出《与王穆清等致电王文韶电》，抱定“坚拒外款，遵旨商办”宗旨，公推王清穆两人入京，据理力争，亦归无效。但爱国保路运动深入人心，江苏、安徽等14个省纷纷向浙江省铁路公司出资认股。王穆清、张謇在上海愚园召开江苏铁路有限公司特别大会，号召追加认股，一呼百应，股东们争相报数，当场有1 300万元登账。众怒难犯，清政府无奈宣布将英国借款调作他用。1909年，沪杭甬铁路沪杭段通车营业。张謇还承包了苏路北线清江浦到西坝间的铺轨工程。由于资生铁厂暂存于清江浦和浦口两地的造桥、铺轨等大批器材在辛亥革命中损失殆尽，致使北线工程未能建成。

1906年，江苏省铁路有限公司计划以清江浦为中心，修建清通线(清江浦至通州)、清徐线(清江浦至徐州)、清海线(清江浦至海州)三条铁路，1909年4月，邮政部奏请清政府，建议由该部主持修建开海段(开封至海州)。关于陇海铁路终端问题，张謇和沈云霈足足打了一两年笔墨官司。第一次世界大战后，徐海段又开始筹备，1923年，张謇仍力主陇海东端入通，但由比利时控制的陇海铁路局坚持原有方案，张謇已无回天之术。1924至1925年向比利时借款，兴修徐州到新浦段。

张謇为发展我国的铁路交通事业，呕心沥血，功垂史册。他建造铁路的思想和首创精神，在现代交通建设中仍具有十分珍贵的借鉴价值。1926年8月24日，张謇在南通病逝。出殡之日，南通万人空巷，近乎全城民众都赶来为张謇送行。

沈云霈

“东陇海铁路之父”

沈云霈

沈云霈(1854—1918),字雨辰,号雨人,江苏海州(今属连云港)人。中国近代实业家、政治家、教育家,东陇海铁路的奠基人。历任翰林院庶吉士、农工商部右参议转左参议、邮传部右侍郎、署理邮传部尚书、津浦路会办大臣、吏部右侍郎。

1854 年 3 月,沈云霈生于江苏海州高桥巡检司恒兴号。少年时代深受儒家文化影响,立志将来能够学而优则仕,光宗耀祖,报效国家。8 岁时曾用“听缶结柴”之计退敌,被誉为“圣童”。13 岁时进言其父沈观国一起游学,行万里路,读万卷书,在游学中广交名士,求教名师,广开思路。1871 年,17 岁的沈云霈经过刻苦学习,通过八股考试中举。在浙江做过知县,后到浙江巡抚廖谷嗣手下做总文案。

1894 年沈云霈受命解饷到北京,正值为庆祝慈禧太后六十大寿举行“恩科会试”。这对于时年 41 岁的沈云霈来说,机会非常难得。沈云霈参加考试中进士,且因诗文、书法上乘,被钦点为翰林院庶吉士。沈云霈刚入翰林院,即被两江总督张之洞看中。张上书要他和南通的张謇各自回乡办理团练。后沈云霈回海州掌教于郁洲书院,次年又办团练。

沈云霈热心推进地方实业,1895 年创办了海州种植实验场,这是海州历史上第一家规模的现代化企业。随后十余年沈云霈陆续办了临洪榨油厂、树艺公司、海赣垦牧公司等企业。

1903 年,为开发鸡心滩、燕尾滩,沈云霈与许鼎霖联合上书朝廷,主张创办海赣垦牧公司,对沿海滩涂加以开发,1905 年海赣垦牧公司终于开办。此外，沈云霈还创办了洪门果园、锦屏矿务公司和甡茂商行，以及一系列带有"甡"字头的商号，如甡茂商行、甡泰油坊、甡永布庄等，被誉为实业界的"江北名流"，与南通张謇、赣榆许鼎霖，并称"苏北三大实业家"。

1906 年海州官立中学堂开办，沈云霈被聘任为监督（堂长）。这一年，沈云霈被清廷任命为农工商部右侍郎，专门经营推广实业经济。同年，又以充会办商务大臣的身份改任邮传部右侍郎。沈云霈因公务繁忙，不久辞去中学堂监督职务。后历任署理邮传部尚书、津浦路会办大臣。

东陇海铁路修建之初的连云港

沈云霈在任署理邮传部尚书期间，致力于陇海铁路的规划和建设。1908 年至 1910 年，沈云霈支持汴洛线向西展筑洛潼线，并提议汴洛线东延一条开徐线，并一直往东修到海州洪门，辟新浦为新市区。在东陇海铁路终端海港地址的选择上，沈云霈主张并筑 3 个海港：岚山头、西连岛海湾、灌河口。他认为，西连岛海湾风平浪静，虽不甚深，但于此稍加疏浚，便可与黄浦江深度相同，在此建造海港，等于将陇海铁路修到上海。沈云霈的主张最终得到实现。

为了消除工程建设过程中以权谋私的可能，也为了抵制外国殖民者对中国铁路的控制，修好这条通往家乡的铁路，沈云霈特地对沈氏家族订立了三条规定：一不准任何沈氏族人参与陇海铁路的修建；二不准沈氏亲属为铁路承包商做说客；三要求沈家将经营的实业公司的资产捐献出来用于陇海铁路的建设。这三条规定还被列入了沈氏族谱，用来约束和鞭策沈氏后人。在吏治腐败、时局飘摇的清末，沈云霈不但廉洁自律、不谋私利，还慷慨解囊、以推进国家的建设发展为己任，着实值得钦佩。后来，因为辛亥革命爆发，陇海铁路的建设不得不暂时中断了。

民国成立后，沈云霈当选为国会议员，依然心系陇海铁路，为该铁路的续建而积极奔走，并在海州锦屏山南侧创办"锦屏公司"，开采锰铁矿，无偿用于陇海铁路建设。然而，因为时局动荡，直到 1935 年 6 月，潼关到老窑

（今连云港）段的铁路才竣工通车，到新中国成立后的 1952 年，陇海铁路才最终全部建成。可惜的是，沈云霈没能亲眼看到自己当初的理想变成现实。

1918 年 8 月 12 日，65 岁的沈云霈在天津逝世，临终前，他感于一生际遇，发出“十载繁华醒后梦，万方患难死生中，手把寒梅说身世，百年同汝几枯荣”的慨叹。

倾心铁路的晚清“通才”

刘鹗

刘鹗

刘鹗(1857　1909),江苏丹徒(今属镇江)人,原名孟鹏,后更名刘鄂,字铁云、公约,号老残,笔名洪都百炼生。他学识博杂,精于考古,长于文学,并在算学、医道、治河等方面均有出类拔萃的成就,被称为中国近代史上的“通才”,并因创作《老残游记》而享誉文坛。

1857年10月18日刘鹗出生在一个封建官僚家庭,自小聪颖,其父极为喜爱,悉心教诲。父亲一方面让刘鹗承袭传统教育,纵览经史百家,研习辞章之道,一方面又让他接受新学,致力于数学、医学、水利等实际学问。刘20岁时回到淮安,结交了不少有志气、有专长的“市井少年”,因而被人认为是“不守绳墨”的年轻人。这时他对哲学发生了浓厚的兴趣,到扬州拜太谷学派的传人李龙川为师,这影响了他的一生。

1884年刘鹗27岁时其父亲病死,他只好在淮安城内南市桥开了一片烟草店,由于不善经营而亏损歇业。后去扬州挂牌行医,也是门可罗雀。回淮安后受母亲、兄长之命赴南京应乡试,未终场即回。不久,去上海与友人开设石昌书局,经营起石印出版业,后因事涉讼而关闭。

1888年,黄河郑州段决口。吴大澂署理东河总督,31岁的刘鹗因有水利方面的学问,赴河南投附吴大澂,呈说治水主张。吴大澂任命刘鹗为河图局提调官,负责测绘黄河中下游全图,他历时3年,完成《豫直鲁三省黄河图》5册。光绪十六年,33岁的刘鹗奉调山东办河务,以知府任用。

刘鹗对铁路建设十分重视,而且付诸行动,和许应锵、方培尧、吕庆麟联络“资本”,分别向清政府表示,愿意承办修筑芦汉铁路。光绪帝表示“商人承办，官为督率，以冀速成，”命王文韶（时直隶总督）、张之洞等“督同办理”。其实，张、王对之早有打算，后议成：南端由张之洞主政、北端由王文韶负责。张、王商同把造芦汉铁路的差使，许给亲信盛宣怀。他们怕刘鹗等人扰乱他们的计划，在“详加体察”的幌子下，设法将之排挤出去。刘鹗被挤走后，张之洞等便向皇帝奏本，说刘鹗等“四商（指刘鹗、许应锵等四人）均不可靠”。1896 年 9 月，盛宣怀经王、张力保，被正式任命经办芦汉铁路。

位于江苏淮安的刘鹗故居

刘鹗认为自己被挤一事是盛宣怀搞鬼。他为了仍能为建造铁路出力，当年冬，他又通过王文韶，上书请筑津镇铁路。后来津镇铁路也列入了计划，但首创人刘鹗，却依然被排挤在外。在京为官的镇江籍人士，认为修路只能至江北瓜洲，镇江的繁荣可能为之取代，于是竭力反对筑津镇铁路，并迁怒刘鹗，甚至要除其乡籍。即使如此，刘鹗仍不放弃筑铁路。1899 年，他又通过英商河南福公司，动议建造泽（泽州，今山西晋城）浦（口）铁路（系芦汉铁路支线），得到批准。后筑成道口至清化的道清铁路，这是刘鹗办铁路的唯一实际成果。

1897 年，刘鹗被外商福公司聘为筹采山西矿产经理，为福公司筹划开采四川金矿、浙江煤铁矿，成为早期外国买办和经纪人。此举受到攻击，清政府要员刚毅欲以“通洋”罪将其处死，因在上海得洋人庇护而幸免。此后，刘鹗又致力于发展民族工商业；与友人在上海开办过“五层楼商场”、“蒸汽织布机”、“海北精盐公司”；在株洲创办钢铁厂，还计划在北京创办“电车公司”、“自来水公司”。但刘鹗的这些行动与计划，均以失败而告终。

1900 年，八国联军攻占北京，民众饿死无数。刘鹗得到沪、浙富商支持，赴京办理掩埋局、施医局，主持赈济工作；并筹借款项，低价向俄军买下准备焚烧的太仓储米，以平价出售，救活灾民无数，但此举遭受朝廷官员的非议，后终因此事获罪。

1905年，刘鹗在浦口购地准备开商埠，后因修津浦铁路，浦口定为终点，一时地价猛涨而使其开商埠计划告吹。1908年，南京巨绅想强买刘鹗浦口地块从中渔利，遭绝后，便勾结两江总督署官员，污蔑刘鹗为“洋买办”，以“汉奸”罪控告刘鹗，致使刘鹗在浦口（时属六合）遭逮捕，被发配新疆。由于偏居西域，无人照顾，加上心里屡遭重大创伤，一蹶不振，于1909年在迪化（今乌鲁木齐市）因脑溢血病逝，结束了他52年的人生之旅。

作为罕见通才的刘鹗涉猎了众多领域，著述颇丰，为我们留下了丰富的文化遗产。除《老残游记》外，刘鹗还著有天算著作《勾股天元草》《孤三角术》，治河著作《历代黄河变迁图考》《治河七说》《治河续说》，医学著作《人命安和集》（未完成），金石著作《铁云藏龟》《铁云藏陶》《铁云泥封》，诗歌集《铁云诗存》等。

王清穆

主持商办江苏铁路

王清穆

王清穆(1860—1941),字希林,号丹揆、农隐老人。江苏崇明(今属上海)人。清光绪年间进士,"钦赐翰林",先后任职户部、外务部、商部。曾以钦差大臣考察东南七省商务,主持商办江苏铁路、督办太湖水利,并致力于家乡水利等实业建设,颇多建树。

王清穆先祖于乾隆年间从南京随宦迁至崇明城内。1883 年,王清穆中举人,两年后得进士,在户部任职。1898 年在译署兼职。1901 年任外务部官员。1903 年任商部左丞,次年奉命考察东南 7 省商务,支持华侨于广东筑新宁铁路。1904 年南洋公学(上海交通大学前身)改隶商部,并更名商部高等实业学堂,由王清穆在沪先行接收。1905 年,王代理商部高等实业学堂监督。翌年回部,升右丞,因遭袁世凯妒忌贬直隶臬司(按察使),乃弃官回家。1906 年,江苏省商办铁路公司成立,筹建沪杭甬铁路,王应聘任总理。1907 年创建崇明轮船公司,购置朝阳轮,行驶于崇沪之间。1909 年王重返仕途,监理浙江财政。1915 年,王回乡安葬父母并在墓旁筑农隐庐居住,自号农隐老人。1919 年王出任太湖水利局督办,赴金坛、溧阳、宜兴、常州、镇江等重灾区详细考察,潜心研究,先后写成《太湖流域治水防灾策》《视察浏河、七浦、白茆水利说略》等文,提出疏浚、筑堤、置闸三管齐下的防治方针。同年,他积极支持杜少如兴办大通纱厂,与朱贯薇等在庙镇创办自新染织公司。1922 年至 1927 年,王先后与人合资创建堡市保坍会、大同商业银行和富安纱厂。抗战期间,江浙两省难民大批来崇,王垫资于城桥和向化等地筹办难民收容所。

王清穆对中国早期铁路的发展作出了突出的贡献，尤其是开创中国商办铁路之先河。铁路开创初期，清政府向列强大量举债，接受苛刻条件，修筑了京奉、京汉、沪宁等铁路，使国家权利两失。后商部成立，王清穆和唐文治主持铁路建设，王清穆对发展商办铁路特别热忱。他说：“世界各国之铁路，有属民存者，有属国存者。现国库没钱，何不以商资筑路”，否则“中国之筑路必借外债，所谓国有，不啻外国有也。”他建议发动爱国人士集资成立商办铁路公司。各地爱国人士、华侨首先闻风而动，掀起了商办铁路的热潮。王清穆积极支持广东侨商张煜南等设立潮汕铁路公司，兴建了我国第一条商办的潮汕铁路。1904 年，王清穆又积极支持旅美华侨陈宜禧兴建第二条商办的新宁铁路。他对四川、福建、安徽、浙江、江西等省绅商申请办铁路，都予以大力扶持。

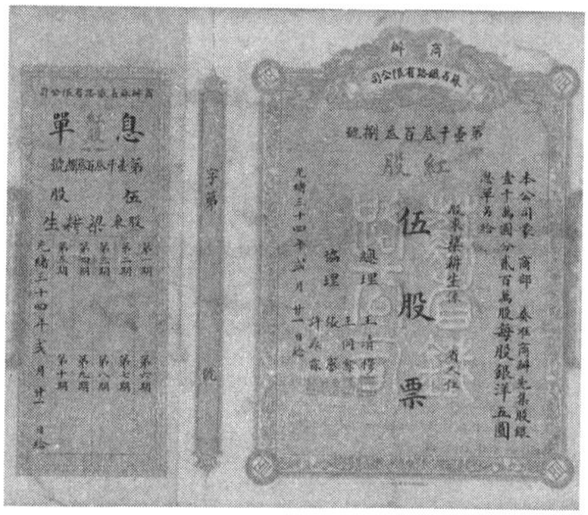
商办苏省铁路有限公司股票

1906 年，江苏省商办铁路公司成立，清廷朱批王清穆为总理，张謇、许鼎霖、王同愈任协理。王清穆会同中外工程师，经过两年勘测，亲自拟定了长江南北两线并举，并以北线为重点的方案。铁路南线由上海至枫泾与浙江铁路相接。1909 年，沪杭线建成通车。铁路北线纳入全国铁路网，西接开封，由徐州南下，经清江沿大运河至南通的开通线，先开工修筑徐清段。是年，铁路由商部移交邮传部管理，一些政客对商办铁路蓄意刁难，致使北线工程进程大受影响。王清穆为反对借外债，不使利权外溢，多次召开股东会商讨对策，力争保全商办，修筑北线，并建议通过银行集路款，结果借款不来，股金不继，北线工程被迫停建。对此，王清穆撰写了《中国商办铁路之痛史》一文，细述了中国商办铁路的兴衰史实。后王清穆奉命监理浙江财政，仍兼办路务，他继续为沪杭线延伸宁波而尽力，完成了杭甬线路基的勘测工作。

1912 年 9 月，孙中山先生在被特授全国铁道筹备权之后，在京筹组全国铁道总公司。孙中山先生向大总统保荐王清穆、汤寿潜、谭人凤、王人文、詹天佑5人在全国铁道总公司任职。次年春，因宋教仁被刺、国民党反袁失败、孙中山先生再度流亡日本而未能履行。

王清穆一身清正廉洁，公私分明，痛恶贪污受贿。王清穆在担任公司、银行董事长时，处事公私分明，凡和亲友通信，自备信封信纸，从来不用公用信封信纸，常把亲友寄来的信封再翻制使用。他常说，节俭从小处着手，廉洁从小处着眼；小不占，才能养成大不贪。他在室内悬有自撰的对联："筋骨常劳，未敢偷间闲享福；心肠虽热，何曾有利己及人。"

王清穆具有崇高的民族气节，"八一三"上海抗敌，崇明沦陷，王清穆避居上海，拒绝与日本侵略者合作，欧战爆发，王致函德国希特勒，阻其穷兵黩武，又撰写《拟致美国国务卿赫尔文》，建议美国带头召开和平大会。

晚年的王清穆常为祖国山河破碎而忧心忡忡。1941年6月，王清穆因病在上海离世，终年81岁。

奏建宁省铁路的功臣

端方

端
方

托忒克·端方（1861—1911），字午桥，号陶斋，满洲正白旗人。历任江苏巡抚、两江总督兼南洋通商大臣，直隶总督兼北洋大臣。

1861年4月20日端方出生于直隶溲阳（今河北丰润县）。幼年时被过继给伯父桂清为嗣子，桂清是同治帝的老师，并曾先后任内阁学士、工部侍郎和内务府大臣，故年少时期的端方便生活在满族权贵之家。1882年端方中举，时年21岁。1889年，受命筹办光绪帝婚事，因办事干练，受到慈禧太后和光绪帝的赏识褒奖，加四品衔，就职于工部。而后，负责东陵慈禧太后陵墓修造工程，又得到慈禧重用，加三品衔。

1898年3月，在翁同龢与刚毅的保荐之下，端方被光绪帝召见，并参与了戊戌变法，被任命为新成立的农工商总局督办。端方怀着极大的热忱投入了维新派领导的这场变法之中去，曾经一天之内连上三道奏折。但是，随着戊戌变法最终被以慈禧太后为首的顽固派所扼杀，端方本人的政治命运也一度陷入低潮，他任督办的农工商总局被裁汰，他本人也被革职。

虽然一度沉沦，但是借助于荣禄和大太监李莲英的荫蔽和举荐，端方又被重新启用，任直隶霸昌道台。不久后，清政府迫于国内外形势，开始试行新政，重新设立农工商总局，又把端方召回朝廷，主持该局事务，继续参与国家改革。后又历任陕西、湖广（湖南、湖北）、两江（江苏、江西、安徽）等地封疆大吏。在主政地方期间，端方继续推进洋务，被誉为开明人士。1905年，清政府开始“预备立宪”，派员出洋考察，端方是其中之一。回国后，端方出任两江总督。

端方是中国新式教育的创始人之一。1904 年，留日归来的伍仲文和仇埰联名上书端方，端方派人着手筹办，将南京全城分为东西南北四区，每区设新型学校 10 所，全城共 40 所。第一次拨出经费后，端方已调离江苏，而所拨经费仅够开办 4 所学校，因此只建成 4 所模范小学堂，分别在中正街（今白下路）、小心桥（后名武定桥小学）、高井（今秣陵路）、大行宫。他在代任两江总督期间，接受创办培养华侨子弟学府的建议，于 1906 年在南京薛家巷创办了暨南学堂，端方请旨岁拨江海关银 5 000 两，作为办学经费，委派两江总督署幕僚广东人郑洪年主事。辛亥革命后，该校迁往上海真如，1927 年改组为暨南大学，解放后暨南大学并入复旦大学，1960 年，暨南大学在广州再生。

1906 年，端方（前右三）一行在美国考察

端方还是中国省立图书馆的创办人。在外国考察时，见国外名都均设有官方公共藏书机构，民众教育普及，使他耳目一新，遂奏请设立公共藏书机构——图书馆。端方在任两江总督时，创办江南图书馆（今南京图书馆），馆址设在盋山之下的龙蟠里原惜阴书院旧址。1907 年，江南藏书家丁丙经商失败亏资百万，欲售其藏书。他奏请政府以 75 000 元尽购丁丙的藏书，藏于江南图书馆。

在两江总督任上，端方开始与铁路结缘。1907 年，当时的沪宁铁路修筑工程即将到达南京。作为沪宁铁路的端点，南京下关火车站由于有水陆辐辏之利，变得更加热闹，大宗人员货物在这里转运。然而，当时的下关站离市区仍有一段不短的距离，货物运输仍有不便。他决定修造连接南京市区和下关站的铁路，这一动议也得到了清政府的批准。之后，端方在位于南京的江南商务局内设立筹备处，委任该局总办王燮为造路的总办，又聘请英国人格林森为总工程师，拨款共计四十余万两白银。1907 年 11 月，工程开始动工兴建，1909 年 1 月，全路竣工通车，大大便利了南京主市区与长江航道、沪宁铁路的联系。该路全长 12 公里，时称宁省铁路，后改为京市铁路。端方还组织疏通了秦淮河入江河道及三汊河，又修筑和拓宽了太古码头至金陵关的沿江马路、入城马路，设置了煤油路灯。1908 年，端方仿效西方各国博览会成例，在南京筹办南洋劝业会，自任会长，由官、商各出 25 万两银合资经营，搜集各省农产品、工艺品及美术、教育诸物品展出，以振兴实业，开通民智。后端方调任北洋大臣，劝业会由继任两江总督张人骏继续筹办。南洋劝业会于 1910 年 6 月在丁家桥附近开幕，宁省铁路经此并设丁家桥站，以便各方人士赴会。南洋劝业会历时半年，为一时之盛事。

1911 年，端方被任命为川汉、粤汉铁路督办大臣。因强行推进“铁路国有”，激起了川湘鄂等省的保路运动，尤以四川为烈。清廷派端方带兵入川镇压，11 月 27 日，端方抵达四川资州时，为起义新军所杀，终年 50 岁。

詹天佑

“中国铁路之父”
詹天佑

詹天佑(1861—1919)，字达朝，号眷诚，徽州婺源(今属江西上饶)人。清末民初杰出的工学家、工程管理学家和工程法规专家，中国铁路事业的开拓者，中国近代科技事业的先驱，有“中国铁路之父”，“中国近代工程之父”之称。

1861 年 4 月 25 日詹天佑出生于广东省南海县西门外十二甫(今属广州荔湾区)，詹天佑 11 岁时考取清政府首批官派幼童赴美留学，先后就读于美国康涅狄格州威士哈芬小学、纽哈芬希尔豪斯中学，1878 年考入耶鲁大学雪菲尔德理工学院，学习土木及铁路工程。1881 年，詹天佑以优异成绩获耶鲁大学哲学学士学位，回国后被派往福州船政局后学堂学习海军轮船驾驶。

1884 年 4 月，詹天佑任福州船政局后学堂教习，10 月任广州黄埔长洲实学馆(后改为广东博学馆)外文教习。1885 年到 1887 年任广东博学馆教习期间，参与修筑广东沿海炮台，并测绘广东海图(为我国首幅海图)。

1888 年，詹天佑由老同学邝孙谋推荐，赴天津进入中国铁路公司任帮工程司，从事塘沽到天津铁路铺轨工程，开始投身祖国新兴铁路事业。1894 年，首次在我国铁路使用气压沉箱法建成滦河铁桥，被选入英国土木工程师学会，为中国工程师入此会之始。1895 年到 1896 年，任北洋官铁路局帮工程司，率队测量修建津卢(天津至卢沟桥)铁路。1897 年被调到锦州，参加续修关内外铁路工程，升为驻段工程师。1899 年任锦州铁路驻段工程司，主持修筑营口至沟帮子支线。1901 年奉调萍醴铁路。1902 年，奉召回津参加关内外铁路接收与修复展筑工作。此间临时被调参加兴建一条专供皇室祭祖之用的新易铁路(河北新城高碑店到易县梁各庄共 43 公里)的紧急工程,这是詹天佑第一次独立主持承建一条铁路工程,历时四个月完成,被清政府升为"选用知府"。1904 年 3、4 月间,詹天佑应中国铁路总公司督办大臣盛宣怀邀请,担任沪宁铁路工程顾问。正值沪宁铁路勘测选线与工程经费估算、准备施工之时,詹天佑经过仔细研究工程设计方案与所需材料物件,最后精确估算沪宁铁路全线造价不需《借款合同》规定的 325 万英镑之多,只需借款 225 万英镑即可。中国绅商各界据此抗议,英国银公司被迫有所收敛,将沪宁铁路建造的实际贷款额减为 290 万英镑。

1909 年詹天佑(右四)验收沪嘉铁路

1905 年 5 月,詹天佑奉令勘测京张铁路全线,6 月任京张铁路总工程师兼会办局务,不久又被任为商部路务议员,被提升候选道。1906 年,京张铁路首段(丰台柳村至南口)建成通车,开办运输。1907 年,詹天佑升任京张铁路总办兼总工程师,任邮传部路务议员,期间奉令视察京汉铁路黄河大桥工程。1908 年 5 月,八达岭隧道全洞开通,为京张铁路如期竣工克服最大障碍,詹天佑任邮传部二等顾问官,加二品衔,8 月担任商办洛潼铁路工程顾问,11 月任商办川汉铁路公司总工程师兼驻宜昌会办,主持宜万段工程。1909 年,京张铁路建成通车,这是以詹天佑为首的中国工程技术人员与中国工人,完全用自己的技术与力量,用中国自筹款项,独立自主地建成的第一条铁路干线。特别是为克服南口和八达岭的高度差，创造性地修建了人字形铁路，成为世界铁路建筑史上的一大壮举。

1910 年，詹天佑获授清政府工科进士第一名，被推任为广东商办粤路公司总理，仍兼任商办川汉铁路总工程师；1912 年，任粤汉铁路会办、汉粤川铁路会办，在广州创立广东中华工程师会，被推为会长；1913 年，任首任交通部技监兼汉粤川铁路会办。他倡议广东中华工程师会、中华工学会、路工同人共济会三会合并，于汉口成立中华工程师会，被推选为首任会长。1914 年，任汉粤川铁路督办，连任中华工程师会会长，创办《中华工程师会会报》，荣获二等嘉禾章。1916 年，任全国交通会议副议长，主持交通会议，因成绩卓著，获交通部颁发的交通会议名誉奖章。1917 年，任交通部铁路技术委员会会长，再次被推选为中华工程师学会会长。

1919 年 2 月，詹天佑受命代表中国赴海参崴出席国际联合监管远东铁路会议，他和其他中国代表一道，与企图霸占我国东北地区中东铁路的日方代表论战，取得了保护中国中东铁路的权利，并争得了我国工程师在中东铁路的工作地位。严冬的东北大地天寒地冻，詹天佑日冒严寒赴会，夜研文书议案，终因疲劳过度，心力交瘁，旧疾复发，病倒在维护国家主权斗争的第一线。

在事业上，詹天佑堪称中国铁路事业的开山鼻祖。在家里，他是好儿子、好丈夫、好父亲。特别是他的爱情生活在那妻妾成群方显富贵和地位的晚清封建社会里，确实难能可贵。詹天佑和从小订婚的谭菊珍结婚后，带着妻子生活在条件艰苦的北国铁路建设工地，之后又带着她几乎走遍了大半个中国。两人有五子三女，先后出生在广州、河北林西、河北山海关、辽宁锦州、北京等地。詹天佑一生不吸烟，也不打牌，对夫人照顾很周到，他专门设计定做一套保温餐具，供夫人吃饭使用。后来夫人身体不好，常常咯血，久治不愈。有人看到这种情况，劝其纳妾，詹天佑严词拒绝。

1919 年 4 月 24 日，为开创中国铁路事业呕心沥血的詹天佑在汉口逝世，终年 58 岁。

唐绍仪

曾任全国铁路督办的外交家
唐绍仪

唐绍仪(1862—1938),字少川,广东香山县(今属珠海)人。清末民初著名政治活动家、外交家,中华民国第一任内阁总理。

1862年1月2日唐绍仪出生于广东香山唐家村,其父唐巨川常年在上海从事茶叶生意,故而唐绍仪自幼便在上海读书。1874年,唐绍仪被选为第三批留美幼童赴美留学,后进入哥伦比亚大学学习。

1881年,唐绍仪被召回国,在天津水师附设的洋务学堂继续读书。次年,唐绍仪作为德国人穆麟德的随员前往朝鲜,襄助海关事务。1884年遭遇甲申政变,唐临危不惧,持枪坚守穆宅,给也在朝鲜的袁世凯以深刻印象。1885年,进入天津税务衙门任职。1889年,清政府委任唐绍仪为驻龙山商务专员(即驻朝汉城领事),与当时在朝总理交涉通商事宜的袁世凯建立友谊。1896年10月,唐绍仪正式出任中国驻朝鲜总领事,两年后因其父病故而回国奔丧,结束在朝鲜近十年的外交生涯。

1901年底,时任直隶总督、北洋大臣的袁世凯任命唐绍仪为天津海关道,唐绍仪办理接收八国联军分占的天津城区、收回秦皇岛口岸管理权等事务,成就斐然。

1904年,清政府任唐绍仪为全权议约大臣,前往印度与英国代表就西藏问题进行谈判。唐绍仪坚持民族立场,最终推翻了英国与西藏地方政府签订的所谓《拉萨条约》。1906年4月,中英签订《续订印藏条约》,英国虽然取得从印度架设电线通往西藏已开商埠的特权,但必须承认西藏的领土主权属于中国。在国势贫弱的情况下取得这一成果,实属不易。清廷将唐升为外务部右侍郎，此后，唐参与主持中日、中俄关于东北问题的谈判，抑制了日本在东北扩张侵略的野心，完全拒绝了俄企图保留在东北利益的要求。

1906年，唐绍仪先后被任命为全国铁路总公司督办、税务处会办大臣，邮传部左侍郎等要职，对铁路进行大力整顿。首先，扩大对外资铁路的行政管理权。如在整顿京汉铁路过程中，唐绍仪一方面坚决执行原借款合同中中国应保有的权力，一方面积极推动路政的各项改革，旨在排除洋员对路权的操纵及其不良影响，使华员逐步掌握该路的管理大权。他认为，1903年盛宣怀与英国签订的“沪宁铁路借款合同”，中国吃亏的要害在于设立总管理处。因此，要挽回利权就应从改订管理处章程着手。于是，他改拟章程，并多次与英国公司及其代理人交涉，并最终收回了部分路权，沪宁铁路的续借款由原定的9折改为9.55折，总管理处由原来的华员两名、洋员三名改为只设华员一名，洋员在总办主管下分担部门职能。1906年11月，唐绍仪与英公司签订了广九铁路借款合同。该合同与盛宣怀过去签订的那些外债筑路合同相比，最明显的区别是删除了由外籍总工程师总揽管路大权的规定，用人用款之权，由两广总督一手经理，从而取得了筑路的主权。

1912年3月，唐绍仪(左)与孙中山在南京合影

1907年，唐绍仪出任奉天巡抚，负责东北地区的对外事务。他企图利用列强的矛盾来借款修路，以便制约日本，但未能成功。1910年出任邮传部尚书，不久后辞职。

辛亥革命爆发后，唐绍仪代表北京政府，前往上海与南方各省军政府代表伍廷芳进行“南北和谈”最后达成协议，袁世凯赞成共和、逼清帝退位后，孙中山让出临时大总统之职。

袁世凯就任临时大总统后，任命唐绍仪为民国第一任内阁总理。3个月后，因不满袁世凯破坏《临时约法》的种种行为，唐绍仪愤而辞职。

1917年，唐绍仪南下参加护法运动，力主恢复《临时约法》和国会，支持孙中山。1919年初，北洋军阀政府与护法军政府谈判议和，唐绍仪担任南方总代表。他维护孙中山的护法旗帜，但其主张被北方代表拒绝，同时也为把持南方军政府的桂系军阀所不容，被撤掉总代表之职。南北议和历时年余，终未达成协议。五四运动时期，唐绍仪表现出爱国热情，通电北洋军阀政府表示支持爱国学生。他去电巴黎，要求出席巴黎和会的中国代表、他的女婿顾维钧拒绝在和约上签字。

1920年，孙中山、唐绍仪等宣布反对桂系军阀，脱离军政府。桂系军阀被驱逐出广东后，唐绍仪随孙中山到广州，但二人因政治主张不同发生严重分歧，唐绍仪黯然前往上海。

1929年，唐绍仪就任中山县训政实施委员会主席，两年后任中山县县长，为政清廉，关注民生，百姓赠其"布衣县长"之称。后唐绍仪遭到陈济棠的排挤，1934年1月被逼去职。

1931年，唐绍仪在广州参与汪精卫等人的"反蒋"联盟。1936年，陈济棠发动六一事变，唐绍仪公开支持蒋介石。事变平息后，唐绍仪举家寓居上海。

抗日战争爆发后，唐绍仪宣传抗日不遗余力。上海沦陷后，日本特务头子土肥原贤二对"南唐北吴"(唐绍仪、吴佩孚)进行多方拉拢，唐绍仪均表示拒绝。然而，唐绍仪身边的亲友竟打着他的旗号为日本人卖命。1938年9月30日，在唐绍仪失节证据不确的情况下，军统特务在唐绍仪的上海寓所将其刺杀。

邝
孙
谋

詹天佑献身铁路的推荐者
邝孙谋

邝孙谋(1863—1925),又名邝景阳(扬),字星池,广东南海人。与詹天佑共事一生的中国第一代铁路工程师。

邝孙谋生于广州,是早年清政府派出的留美幼童之一。1877 年在美国马萨诸塞州伊斯特汉普顿的威利斯顿神学院读预科,1880 年进入美国麻省理工学院,加入了 1884 年毕业的班级,但中途奉清廷撤回幼童之命,于 1882 年回国,未能毕业。

1882 年,邝孙谋在唐山的开平矿务局担任总经理助理。1886 年唐胥铁路脱离开平煤矿,另组开平铁路公司,邝孙谋在该公司任助理工程师,参与唐胥铁路向芦台展筑工程。

1887 年,开平铁路公司迁往天津,更名为中国铁路公司,并将唐山至芦台间的铁路继续向塘沽、天津方向展筑。1888 年,邝景阳向中国铁路公司总办伍廷芳推荐同乡詹天佑。后经公司邀请,詹天佑毅然北上天津,进入了中国铁路公司。最初,詹天佑充任帮工程司,并在 80 天之内顺利指挥完成了塘沽至天津间的铺轨工程,展露出了卓越的筑路才干。当年 10 月 9 日,直隶总督李鸿章乘坐火车视察了天津、塘沽、唐山一线铁路,之后在向清政府呈送的奏折中夸赞线路“平稳坚实”。这一年也就成了詹天佑献身铁路事业的开端。

1901 年至 1903 年,邝孙谋在株萍铁路担任助理工程师。1903 年至 1905 年,回到京奉铁路担任驻段工程师。1905 年秋至 1906 年,邝孙谋担任京张铁路工务段工程师。1905 年清政府决定派詹天佑主持修筑京张铁路,并宣布一个洋人也不用，邝孙谋随詹天佑赴京张铁路工地，参加了该工程的勘测设计及前期施工。1906 年，广东开始修筑粤汉铁路，力邀詹天佑主持该项工程。可是，此时京张铁路施工正紧，詹天佑无法脱身南下，便举荐邝景阳前往粤汉铁路任总工程师。1909 年，陇海铁路东筑规划提上清政府的议事日程，邮传部两次奏请自建开封至海州铁路，并建议连接苏路公司的清徐、清海两线，定名“开徐海清”铁路。担任“开徐海清铁路总局”总工程师的邝孙谋参与线路勘测等技术工作。1911 年，詹天佑赴广东担任粤汉铁路总工程师一职，邝孙谋接任京张张绥铁路（后改称京绥铁路）总工程师。1917 年，邝孙谋任津浦铁路总工程师。1920 年，邝孙谋继续担任京绥铁路总工程师和京汉铁路主管。

参加京张铁路验收的全体工程师技术人员合影
（前排右三为詹天佑，右一为邝孙谋）

詹天佑担任交通部技监期间，创意将广东中华工程师会、上海工学会、上海路工同人共济会三会合并，成立中华工程师会。詹天佑被推选为首任会长，邝孙谋任副会长，负责学会的部分日常工作。詹天佑 1919 年病逝后，接任中华工程师学会会长的邝孙谋与时任京绥铁路局局长的丁士源共同倡议为詹天佑立铜像，并呈文中华民国大总统，共 500 多人联名响应此倡议。呈文中称：“交通部技监詹天佑，于四月二十四日在汉口差次病故……呈请大总统，准在京绥路八达岭为该故技监建设铜像，并请特予颁给碑文，借没世之荣，作后来之矜式。”1922 年，詹天佑铜像及碑亭在八达岭青龙桥站建成。

1922 年 5 月，59 岁的邝孙谋退休享受私人时光，1925 年病逝。

第二篇

中华民国时期

Chapter Two
The Republic of China Time

汤寿潜

民国首任交通总长
汤寿潜

汤寿潜(1856—1917),原名震,字蛰先,又作蛰仙,浙江山阴(今属杭州)人。清末民初实业家和政治活动家,早期维新派代表人物,晚清立宪派领袖,浙江军政府首任都督,民国政府首任交通总长。

1856年7月3日汤寿潜出生于浙江绍兴府山阴县天乐乡。少年在家乡读书,智力超群,以文学见长。1886年,任山东省巡抚张曜的幕僚。1890年,对中国日益严重的内外危机深感忧虑,撰写《危言》一书洋洋洒洒共4卷。该书提出了迁都长安(因当时北京周围兵事频繁)、设立议院、民主法制、自由言论、新式兵备、创办实业、现代交通、兴修水利、裁撤冗官、惩治贪腐、兴办新学、改革考试、实行晚婚等主张。这些主张的提出早于1895年的公车上书。《危言》一书震动朝野,一举为汤寿潜奠定了"中国早期资产阶级维新思想家"的地位。光绪皇帝的帝师、文渊阁大学士孙家鼐就曾推荐光绪阅读汤寿潜的《危言》,并要求印刷数千份发给各级官员。

1892年,汤寿潜科举会试中榜,入翰林院为庶吉士,学习3年。1895年,学习期满,他被外放赴安徽青阳当知县。不过,汤寿潜实在不爱做官,仅当了3个月的知县就辞官回家。

1895年康有为公车上书后,在北京和上海设立"强学会",汤寿潜是北京强学会的会员。在1898年6月中旬至9月中旬百日维新期间,光绪皇帝两次传令要汤进京。汤寿潜因为母亲生病,请求缓行。不久,维新运动失败,遂终止北京之行,赴浙江金华,任丽正书院山长(校长),致力于启迪民智。

1900年,八国联军侵略华北,为稳定江南时局,汤寿潜以个人声誉和社会影响力，与张謇力说两江总督刘坤一和湖广总督张之洞，促成“东南互保”之约，抵制清廷对外开战的决定，与外国达成协议，维持和平局面。1903 年，以养亲为由，拒任两淮盐运使。1904 年，任上海龙门书院山长，改龙门书院为龙门师范学堂，该学堂后来发展为上海中学。

1905 年 2 月，汤寿潜与张謇、许鼎霖等人在上海创办大达轮布股份有限公司。接着，又与张元济、夏增佑等发动旅沪浙江同乡，开展抵制美国商人攫取浙赣铁路修筑权的活动。同年 7 月，浙江全省铁路公司在上海成立，汤寿潜被推举为公司总理。公司决议集股自办浙省铁路，要求清政府废除 1898 年 11 月与英国订立的《苏杭甬铁路条约》，收回苏杭甬铁路路权。汤寿潜等人通过联络同乡京官、争取舆论支持等办法，使清政府允诺浙江全省铁路由商民集股自筑。汤寿潜接受清政府授予的四品京卿，总理浙江全省铁路事宜。

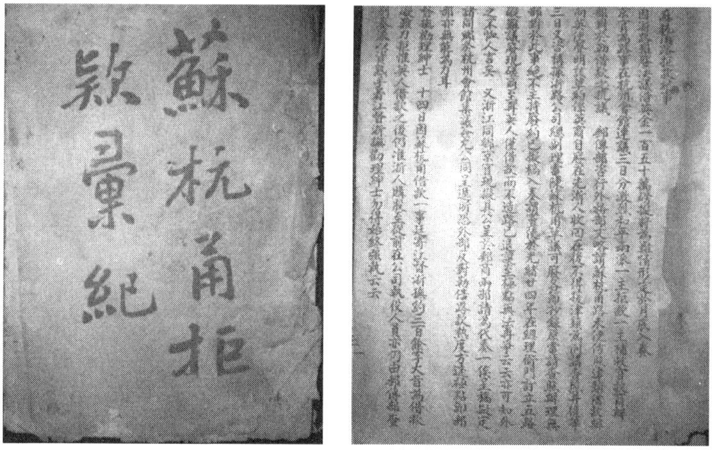

清末出版的《苏杭甬拒款汇纪》封面和内文

1906 年 12 月，汤寿潜联合苏、浙、闽商人 200 余人在上海成立预备立宪公会，被推举为副会长，积极敦促清政府早日实行立宪，成为国内立宪派著名领袖。

1907 年汤寿潜主持浙江全省铁路公司，兴筑浙省铁路，刻苦经营，不辞劳苦，不支薪水，博得绅商好评。10 月，召开浙江全省铁路公司股东大会，成立拒款会，拒绝 1907 年 8 月清政府与英国商定的苏杭甬铁路拟借 150 万英镑、总工程师聘用英国人等条款，主张仍由商民自建。这一举措，抵制了清政府出卖苏杭甬铁路权给英国人的行为。同时，铁路加紧建设，杭州至枫泾的160多公里铁路及沿线114座路桥、14处涵洞、113处水管三年全部建成，确保了沪杭铁路于1909年8月13日如期接轨通车。经邮传部考核，质量为全国商办铁路之冠。同月，汤寿潜拒绝清政府调离浙江赴云南的指令。不久，又拒绝赴任清政府改授的江西提学使，留浙江继续主持杭甬段铁路施工。1910年8月23日，清政府革除汤寿潜浙江铁路公司职，并不准其干预路政。

1911年11月7日，杭州新军建立浙江新政府，汤寿潜被推举为都督。11日，汤寿潜与上海都督陈其美、江苏都督程德全联合通电起义各省，倡议召开各省代表会议商量国是。12月2日，汤赴上海，与到沪各省代表共商成立临时政府和选举大元帅事。

1912年1月3日，汤寿潜被中华民国临时大总统孙中山任命为交通总长。1月15日，卸浙江总督之职，以“不忍徇禄之忘亲”为由留上海，而不到南京就职。在上海，汤寿潜参加了章炳麟、张謇组织的统一党，任该党参事。同年2月9日，汤改任赴南洋劝募公债总理，离沪去南洋。同年5月，自南洋回国，反对袁世凯复辟帝制。6月9日，浙江铁路公司开股东大会，推辞不复任总理。8月1日复职，改称浙江铁路公司理事长。后不久，浙省铁路收归国有。

晚年，汤寿潜回归故里，为家乡水利枢纽麻溪坝改桥闸竭尽所能，解决了明宣德年间以来400多年的水利纠纷。1917年6月，汤寿潜病逝于萧山的家中。

汤寿潜虽多年身居要职，却恪守简朴，他穿布衣、着短褂、戴笠帽，有“布衣都督”之称，然而对于公共事业，他从不吝啬。民国政府收沪杭铁路为国有，为补偿汤寿潜前后4年督造之劳，特犒银20万元，他分文不受，悉数捐赠浙江教育会，用于兴建浙江公共图书馆。他的遗言“竞利固属小人，贪名亦非佳士”可谓自己一生写照。

孙中山

提出"铁道立国"的伟大先行者

孙中山

孙中山(1866—1925),名文,字德明,号逸仙,广东香山(今中山市)人。1897年流亡日本时化名中山樵,后以"中山"名世。中华民国和中国国民党缔造者,伟大的民族英雄、伟大的爱国主义者、中国民主革命的伟大先驱。

1866年11月12日孙中山出生在广东香山翠亨村一个农民家庭。12岁随母前往美国檀香山投靠其兄孙眉,早年先后求学于美国檀香山、中国广州、中国香港,行医于澳门、广州。

1894年5月,孙中山上书李鸿章,主张变法自强,遭冷遇,遂赴檀香山创建我国第一个资产阶级革命团体兴中会。次年,在香港成立兴中会总部,策划广州起义,事败后流亡海外,继续宣传革命。

1896年,孙中山在伦敦被清朝驻英公使馆诱捕,脱险后曾留居英伦,研究西方政治经济理论,寻求救国真理。次年,经加拿大抵日本,在旅日华侨中宣传革命,发展兴中会组织。1900年发动惠州起义,因粮饷不济而遭失败,失败后奔走海外,并在旅欧学界进行革命活动。

1905年8月,孙中山在日本东京领导成立同盟会,被推为总理,制订"驱除鞑虏,恢复中华,建立民国,平均地权"的资产阶级革命纲领;创办《民报》,提出"民族、民权、民生"三民主义,同改良派展开激烈论战。同时,在国内外积极发展同盟会成员,联络华侨、会党和新军,在两广、云南等地发动一系列武装反清起义。

1911年10月,武昌起义爆发。孙中山于12月25日回到上海,被十七省代表会议推选为中华民国临时大总统。1912年1月1日在南京宣誓就职，建立中华民国临时政府，组成临时参议院，颁布《中华民国临时约法》。

1912 年 4 月 1 日，由于立宪派与其他势力对袁世凯的支持及革命党人的妥协，孙中山被迫辞去临时大总统，出任全国铁路督办，开始以造铁路、建港口、办实业来实现救国抱负。8 月，同盟会改组为国民党，孙中山被推为理事长，由宋教仁代理。1913 年，因“宋教仁被刺案”，孙发动“二次革命”讨袁，旋告失败。

1914 年，孙中山在日本创建中华革命党，重举革命旗帜，进行反袁称帝的斗争。1916 年 3 月袁被迫取消帝制。1917 年 7 月，为反对段祺瑞拒绝恢复临时约法和国会，孙南下广州召开国会非常会议，发动护法运动，成立护法军政府，被推为海陆军大元帅。翌年，因受桂系军阀挟制，被迫去职，赴上海著书立说，撰述《建国方略》《实业计划》。

1919 年，孙中山将中华革命党改组为中国国民党，任总理。1921 年 5 月，在广州就任中华民国非常大总统，成立了新的革命政权，准备北伐。1922 年 6 月，因陈炯明武装叛乱，孙中山退驻永丰舰，后被迫退居上海。

1912 年 4 月，中华民国铁道协会在上海成立时的合影，前中为会长孙中山

1923 年，孙中山再回广州，重建大元帅府。1924 年 1 月，在广州召开中国国民党“一大”，提出联俄、联共、扶助农工三大政策，把旧三民主义发展成

为新三民主义，明确地提出了反帝纲领，促成第一次国共合作。同时，创办黄埔军校，指挥平定广州商团叛乱，国民革命进入新高潮。

1924 年 11 月，孙中山应北京政府邀请，扶病北上共商国事。因积劳病剧于 1925 年 3 月 12 日在北京逝世，遗体暂厝于北京西山碧云寺，1929 年安葬于南京紫金山中山陵园。

在孙中山的革命生涯中，他始终坚信“实业救国”理想，一再强调中国的复兴必须重视和发展铁路。1912 年 2 月，孙中山辞去临时大总统一职，受临时政府委托担任全国铁路督办，组建中国铁路总公司，全权筹办全国铁路。孙中山不辞辛劳，四处奔波，发表演讲宣传铁路，启发人民，唤醒社会。他经过广泛的调查研究和深入思考，谋划铁路发展大计，作出了“交通为实业之母，铁道又为交通之母”的科学论断，形成了他“铁道立国”的思想。第一，铁路为国家兴盛之先驱。“国家之贫富，可以铁道之多寡定之。”铁路可以促进国家经济加快发展，是国家经济发展的先行保障。第二，铁路为人民幸福之源泉。铁路给沿线带来经济繁荣的同时，也为改善人民生活提供了机会。第三，铁路为国家统一之保障。修建铁路“尤其重要者，则为保障统一之真实，盖中国统一方能自存也。一旦统一兴盛，则中国将列于世界大国之林，不复受各国之欺侮与宰割。”

1917 至 1919 年，孙中山倾其毕生学力著《建国方略》，系统地抒发自己的建国宏愿和构想。在其中《实业计划》中，他制定的铁路发展蓝图铺画了 111 条线路。总的目标是在尽可能短的时期内，建成“全国四通八达、流行无滞”的铁路网。路网规模“至少 10 万英里(即 16 万公里)”，以新建北方(位于渤海湾)、东方(位于杭州湾)、南方(广州)三大海港作为铁路网对外交流的中枢。建成“六大铁路系统”，即中央铁路系统、东南铁路系统、东北铁路系统、西南铁路系统、西北铁路系统和高原铁路系统。孙中山强调，铁路合理选线要坚持四项原则：一是“必选最有利之途以吸外资”，借助国际力量共同开发；二是“必应国民之所最需要”，急需先修；三是“必期抵抗之至少”，先在社会条件好的地方修路；四是“必择地位之适宜”，有利于通道建设和连接成网。

孙中山在他的革命生涯中对发展中国铁路倾注了满腔热情。他对铁路的精辟论述、主持编制的铁路发展宏图，对中国铁路事业产生了深远影响。

施肇曾

督办铁路有功的实业家

施肇曾

施肇曾（1867—1945），江苏吴江（今属苏州）人，字鹿珊，号省之。中国近代著名的官员、实业家、佛教居士和慈善家，涉足晚清民国的铁路、居士佛教以及慈善公益等领域。历任沪宁铁路总办兼招商轮船局董事，沪杭甬铁路总办，京汉铁路南段总办，陇海铁路督办，局长。

1867 年 1 月施肇曾出生于江苏省吴江县震泽镇一个丝商家庭，自幼接受中国传统文化教育，后赴上海圣约翰大学研习西学，又入上海电报学校学英文兼研时事。青年时期在大伯施善昌的熏导下，随同施族各子弟奔赴全国各地投入救灾赈事，因为多次赈灾有功，累迁至江西候补道员，加二品顶戴。

1892 年 6 月，施肇曾随钦差大臣杨儒出使美国、日本、秘鲁三国，派充驻美使署随员兼支应。1896 年 5 月任纽约正领事官。1898 年回国后任湖北汉阳铁厂提调，兼办京汉铁路工程。1906 年 5 月调任沪宁铁路总办。在此期间，施肇曾等华员虽处劣势，但他熟练运用外交手段，“折冲坛坫，不竞不絿”，“用是敦槃辑睦，卒保主权”。在铁路工程方面，施肇曾的工程管理才能得到充分施展，加快了沪宁铁路建设进展速度，该路工程从 1905 年 4 月 25 日开工，至 1908 年 7 月竣工，历时三年，较之借款合同所定工期缩短了两年。施肇曾办理沪宁铁路的成绩得到了清政府和江苏绅商的认可，被江苏绅商推举为沪宁铁路议员，复经苏、浙两省公举，任沪杭甬铁路督办，继续督建沪杭甬铁路工程。1911 年调任京汉铁路南段会办。

1912 年 11 月，袁世凯正式任命施肇曾为陇秦豫海铁路督办。在此任上的 10 年间，施肇曾对陇海铁路借款、线路规划及相关线路收归国有等方面有着突出贡献。虽然在其任内仅有开徐段、观陕段路工修成，但这多是路款无以为继和政局动荡等客观因素造成的，且为陇海路的后续建设打下了基础，其对陇海路务始终是尽心尽力。

1913年施肇曾兼任同成铁路会办，1914年兼任国内公债局董事，漕运局总办。1915年任交通银行董事长。1916年8月兼管同成铁路事宜，执行督办职权，被策令为上大夫，加少卿衔。1917年任中国银行董事，又创办北京新亨银行和上海永亨银行。1919年1月全国总商会公举为促进国际税法平等会赴欧总代表。1919年施肇曾在故乡震泽镇创办江丰农工银行，扶持了家乡蚕丝业的发展。

1920年以后，施肇曾在较长时间内从事外交职业。1920年至1922年任驻澳大利亚领事；1923年任驻印度尼西亚巴东领事；1932年任驻伦敦领事；1933年任驻新加坡领事；后又任驻吉隆坡领事、澳大利亚惠灵顿领事，兼任驻葡属帝汶岛领事，直至1936年结束海外领事生活。

施肇曾对教育也充满热情，他参与创办了无锡国学专修馆，这是一所继承中国文化，保持国粹的高等学府，分文学、史学、哲学三个专科，聘请前南洋大学（上海交通大学前身）校长唐文治任馆长。1949年后，该校改为中国文学院，后并入苏南文教学院。施肇曾还捐资创办了震泽镇初级中学，并亲任董事长。抗日战争爆发后，震中被迫关闭，施肇曾又于1938年在上海出资购买"觉园"创办育英中学和附属育英小学，并吸收震中大部分失业教职员工。此外，他还捐资为圣约翰大学建造礼堂。

施肇曾中年信佛，皈依印光大师，专弘净土，退职后弘传佛教，热心慈善事业，先后任上海世界佛教居士林林长、觉园佛教净业社社长，其中任觉园佛教净业社社长长达十年，坚持弘法与慈善并举，促成了上海居士佛教的近代转型。

施肇曾故乡——民国时期的震泽古镇

施肇曾在上海"觉园"住宅度过晚年，於1945年10月24日病故，终年81岁。

施肇曾生于晚清，活动于晚清、民国，近乎完整经历了中国历史上这一大转型、大变革时期。他涉足于晚清民国的外交、铁路、民族实业、慈善公益以及居士佛教等领域，身上烙下了深深的时代印记，是近代史上诸多重要历史人物的一个缩影。

梁士诒

为铁路奔波忙碌的两朝元老

梁士诒

梁士诒(1869—1933),字翼夫,号燕孙,广东三水人。光绪进士,授翰林院编修。曾任清政府邮传部铁路总局局长、署理大臣;曾参与袁世凯胁迫清皇室退位的活动,任袁世凯总统府秘书长、交通银行总理、财政部次长、北洋政府国务总理等职务。

1869 年 5 月 5 日梁士诒生于广东省三水县冈头乡,曾就学于佛山书院。1894 年中进士,次年授翰林院编修。梁士诒读书不囿于旧学,好读译本新书,留心财政,为其广东同乡、时任天津海关道的唐绍仪所看中,荐举为北洋编书局总办。梁出版了不少军事书籍,甚合直隶总督袁世凯编练北洋陆军之需。1906 年,盛宣怀长期把持的铁路总公司裁撤,唐绍仪出任京汉、沪宁铁路督办大臣,任命梁士诒为总文案,至此,梁进入铁路交通业。1907 年 4 月,清政府邮传部内设立借款各路提调处,专管借款所修各路事宜,梁士诒任提调(即管领、调度)。同年 12 月,提调处改为常设的铁路总局,经袁世凯的保举,梁任局长。

京汉路为当时中国最主要的南北向铁路干线,沿途人烟稠密、镇城众多、农业发达、矿产丰富,通车后,运输繁忙,进款颇丰。1907 年,即全线通车后的第二年,盈利已达 221 万余元。该路是清政府借比利时款所修,借款期内,铁路充作抵押品,由比方代为管理,每年分取余利二成。为少受损失,清政府决定于 1908 年还清借款。梁士诒主持赎路事宜,他四处活动,多方筹集,因赎路有利于民族利益,进展顺利。1908 年末,款已筹齐。12 月 26 日,中国一次付清比利时的借款本息等款项 2.27 亿多法郎,与比方办理了京汉铁路交接手续。1909 年元旦起,中国开始独立管理京汉全线,梁士诒兼任京汉铁路局总办。

1907 年,邮传部筹办交通银行。梁士诒长于理财,又热衷于发展中国自己的银行业,被任命为该行协理。1908 年,梁氏为迅速筹齐京汉路赎款,曾以直隶、湖北、江苏、浙江四省的盐斤加价、房捐、酒捐等为担保,向英国汇丰银行、法国东方汇理银行借款 500 万英镑,折扣仅为 94。付清赎款后,尚余 100 万英镑,梁士诒从中取出部分,充实新办的交通银行股金。1908 年,该行曾发行赎路公债 1 000 多万元,为准时赎回京汉路出了力。

梁士诒(前左七)等陪同孙中山视察京张铁路时的合影

武昌起义爆发后,1911 年 11 月,袁世凯出任总理大臣,邮传大臣为杨士琦。不久,杨士琦离职。1912 年 1 月初,梁士诒以邮传部左参议署理该部大臣。期间,梁积极参与袁世凯的"逼宫"活动,迫使清帝在 1912 年 2 月 12 日退位,并于清帝退位诏书上署名。

袁世凯被南京临时参议院举为临时大总统后,梁士诒任总统府秘书长,交通银行总经理。1912 年 8 月下旬,孙中山应袁世凯之邀,赴京与其晤谈国事。梁士诒代表袁世凯,亲往车站迎接。孙中山在京逗留一月,与袁世凯晤谈 13 次，梁士诒始终在场，并热心照料孙中山起居行止。梁士诒与孙中山为广东同乡，两人又都主张大力发展中国的铁路事业，彼此谈吐颇为投机。袁世凯于 9 月初，任命孙中山为全国铁路督办，授予规划全国铁路之权。而后，梁士诒常常在北京铁路协会举行会议，发表演说，对孙中山的修路宏愿表示真心支持。在京期间，梁士诒帮助孙中山制订了全国铁路计划概略：所修铁路分三大系统——由广州经桂、滇至缅甸，由广州经湘、川达西藏，由扬子江口经苏、皖、豫、陕、甘达新疆伊犁，需筹资金 60 亿元，或借外债，或在不碍国家主权前提下，租让给外商修筑，过一定年限后收归国有；计划期间 10 年，筑路里程 20 万里。孙中山回沪后，梁士诒还让交通部次长叶恭绰，常往来于京、沪之间，与孙中山商榷妥善划分中国铁路总公司与交通部的权限，帮助解决具体问题，使孙中山主持的中国铁路总公司，于 10 月中旬在沪得以成立，开始办公。

梁士诒参与创办交通银行时，该行仅有股银 500 万两，仅供铁路、航运、邮电业的经费支付（主要为铁路）。民国成立后，梁氏长期担任该行总经理（或董事长），经其苦心经营，制订了章程，股银增至一千万两，增加了代理国库、经付公债本息、代收税款、办理外汇等业务，成为北洋政府的国家银行之一。交通银行作为中国自办最早的近代银行之一，促进了中国金融业的发展。

1933 年 4 月，梁士诒在沪病逝，终年 64 岁。

施肇基

以身作则的铁路总办

施肇基

施肇基(1877—1958),字公立,号植之。江苏吴江人。曾任晚清政府邮传部右参议兼京汉铁路局总办、京奉铁路局总办。后任民国交通、财政总长,中国政府驻英、驻美大使,外交总长。因在多次国际会议上力争中国国家主权而为人注目。

1877 年 4 月 10 日施肇基生于江苏省苏州府吴江县(今苏州市吴江区)。1886 年,施肇基进入南京江宁府同文馆学习英文,次年转入上海美国圣公会主办的圣约翰书院。1893 年,随同中国驻美国公使杨儒赴美,任翻译生,入华盛顿市立中心中学学习。1896 年入美国康奈尔大学学习,获文学硕士、哲学博士学位。1899 年,杨儒出任驻俄罗斯公使,将施调来圣彼得堡,并委其以参赞身份随同赴荷兰海牙出席国际和平会议。其后,施返美继续学业。

1902 年,施肇基学成回国,任湖广总督张之洞洋务文案兼鄂省留美学生监督。1905 年,清廷宪政考察团赴美、法、德、俄等国考察,端方约施肇基同行,对他极为倚重,沿途事务,不论巨细,俱与他商议。

1906 年,唐绍仪入京接任督办铁路大臣,约施肇基同行考察。当时京汉铁路名义上为比利时借款所筑,实际法、比两国投资。人事分配上,行车处处长由法人担任,银团代表为比利时人。由于施肇基能用法语对话,办事精明,唐绍仪推荐他任邮传部右参议,兼任京汉铁路局总办(其时新设邮传部,铁路业务由该部管辖)。京汉铁路借款,每年归还本息,必须按期缴付,若有拖欠,影响路权。为此,他采取了改革措施,认真整顿,以增盈余,清偿外债。他到任后第一件事,取消免票制度,以身作则。凡有官吏来索免票者,他以个人薪俸支出购票赠之，致索者逐渐减少。又由于华籍员工薪俸较低，弊端甚多，他决定将华籍员工待遇增加一成。至于铁路材料采购，外商卖办均向他兜售，诱以优厚佣金，均被严词拒绝。

1907年秋，施肇基调任京奉铁路局会办，到天津赴任。1908年，奉命到沙俄铁路公司谈判，使霍尔瓦特同意撤销俄罗斯在哈尔滨的水利会，收回松花江航行管理权。1910年署吉林洋务，任外务部左、右丞，担任美国、墨西哥、秘鲁、古巴等国公使，但未及赴任，清廷已垮台。

1912年，施肇基入中华民国唐绍仪内阁，任交通总长、财政总长，不久因病辞职。1913年任大总统府礼官。1919年1月，“巴黎和会”召开，中国作为战胜国之一，组成了以外交总长陆征祥为首，包括施肇基、顾维钧、王正廷等组成的代表团。会议期间，施肇基等中国代表严正表明了中国的立场和要求，特别在山东问题上，与日本代表进行了激烈斗争。但是，在列强操纵下，会议竟然无理否决了中国的正当要求，同意日本继承德国在山东的一切特权。消息传到北京后，国人义愤填膺，终于爆发了波及全国的五四爱国运动。在全国人民的强烈要求下，施肇基等中国代表发表严正声明，宣布拒绝在和约上签字。

袁世凯内阁合影，左一为交通总长施肇基

1921年，施肇基被任命为驻美全权公使。11月华盛顿会议召开，施肇基在会上提出取消日本强迫中国签订的21条的要求。日本政府坚持山东问题只能由中日两国举行双边会谈解决，最后由美、英代表协调，中日双方进行了直接谈判。施肇基等代表在会谈中坚持原则，据理力争，先后与日本代表辩论了30多次，最终达成《中日解决山东悬案条约及附约》，追回了在第一次世界大战期间被日本强夺的德国在山东的部分权益，这对中国来说确是一次外交胜利。

1923年1月施肇基任外交部总长，1929年1月复任驻英公使，1930年出任出席国际联盟的中国全权代表兼国际理事会中国全权代表。1931年"九·一八"事变爆发，施肇基根据国内报告，在次日召开的国联第65次会议上，向各国代表报告事变发生经过。9月23日，中国政府正式致函国联，提出申诉，希望国联主持公道伸张正义，解决日本侵略中国的问题。在施肇基的强烈要求下，国联不得不于12月24日召开特别大会，投票表决对日制裁案。投票的结果是24票赞成，日本1票反对，制裁案宣告通过。日本虽极尽抵赖之能事，但也未逃脱道义上的谴责，颜面尽失，被迫宣布退出国联。中国赢得了国际社会的同情和支持。

1933年1月，施肇基任驻美全权公使。1935年6月，中国政府决定将驻美公使馆升格为大使馆，施随之也升任为驻美全权大使。1937年(民国26年)辞职回国。抗日战争爆发后，施肇基任国际救济会宣传组主任兼上海防疫协会董事长。1941年至1950年任国际复兴开发银行顾问委员会委员。

1954年，施肇基因脑溢血逐渐淡出外交舞台。1958年1月3日病逝于美国华盛顿，终年81岁。

张静江

江南铁路功臣

张静江

张静江(1877—1950),原籍安徽休宁(今属黄山)。民国富商、政坛元老,曾任国民党中央执行委员会常务委员会主席、代理国民政府主席、全国建设委员会委员长、浙江省政府主席,被称为国民党"四大元老"之一,二十世纪江浙财团"四大亨"之一。

1877年9月19日张静江出生于浙江吴兴南浔镇的一个巨贾之家,少年时代喜好读书和骑马。9岁时患骨痛病和眼疾,从此双脚行动不便、视力下降,转向研究书画、古董。1897年,其父花十万两银子为他捐得道员衔。1902年,以江苏候补道员衔随清政府驻法国公使孙宝琦到巴黎,任使馆商务随员。1903年,在其父的支持下,独资经商,开办通运公司,专营古玩瓷器,兼营丝茶绸缎,并在纽约、伦敦开设分公司,获益颇丰。同时,受法国盛行的无政府思潮的影响,在旅欧华人中发表反清言论。他还在法国参与创办世界社,创刊《新世纪》周报,宣传各国革命壮举。

1905年8月,张静江与孙中山在赴法的轮船上相遇,恳切地提出大力资助其开展革命活动。自此以后,每遇革命款项不济,孙中山便想到了张静江的资助之约,而张每次均能按时如数将款寄到。甚至有一次由于款项不支,张静江将他在巴黎通运公司所经营的一个茶店卖掉给予资助。

中华民国成立后,由于严峻的财政经济形势,南京临时政府举步维艰,难以维持,此时张静江等人带头以商人名义捐赠巨款,使孙中山领导的临时政府财政紧张的局面得到一定程度的缓解。1918年"讨袁之役"失败,张静江又往东京、巴黎，支持孙中山改组国民党为中华革命党，被任命为财政部长。

1920 年 2 月 4 日，张静江到上海创办证券交易所，继续为革命筹措经费，帮助孙中山的革命事业渡过难关。在 1924 年召开的国民党第一次全国代表大会上，张静江当选为中央执行委员。之后，张静江先后担任了多种要职，成为显赫一时的国民党著名人物。

1932 年 7 月，时任民国政府建设委员会委员长的张静江根据孙中山提出的建设东方大港的计划，拟修筑一条由安徽芜湖至浙江东北海岸之乍浦的窄轨铁路。

1933 年，张静江（右三）与蔡元培（中）等在一起

他邀请李石曾等人共同作为发起人，组织商办中国铁路公司筹建芜乍铁路。1932 年 7 月 4 日，向铁道部呈报修筑计划。铁道部批复，要求将窄轨改为标准轨，并改商办中国铁路公司为商办江南铁路股份有限公司。股东会推选李石曾为主席董事，张静江为总经理。1933 年 5 月 21 日，江南铁路公司在芜湖怡和码头举行奠基典礼。7 月 10 日，铁路正式破土动工。此后，路线几经变动。因东方大港乍浦修建计划被搁置，故展修至宣城孙家埠，改由沿京诏线（南京至福建诏安）南下，铁路改名为江南铁路。1935 年 5 月，南京中华门经芜湖至孙家埠 175 公里铁路干线通车。江南铁路的开通在促进皖南地区物资外运的同时，也为京沪地区工业品的输入提供了便利的运输

条件。江南铁路是张静江构想的“华东华南铁路大网络”的一部分，他一度雄心勃勃地欲把“长江以南的重要都会”，统统用铁路串联起来。由于计划过于庞大，付诸施工时，仅来得及修通了安徽省境内芜湖至孙家埠（今属宣城）以及芜湖至南京这两段。

1936 年，中华门火车站作为江南铁路的南京总站正式开张，张静江主持开张典礼。中华门站始建时有两栋复合式连体平房，是张静江斥资聘用上海营造厂建造。一站台的雨棚为张静江亲自设计，铁柱和黄色石棉瓦覆盖，并以电灯照明。

抗日战争爆发后，张静江先避居汉口，后经中国香港赴瑞士、美国，寓居纽约。1945 年春，张静江缺席当选国民党第六届中央监察委员。同年，因瘫痪导致双目失明，以致以收听广播和吃斋念佛为生。1950 年 9 月 3 日病逝于纽约，终年 73 岁。

徐骝良

早期著名铁路工程专家
徐骝良

徐骝良(1878—1942),义名徐策、徐张策,号励身,浙江海宁人。我国早期著名的铁路工程专家,历任沪杭铁路、陇海铁路、浙赣铁路、津浦铁路等处总工程师,从勘察、测量、设计到施工,无不亲临现场,认真从事,为开拓我国铁道事业做出历史贡献。与詹天佑有“北詹南徐”之称。

1878 年 8 月 13 日徐骝良生于浙江省杭州府海宁县硖石镇,年轻时在上海读书,后留学法国,攻读铁道专业,毕业于搭贝尔工程大学和巴黎铁道大学,通晓英、法、德多国文字,精通世界语。

1905 年筹建沪杭铁路时,原计划该铁路是从上海到嘉兴,再经桐乡直达杭州。但桐乡各界极力反对,而海宁各界非常欢迎。浙江省参议员许行彬觉得铁路经由海宁是一件大好事,便和徐骝良商量,建议铁路从嘉兴起弯道硖石、长安、临平到杭州。当时徐骝良正担任沪杭铁路的勘察、测量、设计工作。他认为铁路弯道,要多花经费,但能让自己的家乡通上铁路,对发展经济十分有利,于是他重新勘察、测量、制图,并得到路局批准,把铁路引到了海宁。同时,徐骝良带头认股一万银元,影响了各界人士,大家纷纷认股,终于筹足资金,使沪杭铁路顺利地于 1909 年 8 月筑成通车,并在海宁境内设立硖石、斜桥等五个车站。

1910 年,徐骝良以中国总代表身份,代表清政府前往俄国参加万国铁道会议,并周游欧洲 10 多个国家,考察和研究各国的铁路工程。从欧洲考察归来后,徐骝良创办铁路讲习所,为国家培养铁路工程人才。1911 年 10 月 3 日,时任浙江路局总工程师的徐骝良,组织浙江北伐军海宁工兵铁道大队,到南京后编为北伐军交通团铁道营。1916 年,袁世凯称帝,徐骝良追随孙中山,参加讨袁护国运动,被袁世凯指名通缉,不得已回到家乡暂避。

1910 年出席万国铁道会议后,徐骝良(右三)带团在日本考察留影

1926 年,徐骝良在陇海铁路工作时,因军阀混战,战事频繁,从海州至徐州测量线路碰到了很多困难,到处一片荒凉,盗匪出没无常。他冒着生命危险测量和勘察线路,时常受惊受伤。有一次,徐骝良骑的那匹白马单独跑了回来,原来是徐骝良受了伤,在高粱地里过夜,许多工友就跟着那匹白马前去把他找了回来。修建陇海铁路时,要穿越江苏、河南、陕西、甘肃,沿线多山,要打通许多隧道,工程十分艰巨,需要大量资金。徐骝良在勘察测量设计并编制工程预算呈送铁道部后,因经费困难,无法动工。他便和几位留法同学相商,帮助政府向法国贷款,终于把这条铁路建成。

与此同时,徐骝良还兼任津浦铁路总工程师。津浦铁路也常被战火破坏。为了支援北伐军北上,做好交通运输上的准备工作,他不惜冒着战火,坐在火车头后面的煤堆上,亲自去各地视察和抢修。后来沿线职工大都逃离失散,没有火车,他就利用手压车(一种用人力压行在铁路上的手摇车)深入施工现场,抢修被破坏的路段。

徐骝良在担任浙赣铁路总工程师时，差一点送了性命。因为建造铁路必须经过农田、坟地、住屋等等，常山县有些迷信的人，以为造铁路要破坏风水，竟将徐骝良打成重伤、休克，经抢救脱险。徐骝良苏醒后，却不记仇，反而出面为闹事人讲情，要求当地政府不要处死闹事人。后来，在浙赣铁路通车典礼上，常山人士感其恩德，特为徐骝良立碑记功。徐骝良应邀参加通车典礼，并且还会见了当年打他的凶手。徐骝良这种大度之胸襟，难能可贵，使人钦佩。

1935 年，南京城防工程需要土木专家，参谋部要铁道部推荐有专业经验的工程师。铁道部官员说：人是有一位，就是年纪大一点，而且有脾气，外号“徐铁头”。于是，徐骝良被聘任南京城防工程师，在参谋本部城塞组搞地下隧道。此项工程由南京城内富贵山通到城外紫金山，地道内造有进出汽车道、蓄水池，还有亭楼。工程规模浩大，必须计算精确，才能两头汇合打通。工程需要大量人力，徐骝良回乡动员了几千人去南京参加施工。1937 年抗战全面爆发，他意识到必须加紧施工，日夜坚持在现场。隧道工程的及时完成，给后来撤离南京以极大方便。在撤离时，徐骝良自己却没有先走。南京沦陷的当天上午，他还前往工地，直到下午才仓促离开南京，以至他和家人失散。几个月后，徐骝良在岳阳才与家人取得了联系。

1938 年，徐骝良出任川滇公路督察工程师。1941 年盛夏，年过六旬的徐骝良冒着酷暑忙碌，导致中风。一年后再次中风，不幸于 1942 年 12 月 22 日逝世，享年 64 岁。

颜德庆

曾任铁道部技监的工程专家
颜德庆

颜德庆(1878—1942),字季余,祖籍山东,著名的铁路工程专家。历任粤汉铁路工程师、京张铁路正工程师、川汉铁路副总工程师,曾任南京临时政府交通部路政司司长,后改任北京政府交通部参事、铁道部技监等职。

1878 年 10 月颜德庆出生于上海虹口,其父颜永京是圣公会牧师,也是著名的翻译家、教育家。颜德庆早年毕业于同文馆,1895 年随兄颜惠庆留学美国,在理海大学专攻铁道工程学,1901 年毕业获工程硕士学位。

1902 年起,颜德庆历任粤汉铁路、广三支路工程师。1909 年任川汉铁路副总工程师、代理总工程师。在这段时间里,颜德庆与詹天佑亲密共事,结下了深厚的友谊。詹天佑出名之后,很多铁路的修筑都想要他经手。詹天佑在修建京张铁路时,约请颜德庆担任青龙桥工程师。他们在工作中互相帮助,彼此加深了了解。1907 年初,四川总督电请清廷邮传部派詹天佑主持川汉铁路宜(昌)万(县)段工程。此时,詹天佑正主持京张铁路的修筑工作,不能离开。于是就让自己的好友颜德庆前往宜昌,担任川汉铁路宜万段副总工程师。詹天佑与颜德庆频繁地书信往来,有时一日连发两、三封信,了解川汉铁路的筹建情况并给予具体指导。1909 年 10 月,京张铁路建成通车。1911 年初,詹天佑赴广州就任粤路公司总经理,但仍兼宜万段总工程师。他通过颜德庆,继续对川汉铁路的建筑工程进行指导。1919 年 4 月 24 日,詹天佑去世。在他去世后的第四天,担任中华工程师副会长和汉粤川铁路湘鄂线局长的颜德庆就率局内同仁,恳请交通部从优褒恤,并将其生平事迹,宣付国史馆立传,指拨地点,立祠铸像,供后人瞻仰。三年后,詹天佑铜像终于在京张铁路工程最艰巨路段青龙桥车站竖起，铜像旁建有一座碑亭，徐世昌撰写了碑文。

1919 年，颜德庆担任协约国共同监管中东及西伯利亚铁路技术部中国代表。1920 年被派往欧美各国视察铁道，任华盛顿会议中国代表团专门委员。1922 年回国，出任中国接收铁路委员长，协助鲁案善后督办王正廷接管胶济铁路。经过艰难的谈判，将日本提出的 4 500 万日元的赔偿金，降到 4 000万，签署了《山东悬案铁路细目协定》。1923 年 1 月 1 日，颜德庆在青岛主持胶济铁路移交仪式。1929 年 5 月到次年 2 月，任胶济铁路管理委员会首任委员长。

1909 年 10 月，京张铁路工程技术人员合影

（前排左三詹天佑、左四颜德庆）

颜德庆与江苏铁路颇有渊源，领导建设南京下关火车轮渡是其中的重要项目。国民政府定都南京后，沪宁、津浦两路过江问题更显重要。1930 年 10 月，国民政府铁道部将火车轮渡建设提到议事日程上，成立了“首都铁路轮渡设计委员会”，由铁道部技监颜德庆、工务司长萨福均等 13 人组成。颜德庆、萨福均等人参加了轮渡的设计论证，他们比较了多种轮渡类型，最后采用了设计科科长郑华所提出的“活动引桥式轮渡”方案。这种类型的轮渡其建造、运用、维修等费用均较低廉，且运用方便，既不影响长江航运，又不受限于潮水涨落，实为最经济、最安全之良计。同年 11 月成立了“首都铁路轮渡工程处”，12 月 1 日轮渡工程开工，引桥和轮渡分别由英国多门浪公司和马尔康洋行承建。1933 年 9 月铁路轮渡顺利完工，连接了沪宁、津浦两条铁路干线。南京火车轮渡建好通行后，风晨雨夕，穿雾破浪，整整运行了 40 年，为沟通大江南北的铁路运输发挥了重要作用。

1942 年，为中国铁路事业作出重要贡献的工程专家颜德庆病逝于上海，终年 64 岁。

叶恭绰

开拓近代交通事业的文化人

叶恭绰

叶恭绰(1881—1968),字裕甫、誉虎,号遐庵、遐翁。广东番禺(今属广州)人。政治家、词学家、书画家、文物鉴赏家、教育家。中国近代交通事业的开拓者,曾多次担任民国交通总长。

1881年11月24日叶恭绰生于北京,幼年在其祖父京邸米市胡同长大,7岁能诗文,18岁应童子试,以《铁路赋》获第一名。1904年,参加清王朝最后一次会试,与沈钧儒、谭延闿一同考中进士。

1906年,清廷新设邮传部,叶恭绰调充邮传部文案处文案。第二年的4月,邮传部设铁路提调处,叶恭绰兼在该处办事。由于办事能力强,深得器重,不断升迁。11月铁路提调处改组为铁路总局,叶出任总科员。武昌起义爆发后,叶恭绰被任命为铁路总局提调、代理局长。

1912年3月,袁世凯就任临时大总统,任命施肇基为交通总长,叶恭绰为路政司司长兼铁路总局局长。1912年6月中华全国铁路协会在北京成立,叶恭绰被推举为副会长。1913年春,叶恭绰与孙中山在沪会晤,两人踌躇满志,决心大力推进铁路建设,“十年内筑二十万里铁路”。叶恭绰主张利用国内、国外资金,在国内首先建成纵横两干线,即粤汉线、陇海线,并与欧亚交通贯通,统一会计技术、文字、轨制,厘定铁路法令,大力改革铁路管理。叶恭绰组织成立审订铁路名词会和统一铁路会计委员会,编定《中国铁路词典》及各种铁路统计则例,颁令全路执行,促成全国铁路名词、会计统计制度趋向统一。与此同时,以分年摊还的办法,将川、湘、苏、豫、晋、皖、浙、鄂八省路权赎回,从而基本实现对全国路权的直接控制。叶恭绰1913年9月代理交通总长,1914 年开始任交通部次长,并兼邮政总局局长。

1915 年,叶恭绰因涉嫌津浦铁路舞弊案被停职,是年积极推动帝制而复职,并充任袁世凯登基大典筹备处会办。1917 年,叶恭绰先后任交通次长兼铁路督办、邮政总局局长。段祺瑞讨逆总司令部交通处处长。9 月全国铁路协会改选,叶恭绰被推为会长。在他的推动下,10 月成立铁路技术委员会,着手统一铁路技术标准,12 月组织铁路同人教育会,叶恭绰任会长,提出在适当地方酌立高等以下各级学校,推进团体职工教育,以提高司职员工素质。叶恭绰还提倡以 4 月 5 日为植树节,造林护路。1918 年 10 月,叶恭绰因西原借款与段祺瑞发生分歧去职。随后,叶恭绰到日本及欧美考察实业,于 1919 年冬回到北京。回国后,叶恭绰被委以特派劝办实业专使,组织"实业讲演团",到各路宣讲,鼓吹兴办实业。

1925 年 9 月,叶恭绰(身后有小树者)与参加第六次运输会议人员合影

1920 年 8 月靳云鹏组阁,以叶恭绰为交通总长。叶恭绰着手筹划全国铁路网,设立线路审查会,勘测线路。为普及铁路职工基本知识,创办铁路职工教育,颁布"铁路职工教育大纲"。是年 10 月,交通部将原有北京铁路管理学校、上海工业专门学校、唐山工业专门学校合并,改为交通大学,次年 3 月叶恭绰以交通部总长兼校长。

1921 年梁士诒组阁,叶恭绰仍任交通总长。此间,公布中国铁路建设的标准书,多年来各路因修筑和管理权不同而造成的轨距、信号、曲线、站台尺寸等标准不一的情况有所改变。1922 年 2 月,叶恭绰又在全路推行养老金制度，公布了“各路员役养老金章程”，后因叶恭绰去职，只有京沪、沪杭甬、京奉三路实行。

1922年5月，梁士诒与叶恭绰联袂去职到日本。叶恭绰住神户郊外筒井杜门著书立说，发表了《交通救国论》《交通部特别会计之存废问题》《论广九粤汉接轨问题》《五十年来中国之交通》等，对中国交通各方面问题进行了研究，提出了不少创见。

1924年5月，叶恭绰到广州，就任孙中山大元帅府财政部长。曾奉命秘密北上与段祺瑞、张作霖洽谈合作。1924年10月北京政变后，段祺瑞被推为中华民国临时执政，组成临时执政府。叶恭绰任临时执政府交通总长，主持修订了《铁路词典》，提倡用国音字母，创办京奉长途电话。1925年11月又因与段祺瑞产生分歧，去职移居天津。

1927年北伐军向北推进，张作霖组织安国军抵抗，叶恭绰出任安国军总司令部财政讨论会副会长，后因张作霖屡战屡败，前景黯淡，叶恭绰于1928年5月离京南下，到上海居住。

1931年“九一八”事变后，蒋介石下野。12月孙科为行政院长，邀请叶恭绰任铁道部长。旋即“一二八”事变发生，蒋介石重新上台，叶恭绰又于1932年1月30日辞去铁道部长职。

叶恭绰办交通之余，十分热心文化事业。早在1920年就曾建议设立通儒馆经营国立图书馆，影印四库。1924年故宫博物馆成立，叶恭绰应聘为顾问。1926年叶恭绰参与组织佛教净业社，并当选为董事。此后，叶恭绰1929年任故宫博物院理事；1930年任全国佛教协会常务理事、秘书主任；1933年任中山文化教育馆常务理事兼总干事，并创建上海博物馆，任董事长；1934年被聘为伦敦中国艺术国际展览会委员。多年来，叶恭绰对中国文物古迹的保护做了很大贡献。

中华人民共和国成立后，叶恭绰于1950年由香港来到北京，先后担任政务院文化教育委员会委员，中国文字改革委员会委员、常务委员，全国政协第三、四届委员会委员，中央文史馆副馆长、北京中国画院院长等职，在文化艺术事业，尤其是汉字的简化和整理工作以及国画、书法的发展等方面，作出了许多有益的贡献。叶恭绰的主要著作：《遐庵汇稿》《交通救国论》《历代藏经考略》《柳文旨要》《叶遐庵先生书画选集》。另辑有《全清词钞》。

1968年8月6日，叶恭绰在北京逝世，终年87岁。

王荷波

从铁路走出的中共早期领导人
王荷波

王荷波(1982—1927),原名王灼华,曾用名满玉钢、彼得洛夫、汪一喜,原籍山西太原,中国工人运动的先驱和杰出代表、中国共产党早期优秀领导人之一、中共纪律检查工作的早期领导者。

1882年5月,王荷波出生于福建省闽侯(今福州市)城内府里东廊顶。少时家境贫寒,读过两年私塾后,就不得已弃学务工,外出谋生,当过水手、工匠。1916年夏,王荷波到津浦铁路浦镇机车车辆厂当钳工。在浦镇机厂的这段时间,是王荷波人生的重要阶段。在这里,他由一个苦难的普通工人成长为一名革命家。

1919年五四运动爆发后,王荷波开始接触南下的北京进步学生,并大量阅读《新青年》《劳动界》等进步刊物,带领广大工友积极开展反帝运动。

1920年底,王荷波开始酝酿成立工人自己的组织。1921年3月14日,王荷波领导铺镇机厂工人成立了中华工会,这天也是他妻子分娩的日子,为了庆祝工会的成立,他把自己刚出生的女儿起名为“职工”。王荷波被大家推举为工会副会长,后任会长。12月,中国劳动组合书记部北京分部负责人罗章龙来南京浦镇开展工作时被捕。王荷波闻讯后,挺身而出,率众工友将罗章龙救出。从此,他和中共北京党组织取得了联系。

1922年春,铺镇机车厂工会加入了中国劳动组合书记部北方分部。同年6月,王荷波在北京加入了中国共产党。不久,浦口铁路党小组正式成立,这是中共在南京建立的第一个党小组,王荷波担任组长。接着,为了进一步组织和开展铁路工人的对敌斗争,王荷波又组建了浦口铁路工会,并吸收搬运工人集体加入铁路工会。王荷波办事认真，待人诚恳，任劳任怨，深受工人们的爱戴和尊敬。在他四十岁生日时，工友们送他一块匾，上面刻有“品重柱石”四个大字。

随着斗争的进一步发展，王荷波又先后组建了徐州、济南、天津等站的铁路工会，成为津浦铁路总工会筹备组的负责人。1923 年 1 月 9 日，王荷波组织了 2 000 多名工人在浦口举行规模较大的罢工，一度使津浦铁路南端的火车停运。当局慑于工人的力量再次让步，答应了工人的要求，两浦罢工斗争取得胜利。

1924 年 6 月，出席共产国际五大的中国代表合影
（前排右一为李大钊，后排右三为王荷波）

王荷波在工人中具有崇高威望，敌人却十分害怕，密谋暗害他。上级党组织得知后，指示他秘密离开浦镇。在群众掩护下，他转入山东，指导济南、青岛等地的工人运动，从此开始了职业革命家的生涯。1923 年 6 月，王荷波赴广州出席中共第三次全国代表大会，当选为中央执行会员；7 月，以中央特派员身份参加中共上海地方兼区执行委员会领导工作；9 月，任该委员会委员长，并任中共中央局委员兼中央工委书记。1924 年 1 月，第一次国共合作后，他参加了国民党上海执行部工作；5 月，赴莫斯科出席共产国际第五次代表大会，并参加赤色职工国际大会。1925 年 1 月，在上海出席中国共产党第四次代表大会，当选为中央候补委员；2 月，在郑州出席了全国铁路工会第二次代表大会，当选为中华全国铁路总工会委员长；5 月，参加第二次全国劳动大会，当选为中华全国总工会执行委员；6 月，作为中共中央特派员参加中共豫陕区委的领导工作，并公开领导全国铁路总工会。1926 年 2 月，在天津主持召开全国铁路总工会第三次代表大会；5 月出席全国第三次劳动大会，连任中华全国总工会执行委员；7 月，参加中共四届二次中央扩大会议；1926 年秋到 1927 年春，多次回福州指导地方党的工作，为迎接北伐军入闽，推动福建革命事业的发展作出了贡献；1927 年 3 月，

周恩来担任上海工人第三次武装起义的军事总指挥，作为上海市总工会负责人之一的王荷波积极参与组织和领导了这次起义。年长十多岁的王荷波，被周恩来尊称为“大哥”。4月，王荷波赴武汉参加中共第五次全国代表大会。党的五大建立了中国共产党历史上第一个中央级纪律检查机构——中央监察委员会，王荷波当选为中央监察委员会主席。6月，出席汉口第四次全国劳动大会，当选为中华全国总工会常委；8月7日，参加中共中央在汉口召开的紧急会议，当选临时中央政治局委员；八七会议后，王荷波任中共北方局书记，蔡和森担任秘书长。

1927年10月18日，由于叛徒出卖，王荷波在北京法政大学第一院被军阀张作霖逮捕，虽受尽酷刑，仍坚贞不屈。11月11日王荷波惨遭杀害，时年45岁。1949年12月11日，中共中央组织部、中华全国总工会、中共北京市委共同将王荷波烈士的遗骸移葬于北京八宝山革命公墓，周恩来亲临主祭。

连声海

任职最短的民国铁道部部长

连声海

连声海(1885—1947),字以行,广东顺德人。历任中华民国军政府印铸局局长、孙中山大元帅大本营秘书、广州国民政府交通部秘书长、广州国民政府委员会秘书长、南京国民政府铁道部部长和立法院立法委员等。

1885年连声海生于广东顺德的勒流镇沙富村,上海法政学校毕业后,赴日本就读早稻田大学政治经济科。在日加入同盟会。1909年奉派到上海开展联络工作。1913年起在孙中山身边供职,1915年12月任中华革命党广东支部总务科科长。1917年11月任中华民国军政府印铸局局长,军政府改组后任后任大理院刑庭书记官长。1923年3月任孙中山大元帅大本营秘书。同年6月陈炯明兵变,连声海在永丰舰上随侍孙中山左右,不避艰危,屡受孙中山称道。1925年9月至1926年1月任广东省政府秘书处主任,1926年1月任秘书长。1926年11月任广州国民政府交通部秘书长,1927年3月任广州国民政府委员会秘书长,1927年4月任武汉国民政府交通部秘书长,1927年10月任国民党中央特别委员会秘书长。

1928年,连声海奉命协助孙科组建铁道部,孙科任部长,连声海任次长(副部长)。连声海上任后立即着手筹建三条铁路。一是广中铁路,拟由广州至中山唐家湾,中间由小榄筑一支线至江门。因为当时拟开发唐家湾为深水商港,故急需筹建此铁路。但后因工程浩大而搁置建港计划,加上广州至中山筑铁路要建较多桥梁,因而修筑广中铁路之事只好作罢。二是粤汉铁路的株韶段。那时的粤汉铁路,南段只由广州通韶关,北段则由株洲通武昌,和汉口尚隔一条长江。株韶段建成后,全路改称广(州)武(昌)线。三是浙赣铁路，那时江西省只有一条南（昌）浔（九江）铁路。当时的初步计划是由南昌起经上饶、金华至萧山等地，下一步是由南昌经萍乡等地至株洲，称株昌段。在连声海担任次长三年多的任期内，这些铁路大部分基本建成，对于活跃南方交通运输起到重要作用。

1931年6月，南京国民政府首任铁道部部长孙科离任后，连声海继任铁道部部长。因与最高当局发生抵触，他的部长生涯只有短短的半年时间。在连声海的部长任上，铁道部落实了国民政府“超然会计”制度，设立后会计长办公室。在当时水灾严重之际，维持了国有铁路的运价稳定。为了进一步整顿和规范铁路秩序，先后颁布了《铁路用地征免赋税章程》《国有铁路客票赈灾加价办法》和《调用各路车辆救济煤荒办法》及《运输国煤委员会组织大纲》等。此间，还完成了陇海铁路灵宝至潼关段的修建。除此之外，连声海离任前还通过签订《铁道部借用中英庚款建设首都轮渡契约》，为南京轮渡建设发挥了积极作用。连声海被免去铁道部长后，仅保留了立法委员一职。1935年辞职南归。抗战爆发后，创办国父纪念学校，致力教育事业。1941年辗转到达重庆，复任立法院立法委员。

1915年9月25日，中华革命党总部人员合影，后排左二为连声海

连声海为官廉正，遇事敢直言。任中央政府秘书长时，官员陈海澄被诬陷下狱。连声海不惧触怒主要当权者，力主公道，表示如不查清楚，自己宁

可辞职，最终这宗冤案得到伸雪。现今顺德博物馆藏有他写的行楷八言联："建德立言自表高节，敦纯守素独遗世荣"，可视他立身处世的座右铭。

连声海著有《铁道概论》《金石粹言》等，书法、篆刻亦有一定造诣。1921年孙中山在广州就任非常大总统，连声海设计了"中华民国大总统"国玺。这颗国玺形制庄严，雕工精美，被誉为"垂为典则"，充分体现了连声海的艺术素养。

1947年，62岁的连声海因病去世，同年国民政府明令褒扬。

郑华

首都铁路轮渡的设计师
郑华

郑华(1887—1960),原名郑辅华,福建永定人,著名铁道工程专家。历任山海关桥梁厂厂长、京赣铁路局局长、铁道部简任技正(即总工程师)、唐山交通大学(现西南交通大学)校长等职,主持首都铁路轮渡(南京下关至浦口)的设计施工。

郑华的父亲郑金禄是基督徒,长期在广东揭阳经商兼传教,郑华与其弟郑维均在揭阳教会学校接受初等教育。接着,兄弟俩就读上海培华中学、苏州中西书院(东吴大学前身),后考入留美预备学校——清华学校。1915 年,郑华、郑维兄弟同以优异成绩被录取为第一批庚子赔款留美学生,赴纽约哥伦比亚大学攻读。不久,郑华转入康乃尔大学。当时,康奈尔大学全校仅有郑华、茅以升、罗英三名中国学生,他们后来都为成为知名的工程专家。1918 年,郑华获得土木工程学博士。

1919 年,郑华回国,先后任山海关桥梁厂厂长,铁道部铁道设计科科长、简任技正,京赣铁路局局长等职。在铁道部任职期间,郑华完成了最为人称道的两大工程:一是 1936 年建成黄河大桥,此工程原拟由英国一公司承包,索价白银 30 万两,而郑华仅以 15 万两完成了工程,且质量优异,使英国专家叹服不已;二是兼任铁道部首都铁路轮渡工程处处长,设计并主持建设我国最早的火车轮渡——首都铁路轮渡(南京下关至浦口)。

1930 年 10 月,铁道部成立首都铁路轮渡设计委员会。该委员会对比多种设计方案后,确定采用铁道简任技正兼设计科长郑华所设计的互动引桥式轮渡方案。这种类型的轮渡其建造和维修的费用比较低廉,且运用方便,既不影响长江航运，又不受限于潮水涨落，实为最经济、最安全之良计。同年 11 月，铁道部成立首都铁路轮渡工程处，由郑华兼任处长。轮渡建设经费除由英国庚子赔款董事会借给 21.6 万英镑外，铁道部拨借 25 万元，津浦路拨借 6 万元。

首都铁路轮渡工程处员工合影，前排左四为郑华

首都铁路轮渡工程于 1930 年 12 月 1 日开工，引桥和轮渡分别由英国多门浪公司和马尔康洋行中标承建。南北两岸各设 1 座引桥，南岸位于下关煤炭港，北岸位于浦口津浦 10 号码头下游 300 米处，每座引桥各由四孔穿式桥梁组成，全桥共长 187.13 米，除临江一孔长 45.4 米外，其余每孔长 46 米，桥高 7.25 米，宽 6.2 米，临江桥端铺设 3 股道，可与船上轨道相接，其宽度为 14.44 米，成喇叭状，桥端设有活动跳板，长 17.1 米，接于横梁上，用 20 马力电机驱动，与船头铁栓连锁，以便桥与船的轨道相联结。南北两岸接轨线路由津浦、京(南京)沪两路局承办。下关岸线接轨线路总长 1 509 米，铺设四股道。因地势局限，轨道呈曲线。其半径为 332.7 米，浦口岸线路总长

2 952.9米，铺设六股道，为直线。火车渡轮定名“长江号”，长 113.3 米、宽 17.86 米，载重 1 550 吨。全船可载货车 21 辆或客车 12 辆。1933 年 10 月 22 日，南京举行首都铁路轮渡通航盛大典礼，万人空巷。典礼很隆重，国民政府主席林森亲自到场祝贺，刚刚获得第五届全国运动会游泳冠军的杨秀琼应邀剪彩。庆典之后，“长江”号载着一列火车横渡长江，京沪线和津浦线从此连接起来。

之后，郑华又主持修建京赣铁路，可惜因日军入侵未能完成。郑华还曾继孙鸿哲之后出任交通大学唐山土木工程学院（即唐山交通大学，现西南交通大学）院长。

抗战期间，郑华先任国民政府交通部顾问，后到昆明开设私营公司，经营汽车和轮胎生意，曾设计缅甸至重庆的国际输油管道方案，以改善战时石油供应。方案虽经国民政府采纳，但施工缓慢，管道铺设到昆明，抗战已经胜利，工程遂告搁浅。此外，他还为川滇七里关公路和赤水河公路设计了多座大型桥梁。

抗战胜利后，郑华回到家乡福建任交通顾问。1948 年迁居台湾，在台北主持建筑规模颇大的三军球场。1956 年举家迁往美国，他在芝加哥任工程顾问。这时，时任最高人民检察院检察长的福建永定同乡张鼎丞，通过郑华的侄儿郑明祥邀请他回国参加建设，惜因年事已高、身体欠佳而未能成行。

郑华 1960 年在芝加哥病逝，享年 73 岁。

顾孟余

从大学教授到铁道部部长
顾孟余

顾孟余(1888—1972),原名顾兆熊,浙江上虞人。一生游走于政学两界之间,做过民国时期的铁道部部长、交通部部长,宣传部部长,也做过北大教授、教务长,中央大学校长。在中国的宪政、新学、政体改良、实业救国等方面作出一定的贡献。

顾孟余出生于河北宛平(今属北京),自幼受家风熏陶,广览群书,博学强记。15 岁考入北京京师大堂等,专修德文和法国文学。1906 年,顾孟余赴德留学,先在莱比锡大学学习电学,一年后转读于柏林大学政治系,留德期间加入同盟会。

1911 年,顾孟余回国参加武昌起义。中华民国临时政府成立,教育总长蔡元培邀顾孟余任司长被拒绝。袁世凯篡权后,蔡元培愤而辞职赴德,顾孟余与之同行。1913 年“二次革命”爆发,顾孟余回国参与其事。

1916 年,顾孟余受聘北京大学教授,并任法文系主任、政治经济系主任,后任北京大学教务长。1919 年 5 月在《新青年》杂志发表“马克思学说”,是当时国内最早介绍马克思主义的文章之一。顾孟余博学多才,颇受北大师生爱戴。他在北大期间,曾以教务长的身份先后主持为美国哲学家杜威和英国哲学家罗素授博士学位。在典礼上发表演讲时,顾孟余先讲一遍中文,再讲一遍英文,接着又讲一遍法文和德文,听者无不钦佩。后来每逢他上课,都是座无虚席,经常有外系学生和校外人士前来旁听。当时主持北大的蔡元培,积极倡导“兼容并包”、“思想自由”的学术思想,使北大一举成为新文化运动的摇篮和“五四”运动的策源地。作为教务长的顾孟余,参与帷幄,功不可没。

1924年,顾孟余参加了与国民党有联系的"中山主义实践社",以后在李大钊等主持下的国民党北方区委工作。李大钊在给孙中山荐贤名单中,顾孟余名列榜首。1925年底,顾应广州国民政府之邀,赴广州先后出任广东大学校长、中山大学副校长。1926年1月,顾孟余当选国民党第二届中央执行委员,兼任黄埔军校政治讲师。同年7月,任国民党中央政治会议委员、秘书长,国民党中央常务委员会候补委员兼国民党中央宣传部代理部长,广州国民政府委员。1927年3月任中央执行委员会常务委员、宣传部部长。1929年3月,顾孟余因参与国民党内的派系之争,受到开除党籍三年的处分。

1926年7月,顾孟余(左二)等在粤汉铁路黄沙车站为北伐军送行

1931年10月,国民党中常会作出决议,恢复顾孟余的党籍。1932年3月,顾被任命为铁道部部长。1935年11月,任国民党中央第五届执行委员、中央政治委员会委员兼秘书长、交通部部长。1936年7月,任最高国防会议成员。1938年6月,任第一届国民参政会参政员。10月,再度出任中央宣传部部长。

在铁道部、交通部任职期间,顾孟余勤政廉洁、招贤纳才、呕心沥血,为民国十年黄金发展做了许多基础性的工作。当时的铁路建设毫无科学的管理方法,加之设备简陋、资金短缺,发展十分缓慢。顾孟余接任铁道部部长后,进行了一系列的整顿和改革。按资本主义经营方式改进铁路管理和增加铁路设备,包括:整顿全国铁路货运、客运秩序,统一标准;提倡铁路、公路联运;加强对各铁路局职工的统计、管理、限制、增加新职工名额。顾任部长期间,粤汉铁路贯通;陇海线潼关至西安段通车、西安至咸阳段建成;浙赣线金玉段、玉南段通车;连云港筑港工程竣工;苏嘉铁路和钱江大桥开工等等。同时,顾孟余不遗余力培植、提携人才。启用从美国康奈尔大学桥梁工程系毕业的茅以升为钱塘江大桥工程处处长，主持修建了我国第一座公路铁路兼用的现代化大桥——钱塘江大桥。曾任顾孟余主任秘书的陈伯君，几十年后向友人谈及顾部长这样一件事："当时两路（京沪、津浦）有一笔钱送部长，顾本人未拿一文钱，但他却用这笔钱培植人才，派送了许多人才出国深造。""九一八事变"以后，顾孟余深知全面抗战不可避免，尽快打通粤汉线具有非常重要的战略意义。他任命全国最著名的铁路专家凌鸿勋担任株韶路工程局局长兼总工程师。凌鸿勋到任后不负众望，提前一年让粤汉线全线接轨，不仅推动了相关地区的经济发展，而且在抗战初期为运送军用物资发挥了重要作用。

1949年后，顾孟余漂泊海外。无儿无女的顾孟余夫妇，先后在中国香港、美国和中国台湾居住。1972年6月，85岁的顾孟余病逝于台北。

张嘉璈

颇有作为的铁道部部长

张嘉璈

张嘉璈(1889—1979),字公权,江苏宝山(今属上海)人,民国银行家的杰出代表。在长达22年的时间里,他担任着中国银行上海分行副经理和总行总经理。他的活动极大地影响了中国近代银行业、金融业的发展。之后,张嘉璈担任国民政府铁道部长、国民政府整理内外债委员会委员、国防会议会员、交通部长、东北行营经济委员会主任兼中长路理事长、中央银行总裁、兼任中央信托局理事长,后逐渐成为江浙财阀的主要代表人物。

1889年11月13日张嘉璈出生于宝山的一个旧式大家庭,祖父是晚清时的县官,父亲是当地的名医。张嘉璈自幼受私塾教育,13岁随其兄张嘉森到上海江南制造局的"广方言馆"读书。1904年考取秀才,翌年进京入北京高等工业学堂。不久又去日本,入东京庆应大学学习财经。

1909年回国后开始从政,1913年4月作为浙江代表出席北京政治会议,并任参议院秘书长。因为对袁世凯的强权政治不满,遂放弃政治活动,倾心于财政金融业。适逢北京政府成立中国银行,经梁启超举荐,任上海分行副经理。

1916年4月,袁世凯被迫取消帝制后,继续筹措军饷,试图一搏。这时,梁士诒献计,将中国、交通两大银行合并,集中现金。内倾外露,引起京津地区中交两行挤兑,很快波及全国。5月11日,国务院下达中交两行即日起一律停兑,并封存两行所有现金准备。张嘉璈认为此举将断送银行前程,遂与经理宋汉章一起毅然抗命。这一举动维护了中国银行的信誉,也使张嘉璈在金融工商界声名鹊起。第二年,他被提升为总行副总裁,到京履职。

1926 年 7 月北伐开始后，张嘉璈顺势应变，多次秘密对广州国民政府予以经济资助。南京国民政府成立后，他继续给予蒋介石政权以支持。

1928 年 10 月，张嘉璈出任中国银行总经理。他励精图治，其一系列措施对发展中国银行起到了重要作用，营业额在同业中一直领先。

1935 年，中国工农红军胜利到达陕北后，蒋介石的剿共军事宣告破产，不得不调整任用一些非国民党籍学术名流担任政府要职，张嘉璈在此背景下当上了铁道部长。他说："我以国难当前，毫不迟疑，选择铁道部。一则可以贯彻在中行时代所抱辅助铁道建设之志愿，二则希望实行中山先生建筑十万里铁路之大计划。"

张嘉璈（前）检阅铁道部女员工战时救护队

张嘉璈上任伊始，即做出三年内修筑 3 700 多英里新的铁路计划，又拟定了一个 1937—1941 年 5 年筑路 5 000 英里的计划，显现出很大的抱负和魄力。

抗战爆发后，东南大部沦陷，西南大后方的军援运输是为首要。张嘉璈首先拟定修筑湘桂路衡阳至桂林段，一年完成 200 多英里，对抗战起到了一定作用。同时，他以前所未有的速度，促成了浙赣、粤汉、苏嘉等新线路的相继建成，为抗战时军事运输的便利提供了条件。1938 年，他打算修筑西北铁路经新疆达苏联，只是由于物力财力不足以及苏方不予支持而未果。修筑滇缅路的计划，也由于英国对远东政策的举棋不定而受挫。残酷的战争环境，令发展交通严重受限，自“七七”事变至1943年1月辞职为止，总共完成新路近1 000英里。

自1935年到1943年，张嘉璈担任铁道部部长、交通部部长的七年里，把对日抗战准备当作国民政府铁道部的工作重点，提出了“铁路救国”的口号，作为非常能干的理财家，张嘉璈领导铁道部在不满1年的时间里，将40年的铁路外债的85%以上迅速整理完毕。抗战开始后不久，铁道部并属交通部，张嘉璈改任交通部长。他不顾艰难，为战时交通运输作了许多卓有成效的工作。抗战后期，国民党腐败程度愈渐加深，令张嘉璈十分失望，1943年他以健康不佳辞去了交通部长职务。

1943年9月，张嘉璈赴美考察，研究战后中国经济复兴计划。1945年8月，日本投降后，蒋介石成立军事委员会委员长东北行营，下设政治委员会和经济委员会，任命张嘉璈为经济委员会主任委员兼中长路理事长。1947年3月，张被任命为中央银行总裁兼中央信托局理事长，上任时日，正值“黄金潮”风波之后，通货膨胀加剧，张嘉璈想通过发行公债在遏止法币发行量的增加。然而，国民党已不得人心，债信尽失，遭到强烈抵制。1949年4月，去澳大利亚，担任悉尼一所大学的教授，1953年后，赴美国任教并从事经济研究。著有《关于旧中国的通货膨胀》《关于旧中国的铁路建设》两书。

1979年10月15日，张嘉璈病逝于美国加利福尼亚的帕罗，终年90岁。临终遗嘱，要求将他的骨灰运回祖国，愿“附葬先茔”，充分表达了张嘉璈对故土至深至切的眷恋之情。

黄伯樵

忠于职勇于事
黄伯樵

黄伯樵(1890—1948),原名国祥,江苏太仓人。历任上海中华铁工厂总工程师、总经理,并兼任中华职业学校校长,上海特别市市政府公用局局长,上海特别市市政府秘书长,京沪、沪杭甬铁路管理局局长,中国工程师学会总会会长。

1890年黄伯樵出生在江苏省太仓县,13岁时父母双亡,随兄长迁居上海,后入读江苏陆军小学德文班,获两江总督兼南洋大臣端方选派,进入同济德文医学堂预科学习。辛亥革命时,和同学朱家骅一起参加青年敢死团,支援革命。辛亥革命后,返校继续学业,转入工科学习,是同济电工机械科第一届优等毕业生。1920年赴德国柏林工科大学深造,专攻工业管理,1922年获工学博士学位。回国后黄伯樵担任中华铁工厂股份有限公司总工程师、总经理,并兼任中华职业学校校长。后任陇海铁路汴洛局总务处长、交通部路政司总务科长等职。1926年,黄伯樵任上海特别市市政府公用局局长,后又出任上海特别市市政府秘书长。1932年“一·二八”淞沪抗战后,“两路”(京沪、沪杭甬铁路)亟待复兴,铁道部部长顾孟余寄之以重任,黄伯樵出任京沪沪杭甬铁路管理局局长,从此以忠于其职、勇于所事的精神投身“两路”,任期直至上海沦陷。

“两路”曾一度被誉为“模范路”,但由于遭日寇严重破坏而营业濒于停顿,贷自中英银公司的筑路款不能按期还本付息,国内外声誉日趋下降。面值100英镑的债券,1932年1月份一度暴跌至43.48英镑。黄伯樵上任后制订开源节流计划,实行提成营业进款办法,还掉了不少积欠的中英银公司本息,“两路”信誉因此大增。1934 年 9 月,沪杭甬铁路借款还清,“两路”债券价格骤增,面值 100 英镑的债券涨至 76 英镑,1935 年 7 月又升至 87.53 英镑,居国内各路之首。

“两路”曾一直以独占性企业自居,官商作风严重,市场观念淡薄,效益大受影响。为根治沉疴,黄伯樵果断提出“实行铁路商业化”、“以客商为服务对象”的对策,设立研究室参谋、咨询路政的重大决策,积极听取社会各界人士的意见建议。在客运服务上,他满足各方旅客的需要,增开旅客列车,缩短运行时间,提高服务质量,旅客列车从长期保持的 7 对增开至 12 对。上海与南京之间的特别快车运行时间从 1930 年的 7 小时 20 分缩短到 4 小时 50 分。列车员全部由路局招考并经培训合格后方能上岗,严禁收取小费的陋习。列车上餐茶供应谢绝私商承包经营,一律收回自办。在货运服务上,他扭转过去铁路货运由私商转运公司承揽盘剥的局面,在上海、南京、杭州等主要车站开办由货主参加的货运讲习班,成立货运产运销合作委员会,打开货物的产销流通。1933 年起,他在全国铁路中首先创办客运和货运营业所,利用灵活的经营方式为旅客和货商服务;依托铁路优势,大力开办旅游服务等等。商业化的管理使营业收入成倍增加,员工待遇也随之优厚,人称“两路”为“铁饭碗”。

“一·二八”事变之后,国民政府被迫屈从国际压力,与日签订“淞沪停战协定”,限中国军队驻扎在沪宁铁路安亭车站以东至长江边的浒浦口,这给国民政府在南京、杭州间调动军队造成困难,且上海一旦为敌所制,则两路间的运输更将被切断。1934 年 4 月,铁道部决定迅速建造苏嘉线,并委托“两路”代建。黄伯樵勇于承担这一艰巨任务,立即组织力量,派员勘测设计,11 月份完成初测。12 月,“两路”在工务处下成立苏嘉铁路工程处,在苏州、嘉兴、平望设立 3 个工程队,翌年 2 月正式施工,1936 年 3 月开始铺轨,4 月 25 日全线铺轨完成,7 月 15 日起即通车营业。全长 73.15 公里的苏嘉铁路在 2 年时间内从勘测设计到施工统由一个当时只有 12 000 员工的铁路局独立完成,这在工程史上开创了先例。该路的建成使宁、杭间的车程缩短了 3 小时,里程缩短了 150 公里,太湖沿线各县的客货运输得到极大发展。紧接着“两路”又先后向国外筹款,计划兴筑沪宁复线并完成了上海至南翔段;整顿吴淞机厂(今戚墅堰机车车辆工厂的前身)并把它搬迁到沪宁线戚墅堰，并扩展成机车车辆修造厂；组织力量提高路基和机车车辆能力，在上海、南京间首次行驶飞快车，颇得中外各界好评。苏嘉铁路最为重要的是为抗战未雨绸缪。1937 年“八·一三”抗日战争爆发后，中国军队之所以能迅速赶赴阵地，在淞沪弹丸之地抵抗日本侵略军长达 3 个月之久，使后方得以有比较充裕的时间作好抵御敌人的准备，不能不谓多赖沪宁、沪杭甬、苏嘉三路的交通。

1936 年 3 月黄伯樵(左)在京沪、沪杭甬铁路管理局局所重建的开工典礼上

抗日战争中，黄伯樵受命为资源委员会国外贸易事务所所长和交通部驻港航空货运稽核处总稽核。太平洋战争爆发，香港为日寇占领，黄伯樵于 1942 年 10 月回沪闭门潜修佛法，主持编译德华标准大字典。抗日战争胜利后，黄伯樵出任行政院驻沪办事处主任，对上海的善后事宜颇多规划。

1948 年 2 月 6 日，黄伯樵因心脏病突发去世，时年 58 岁。

中国历史上首任铁道部部长

孙科

孙科

孙科(1891—1973),字连生,号哲生,广东香山县(今属中山市)人,为孙中山与原配夫人卢慕贞所生。中国历史上首任铁道部部长,还先后担任过广州市长、广东省长、行政院长、立法院长及国民政府副主席等职。

孙科,1891 年 10 月 20 日出生,4 岁随祖母、母亲到美国檀香山的伯父孙眉家居住,接受西方教育,先后获美国加利福尼亚大学文学学士和哥伦比亚大学经济学硕士学位。1917 年随孙中山回国后,当年担任大元帅府秘书,1921 年出任广州市市长。

1928 年 11 月至 1931 年 5 月,孙科出任南京国民政府铁道部部长。孙科上任伊始,就着手整顿铁路运输秩序,奉行"管理统一"和"会计独立"两大原则,兴利除弊,借鉴西方铁路管理经验,探索中国铁路管理的模式,对中国铁路事业的发展做出了自己的贡献。

首先,颁布各种铁道法规,做到以法治路,将铁路建设与管理纳入法制轨道。孙科担任部长期间,铁道部公布了各种重要铁路法规数十种,如《铁道部组织法》《各铁路管理委员会规程》《工程局组织规程》《路款出纳办法》《客货运输通则》《铁道军运条例》等等,使全国铁路管理有章可循,有法可依。如 1929 年 9 月铁道部颁布《行车统计规则》,由此,中国铁路开始实行货车在站停留时间统计,提高了运输效率。

其次,整顿路风,严肃路纪。如 1930 年 3 月公布的《铁路员工服务条例》,规定如有以下行为者将予以开除并追究刑事责任:"一、意图倾覆火车或破坏行车交通者;二、造作谣言煽动工潮者;三、私运或储藏违禁物品者;

四、营私舞弊有据者；五、盗窃或故意毁坏公务者；六、其他有重大犯罪之行为者。”此外，还对开除、降级、记过及记大过等处分做了明确规定。

第三，加强铁路治安工作，维护行车安全。当时，中国铁路运输秩序比较混乱，警务工作粗陋，警力不足，丢失货物、旅客受到伤害及劫车事件时常发生。孙科认为“警务亦为路政之一部，不容忽视”，于是整顿警务，充实警力，使路警工作步入一个新阶段。1929 年铁道部颁布《整顿路警大纲》，命令各路局切实整顿警务。

1935 年 5 月，孙科（前排中）和立法委员等在陇海铁路郑州花园合影

第四，注重提高铁路员工的文化素质。1930 年全国国有铁路职工共 9 万多人，其中文盲占一半。孙科提倡举办职工识字学校，他还亲自兼任交通大学校长。孙科还大力改进铁路医疗卫生工作，铁道部成立卫生处，扩充各路医疗诊所，实施车辆消毒措施。

第五，整顿军运秩序，严禁各地方军阀把持铁路，随意扣留机车车辆。1930 年 6 月，南京国民政府颁布《铁道军运条例》，规定“凡各军事机关各军队遇有军事运输”，须先报军政部核准，填写甲种车照或运照，“知照铁道部查照备运”。各军用车辆到目的地后须立即“腾卸放过，如有稽延扣留逾六工作小时，应照章核收延期费”。“军车开行时间及其他事项，均由路员指挥，军队不得任意变更或干涉”等等。《铁道军运条例》颁布后，铁道部切实整顿军运，提高了军运效率。

孙科在任期间，筑路工程陷于停滞状态，然而他利用自己的声望和特殊地位，提高了铁路管理部门的权威性，唤起了世人对铁路建设的重视，通过颁布一系列铁道法规，构筑了较为科学的中国铁路管理模式，为今后铁路建设的进一步发展奠定了基础。

作为中国首任铁道部部长，孙科应该说是尽心尽力的，但可惜时势不成全他。在孙科任铁道部部长的两年半中，恰逢 1929 年 3 月蒋桂战争爆发，1930 年 5 月蒋介石和阎锡山、冯玉祥之间的中原大战爆发，诸派系新军阀混战不已，国无宁日。孙科的整顿铁路，效果也是有限的。

1931 年，孙科离开了执政两年半的铁道部，任南京政府行政院长，1933 年任立法院长，1947 年任南京国民政府副主席兼立法院院长，1948 年与李宗仁竞选副总统失败，后再度出任行政院长。1949 年孙科辞去行政院长，长期旅居香港、法国、美国等地，1965 年任台湾“总统府”高级咨议、考试院长。

1973 年 9 月 13 日孙科病逝于台北，享年 82 岁。

钱宗泽

功不可没的陇海铁路局长

钱宗泽

钱宗泽(1891—1940),字慕霖,浙江杭县(今属杭州)人。历任浙江省警察厅厅长、南京中央陆军军官学校军事指导委员、津浦铁路局副局长、陇海铁路管理局局长、铁道部政务次长、国民党中央军事委员会战时运输统制局副参谋长等职。

钱宗泽,1891 年 10 月出生,早年就读于清河陆军中学,1912 年升入保定陆军军官学校步兵科,1914 年毕业。1917 年考入北京陆军大学深造,毕业后在北京政府陆军部、浙军第二师第四旅任职,后奉派法国考察军事。1922 年回国,历任交通部护路警察总局副局长、徐州警察局局长、浙江省警察厅厅长等职。1928 年 7 月后,历任津浦铁路局副局长、南京国民政府参谋本部第二厅厅长。1930 年任陇海铁路管理局局长,兼津浦陇海两路护路司令部司令,津浦、陇海、平汉、道清四路运输司令部司令。1934 年任国民政府铁道部政务次长兼北宁铁路局局长。1937 年抗日战争爆发后,任军事委员会运输司令部司令,统辖全国铁路、公路、内河航运战时运输事宜。

钱宗泽在担任陇海铁路局局长期间,对该路向东延伸和终端海港的开辟、管理颇费心血,屡有建树。1925 年,陇海铁路东段已经修到新浦。为了改变铁路营运不佳的状况,钱宗泽力主将铁路东端及终点海港修建到大浦以东 30 公里的老窑,得到了国民政府铁道部的批准。从新浦旗站始至老窑近 30 公里的修路工程于 1932 年 8 月 5 日开工,当工程展筑到墟沟以后,塌方事故时有发生,进展艰难,钱宗泽十分关切。孙家山隧道凿通后,钱宗泽将该隧道命名为“云台山洞”并亲自题刻于洞口。

陇海铁路局为了寻找陆路出海口，扭转路运不佳之境况，在新浦东边的临洪河口修建3座木质码头和相应的简陋设施设备，大浦港繁荣了几年。然而，由于淤积日益严重，虽经竭力疏浚仍然摆脱不了较大船舶乘潮才能进出的困境。钱宗泽出面周旋于铁道部和相关路局之间，最终获准由大部拨款，平津路和平汉路借款，加上陇海局自筹少部分资金修建老窑港口。经铁道部批准，先期在老窑西端1公里处的孙家山东首海滨建起木质栈桥式码头1座。1933年7月开始的老窑建港计划，只是一座码头3个泊位及其他配套设施。在钱宗泽的努力下，当年下半年与枣庄中兴煤矿公司合作，获得该矿巨额垫款建造老窑煤炭专用码头1座(即2号码头)计3个泊位及配套设施。同时，又修筑了台儿庄至东陇海铁路赵墩支线31公里(即台赵支线)，一改枣庄煤炭由薛城南下浦口和经徐州换轨转运运河南下之旧线，路矿双方均获益不少。

钱宗泽(前排右一)与陇海铁路管理局同仁合影

当年，陇海铁路沿线农产品大都需经过水运抵达上海、青岛、广州等地销售，运输手续繁杂。一度大量货物囤积货栈堵塞码头，对陇海铁路的货运发展极为不利。为此，钱宗泽派人对相关港口、市场考察，研究对策。如与招商局合作，在国内联运实施办法21条基础上签订合同细则20条，在全国开创了水陆联运的先河。

钱宗泽对在老窑建港冠名也十分重视。早在开港的前9个月，钱宗泽就向铁道部请示海港名称。在这之前的文件中称呼该港为"陇海铁路终端海港——西连岛港"，显得冗长，而"老窑"称呼又觉俗气，钱宗泽均未采用。铁道部回电拟议有三：一是云台，以山名命名；二是连云，各取西连岛、云台山一字；三是临洪，该港适处临港口，请钱宗泽自己定夺。钱宗泽考虑再三且非常慎重，征求陇海局机关各处意见，一致认为"连云含义较广拟合用"，并复铁道部。自此，在老窑渔村筑港的港名冠以"连云"二字正式见诸报端，也进入了中国版图。

作为陇海铁路局的局长，钱宗泽呕心沥血，身体力行。为加强工程领导，他委派副局长等组建专门机构，在港口设立办事处，本人则多处周旋协调，亲临现场检查指导，在开发连云港港口、振兴陇海铁路营运以及首创全国水陆联运等方面，发挥了举足轻重的作用，影响之深，功不可没。

钱宗泽于1940年7月31日在重庆病逝，同年8月南京国民政府颁令追赠中将军衔。

买雨田

铁路大罢工纠察队长

买雨田

买雨田(1892—1927),南京浦镇人,回族,浦口浦镇地区铁路工人领袖,革命烈士。曾任浦镇工厂中共地下组织的负责人,中共两浦区职工运动委员会委员、中共南京地委候补委员、北伐军铁道队分队长等职。

买雨田出身贫苦家庭,少年时进入津浦铁路浦镇工厂当学徒。为人正直纯朴,谦虚热情,不辞劳苦,深得工人群众信赖,成为两浦铁路工人开展革命斗争的领头人。1923 年 2 月,京汉铁路总工会成立大会被军阀吴佩孚武力禁止。为声援京汉铁路工人斗争,浦镇工厂中共地下组织联合两浦地区铁路工人,举行一次声势浩大的罢工,买雨田在罢工中担任纠察大队长。当时,江苏督军齐燮元派旅长吴洪赞带领千余士兵前去镇压,企图用武力威胁工人复工。面对荷枪实弹的武装士兵,工人们没有胆怯。买雨田事先作了周密部署,让年轻力壮的纠察队员手拿木棍,站在最前列,与武装士兵展开对峙。吴洪赞见工人们人多气盛,只好接受谈判。直到路局答应了工人提出的部分条件后,罢工才胜利结束。买雨田在斗争中经受锻炼,逐步成长,于 1923 年 9 月加入中国共产党。

1925 年上海"五卅"惨案发生后,南京各界人民在中国共产党领导下成立沪案后援会。买雨田接到上级指示,立即召开工会干部及小组长会议,研究罢工游行计划,成立抵制英、日货小组和声援"五卅"募捐宣传队。6 月 7 日清晨,买雨田率领浦厂 700 多名工人组成的游行队伍向江南进发。队伍一过江,排成 4 路纵队浩浩荡荡向城区前进,买雨田走在队伍前列。队伍经过萨家湾时,英国领事馆大门紧闭,工人们停下来高呼口号:"打倒帝国主义!"

“为死难同胞报仇!”游行队伍走到城南夫子庙,遇到一个身穿和服趾高气扬的日本人,躺在一个驼背老人拉的人力车上,买雨田和大家一拥而上,把这个骄横的日本人像拎小鸡似的从车上拎下来,狠狠地教训了他一顿。买雨田还组织宣传队到浦镇和附近农村,宣讲上海“五卅”惨案的经过和声援上海工人斗争的意义,激发广大市民和农民的爱国热情。同时,买雨田还组织抵制英、日货小组到各处巡查,惩办了奸商、江浦县商会会长、浦镇东门元隆商号老板吴三炮,以及为他讲情的南门商会会长刘黑皮,给他们戴上高帽子游街示众。买雨田代表抵制英日货委员会,向群众宣布他们罪行,没收吴三炮妄图偷卖给洋人的100吨大米,送交南京抵制英日货委员会处理。1925年9月,中共浦口地方委员会成立,同年改称为中共南京地委,买雨田任候补委员。

两浦铁路工人罢工集合处(浦镇鸽子山)

1926年5月,买雨田去广州出席第三次全国劳动大会。7月,国民革命军誓师北伐,一路所向披靡。为配合北伐军消灭敌人,买雨田昼夜奔忙,组织共产党员和共青团员贴标语、散传单;组织工人破坏铁路,阻碍敌人军运,搞得敌人惊恐万状,晕头转向。1927年3月24日,北伐军攻占南京。买雨田按照中共南京地下组织指示,配合国民革命军阻挡军阀北逃,夺取武器,就地消灭敌人。他集合原工会纠察队员,“借”了浦镇警察局的枪,武装自己。然后,又组织两个大队,每队80人,分别埋伏在浦口大道、小河边和后河芦苇丛中,一举包围100多名逃兵,缴获120支步枪和两挺机枪。纠察队员们兴高采烈,把机枪架在浦镇的要道口,继续阻击溃逃的军阀部队,一直坚持到北伐军进入浦镇。

1927年4月,蒋介石背叛革命,支持国民党市党部右派和劳工总会,捣毁国共合作的省市党部及总工会,形势逆转。大革命失败后,中国共产党调买雨田到北伐军铁道队担任一分队三排排长,后任分队长,随军北上。途中,由于铁道队大队长王润生叛变,1927年8月17日深夜,买雨田和队员们驻扎的车厢停靠在蚌埠车房,突然遭到敌人袭击,买雨田不幸中弹牺牲,时年35岁。

陈兆春

“我们都是普通工人”
陈兆春等八人

陈兆春(1893—1930),又名陈绍春,江苏江浦人,浦镇机厂油漆工,中共党小组长,革命烈士;

许立双(1908—1930),江苏江都人,浦镇机厂油漆工,中共南京市委组织委员,革命烈士;

杜秀山(?—1930),又名杜堃,天津人,浦口机务一段工人,中共南京市委委员,革命烈士;

吕占先(1903—1930),曾用名吕开金,江苏泗阳人,浦镇机厂木工,革命烈士;

张学堂(1886—1930),江苏泰兴人,浦镇机厂木工,革命烈士;

袁鸿鸣(1896—1930),河北唐山人,浦镇机厂仓库工人,革命烈士;

袁德昌(1909—1930),江苏江都人,浦镇机厂木工,革命烈士;

徐明德(?—1930),津浦路浦口段搬道工,革命烈士。

1920年夏,为反抗津浦铁路浦镇机厂英国监工的欺压,陈兆春和工友们一起与之进行了机智、勇敢的斗争,迎头痛击了洋人的嚣张气焰。1923年2月,在党的领导下,为声援京汉铁路工人的反帝斗争,两浦(浦口、浦镇)工人进行罢工,陈兆春作为纠察队员站在最前列,面对手拿武器的敌人毫无惧色,并和工人们将贩卖英、日货的大奸商扣押起来,游街示众,极大地鼓舞了罢工工人的士气。1925年,由于在各项斗争中的突出表现,陈兆春加入了中国共产党。

1926年7月,出师北伐的国民革命军取得节节胜利,而此时的南京却陷入了白色恐怖之中。面对险恶的环境和疯狂的敌人，为支援北伐，浦镇工厂的共产党员和共青团员积极行动起来。一天，根据组织安排，陈兆春要将一张标语张贴到浦口宪兵队大门口，凭着他的机智和胆气，最后顺利地完成了这一充满危险、随时可能被捕的任务。

1930 年上半年，在革命斗争中涌现出来的进步工人积极分子张学堂、袁鸿鸣、袁德昌、徐明德等先后加入了中国共产党。他们和陈兆春、杜秀山、许立山、吕占先编在一个党小组。党小组成立后，他们以“西披(CP)”、“西外(CY)”为接头暗号，经常在浦镇三元庵、点将台召开党小组会，交流厂里斗争情况，讨论斗争策略，按照上级党组织的要求，分工、落实工作任务。

陈兆春(左三)和工友在浦镇机厂厂房前合影

1930 年 8 月 6 日至 8 日，张学堂、袁鸿鸣受党组织的派遣，出席党在上海召开的津浦、陇海、沪宁、沪杭 4 路工人第一次代表大会，按照会议提出的斗争纲领，号召全体工友团结起来，共同提出增加工资米贴和成立自己组织——工会的要求，得到广大工人的支持和拥护。一周以后，陈兆春等三人又去上海参加 4 路工人第二次代表大会。他们回宁后，全体党员在三元庵碰头，陈兆春及时传达上海会议精神和上级党组织布置的任务。8 月底，南京市委根据上级部署，准备举行南京武装暴动，要求两浦党员先行行动。按照任务分工，陈兆春等人利用夜间，将一大批“打倒国民党反动派！”、“中国共产党万岁！”、“拥护苏维埃政权！”的标语张贴在铁路旁的电线杆上。同时，在陈兆春的带领下，大家冒着生命危险撬掉津浦线上的多处铁轨道钉，锯倒铁道边的多根电线杆。国民党当局见此情景惊恐万状，派出大批特务四处搜查。9 月 26 日深夜，由于叛徒出卖，陈兆春和许立双、杜秀山、张学堂、袁鸿鸣、袁德昌、徐明德、吕占先等人被国民党首都宪兵司令部侦缉队逮捕。在审讯室里，敌人使用了坐老虎凳、烙铁烫、上电刑、灌凉水等各种刑罚，但丝毫动摇不了他们的革命意志。他们坚持不暴露身份，不承认张贴标语和有什么人领导，始终只有一句话："我们都是普通工人"，充分体现了坚贞不屈、视死如归的英雄气概。

1930 年 10 月 8 日凌晨，陈兆春、许立双、杜秀山、张学堂、袁鸿鸣、袁德昌、徐明德、吕占先和浦镇花旗营铁路工人、共产党员王松亭在南京雨花台英勇就义。10 月，中共中央《红旗日报》在《疯狂的白色恐怖》一文中，愤怒地谴责国民党反动派屠杀陈兆春等 9 人的罪行。

凌鸿勋

“一代工程巨子”

凌鸿勋

凌鸿勋(1894—1981),字竹铭,江苏常熟人。土木工程专家、教育家。曾任交通大学教授、代理校长、校长,铁道部、交通部技正、次长、常务次长,代理部长、部长。长期从事铁道工程建设,是继詹天佑之后将西方铁路科技引入中国,并逐步实现铁路设计与建设自主化的又一重要人物。

1894 年 4 月 15 日凌鸿勋生于广州,少时家境贫困。5 岁开始由长辈教读四书五经,天资聪颖,记忆力超强。1910 年,他以第一名的成绩考取上海高等实业学堂(上海交通大学前身)预科,第二年升入本科,1915 年从土木科毕业。因成绩优异,很快就被交通部派往美国桥梁公司实习,并在哥伦比亚大学选读铁路工程。

凌鸿勋于 1918 年 6 月回国后,得到交通部次长叶恭绰的重用,先后在京奉铁路和交通部考工科任职。1921 年担任京汉铁路工程师,参与黄河铁路新桥的设计审查工作,并拟订了国有铁路的建筑规范,为我国铁路技术标准的制订打下初步基础。

1921 年,交通部将上海、唐山及北京三所直属学校合并组成交通大学,凌鸿勋担任上海交通大学的副主任,茅以升是唐山交大的副主任,一时有“南凌北茅”之称。1924 年 11 月,交通部正式任命年仅三十岁的凌鸿勋为校长(此时已易名为南洋大学)。在校长任上的四年多,凌鸿勋颇有建树,如利用英国退还的庚子赔款,建立工业研究所,首创国内大学附设研究所的范例。他还在建校 30 周年的纪念活动中,举行工业展览会,征集中外机械及仪器进行展示。并且,铺了一条环绕校园的小铁路,用小机车牵引几节小车厢行驶，每天吸引两三万人参观。

1929 年，凌鸿勋任陇海铁路工程局长。陇海铁路是横贯中国东西的大干线，1912 年由中国政府向比利时银行借款兴筑。该铁路原定 5 年通至兰州，但由于第一次世界大战的爆发，筑路工程已停顿多年，路线西端一直未出河南省境。凌鸿勋就职后，克服军阀混战造成的困难，经过一番准备，灵宝至潼关段于 1930 年底开始动工。潼关自古就是由中原进入西北的关隘，它南依秦岭，北濒黄河，城墙已接近河边，地形险峻，也是该段铁路最关键工程之一。线路往北移要落入河中，往南靠则要穿越高山，开凿很多山洞，费工费时。最好的办法就是在城底开凿一座长 1 070 米隧道通过，这是中国筑路史上尚未有过的大胆尝试，最后获得了成功。凌鸿勋科学的决策，使难攻的关隘变成火车长驱直进的通途。1931 年陇海铁路通至潼关（灵潼段），通车里程达 920 余公里，约为陇海铁路全路的一半。1934 年，潼西段修至西安。1935 年，徐州至西安正式运营。

时任粤汉铁路局局长的凌鸿勋在粤汉铁路通车前打下最后一根道钉

正当潼西段工程紧张进行时，铁道部 1932 年 10 月调凌鸿勋任粤汉铁路“株洲——韶关”段工程局局长兼总工程师。456 公里长的株韶段因资金缺乏和地形特别复杂，停工已达 14 年。凌到任后，通过复测，对原来的方案做了较大的改动，他就地取材，在白石渡至坪石路段连续修筑 5 座石拱桥。“五大拱桥”以其设计跨度大、施工注重质量和造价低廉而闻名于世。1936 年 4 月 28 日，粤汉铁路提前 1 年 3 个月全线贯通。次年，中国工程师学会将首枚金质奖章颁给了凌鸿勋，以表彰他的杰出贡献。

自 1929 年到 1945 年的 16 年间，凌鸿勋连续担任陇海、憧西、粤汉、京湘、天成、宝天等铁路工程局长兼总工程师，转战近半个中国，成果卓著。他主持的新修铁路约 1 000 公里、组织的勘测线路约 4 000 公里、管办的公路约 5 000 公里。凌鸿勋的筑路生涯始终与战火相伴，可谓饱经战火。不仅如此，为了保存中国铁路工程方面的人才，他还通过勘测西部铁路的办法来“鼓舞路工人员的士气和避免专门人才的走散”。用他自己的话说：“这是我一生最宝贵的一段光阴，也是我做事和获得经验的黄金时期。”

抗战胜利后，凌鸿勋以交通部常务次长和铁道工程专家的身份，先后督修在战时受到严重破坏的津浦铁路和粤汉铁路。同时根据当时的中苏条约，参与和苏方协商处理东北境内的中长铁路事宜，任中长铁路章程起草委员。凌鸿勋早年在美国发起组织的中国工程学会，后与中国国内的中华工程学会合并为中国工程师学会，并多次被选为副会长、会长。

1950 年 8 月，凌鸿勋移居台湾，受聘为台湾大学教授。1951 年 3 月被聘为台湾“中国石油公司”董事长，先后连任 20 年。1971 年 3 月凌鸿勋退休，重回土木工程本行，推行预应力混凝土新法。1981 年在台北逝世。

由于凌鸿勋多年为祖国铁路事业的贡献，又培养了不少英才，因此得到国内外同行的景仰，被称为“中国铁路先驱者”“一代工程巨子”。

孙津川

英名永载中国工运史册
孙津川

孙津川(1895—1928),又名方淦,曾用名孙竞川、孙继生,安徽寿县人,曾任沪宁杭铁路总工会委员长、中共南京市委书记。

1895 年 1 月 22 日,孙津川出生在南京中华门外宝塔根一个贫苦工人家庭,11 岁就与弟弟到南京金陵制造局当童工,学徒满师后到了上海,先后在大中华纱厂、兴发机器厂做工,后因为一工伤工友打抱不平而被兴发机器厂开除。

1923 年春,孙津川进入沪宁铁路吴淞机厂做工。看到工人特别是童工们个个面黄肌瘦,身心受到严重摧残,而资本家过着花天酒地的生活,心中十分不满,常常感到苦闷和愤慨。1924 年秋,孙津川和共产党员彭干臣有了接触,明白了许多革命道理,决心参加革命,跟着中国共产党走。五卅运动期间,他积极参加铁路工会工作,被选为工会筹备委员会委员,并积极筹办工人夜校。在党组织的领导下,工人夜校迅速发展壮大,孙津川也从中接受了马克思主义教育,阶级觉悟不断提高。1925 年 8 月,经彭干臣、王謦东介绍,中共中央直接领导的铁总直属支部吸收他加入中国共产党。1926 年春,党在吴淞机厂的影响迅速扩大,先后有十多名工人被吸收入党。随后,中共淞沪特别支部成立,孙津川被选为特别支部书记。同年底,吴淞机厂成立党支部,孙津川又担任了支部书记。

在上海工人的三次武装起义中,孙津川充分显示了卓越的组织领导才能。第一次武装起义后,孙津川带领了一个小组去镇江东站扬旗外龙潭拆毁轨道,致使孙传芳军队的一列满载军火的列车出轨翻车。1927 年 3 月,他直接领导的吴淞机厂的罢工斗争，在上海第三次武装起义总同盟的罢工中发挥了先锋作用。3月19日，为了加强对罢工的领导，党组织决定将原沪宁铁路罢工委员会改为沪宁沪杭两路罢工委员会，孙津川担任主任委员。在第三次武装起义中，铁路工人组成了以600名工人纠察队员为骨干的纠察大队，孙津川任大队长。之后，孙津川带领纠察队员配合别动队攻打上海防守司令部。起义胜利后，孙津川按上海总工会下达的复工命令，带领两路工人首先复工，抢修铁路，迅速恢复交通。3月28日，两路工人代表80余人在闸北总工会会所开会，成立沪宁杭铁路总工会，孙津川当选为委员长。“四·一二反革命”政变的当天下午，他带领工人参加了声讨蒋介石罪行的大会，并不顾个人安危，营救被捕同志。“四·一二反革命”政变后，孙津川往返奔走于武汉、九江、上海等地，代表全国铁路总工会接待和安置苏浙皖等省的流亡同志，秘密整顿和恢复各地铁路工会和党组织。1927年4月底到5月初，孙津川出席了在汉口召开的党的第五次全国代表大会。

1927年11月，孙津川被省委派往南京，担任市委职工委员，以加强南京市委的核心力量。南京市委在召开中共南京市第一次党代会之前，推定孙津川为临时主席。12月4日南京市第一次党代会后，根据市委分工，孙津川为职工委员。1928年3月，孙津川就任中共南京市委书记，根据省委关于“艰难困苦的集聚无产阶级的力量”，“发展工农日常斗争”的策略，孙津川整顿组织，使多数支部恢复了与上级的联系，少数支部还发展了党员。他经常深入工厂、农村，号召党员勇敢地承担工作任务。他坚持将经济斗争和政治斗争结合起来，采取在日常的经济斗争中争取、教育群众的方法，使一度沉寂的群众斗争又活跃起来。他十分重视农民运动，在南京浦口九袱洲建立了南京第一个农民党支部。

孙津川在南京从事革命活动的居住地

（北祖师庵49号）

1928年7月初的一个夜晚，市委在地下党员姚佐唐家召开秘密会议。姚佐唐的公开身份是国民党军事委员会铁道大队副大队长。由于叛徒告密，孙津川被捕。在狱中，面对敌人的审讯和严刑拷打，孙津川始终坚贞不屈。敌人见硬的不行就变换花样，把孙津川的母亲带去，企图用母子之情软化孙津川，也没有得逞。党组织和他的战友计划营救他，孙津川得知后，连忙带口信，坚决反对这种蛮干做法，表示决不能为了他而给革命带来更大的损失。

1928 年 10 月 6 日清晨，孙津川英勇就义。年仅 33 岁的孙津川为了解放事业流尽了最后一滴血，他的英名永远载入中国工人运动的史册。

茅以升

中国近代桥梁之父
茅以升

茅以升（1896—1989），字唐臣，江苏镇江人，土木工程学家、桥梁专家和工程教育家。中国科学院学部委员（现称院士）、美国工程院院士。20 世纪 30 年代，主持设计并组织修建了钱塘江公路铁路两用大桥，成为中国铁路桥梁史上的一个里程碑。

1896 年 1 月 9 日，茅以升出生在江苏镇江的一个名门世家，后随家人迁居南京。7 岁就读于思益学堂，10 岁进入江南商业学堂。1911 年，15 岁的茅以升考入唐山路矿学堂，选修土木工程专业。经过 5 年苦读，以优异成绩毕业。1916 年夏天，茅以升被清华学堂官费选送赴美留学。1917 年，茅以升在康奈尔大学取得硕士学位，并荣获该校优秀研究生“斐蒂士”金质研究奖章。1921 年，茅以升获美国卡内基・梅隆大学工学院工学博士学位，其博士论文《桥梁桁架的次应力》在桥梁建造学界产生很大影响，文中观点受到广泛认同，被称为“茅氏定律”。

1921 年，茅以升结束了 5 年的留学生涯，抱着“科学救国”“工程建国”的信念回到祖国。回国后的 10 年里，他在大学讲坛上向学生传授世界最先进的桥梁知识。期间，茅以升历任交通大学唐山学校教授、副主任兼总务主任，东南大学工科主任，河海工科大学校长，北洋工学院院长等职，为中国桥梁人才的培养和相关学科的建设做出了很大贡献。

茅以升虽然很快在国内学术界声名鹊起，但他却始终没有放弃要在中国建造现代化大桥的愿望。1933 年春天，他的造桥理想终于有了一个实现的机会。长期以来，钱塘江“天堑”严重制约了全国国防建设和经济文化发展。同年 3 月，浙江省做出了兴建钱塘江大桥的决定，建设和交通部门官员一致推举正在北洋大学任教的茅以升担此重任。

1933 年至 1937 年，茅以升任钱塘江大桥工程处处长，主持修建我国第一座公路铁路兼用的现代化大桥——钱塘江大桥。他采用“射水法”“沉箱法”“浮运法”等，解决了建桥中的一个个技术难题。1937 年 9 月 26 日，第一列火车安全驶过大桥。钱塘江大桥铁路桥的正式通车，宣告了外国专家“中国人依靠自己力量在钱塘江上架桥一定失败”的预言彻底破产。仅 3 个月后，日军南下逼近杭州，抗战形势日趋严峻。12 月 23 日，为了阻断敌人，茅以升受命炸断了亲手建造的大桥，他面对断桥，发出了“不复原桥不丈夫”的誓言。

茅以升(右)在钱塘江大桥开工典礼上

虽然钱塘江大桥仅存在短短的 89 天，但却为南撤军民的物资运输与人口疏散起到了至关重要的作用。据统计，在这段时间里，共有 300 台机车，2 000 多辆客货车辆，以及难以计数的各类物资通过钱塘江大桥完成转运，而从桥上逃难的 100 万民众的生命更是无法用金钱来衡量。

抗战胜利后，茅以升受命组织修复大桥。他重新召集工程技术人员，把精心保存下来的大桥工程资料带回杭州，于 1946 年 9 月开始大桥的修复工作。上海解放后，上海铁路局接收了钱塘江大桥工程。1953 年 9 月，大桥全部修整完毕。至此，茅以升主持的钱塘江大桥工程，前后近 20 年，经历了建桥、炸桥、修桥 3 个时期，这是古今中外建桥史上未有先例的事情。

钱塘江大桥既是我国桥梁建筑史上的一座里程碑，又是桥梁工程师的摇篮。茅以升把建桥工地办成学校，吸收大批土木工程专业的学生参加工程实践，为国家培养了一批桥梁工程人才。我国后来的一些重要桥梁工程，如武汉长江大桥、南京长江大桥的技术负责人都曾经经过钱塘江大桥造桥实践的锻炼。

1955年,茅以升担任了武汉长江大桥技术顾问委员会委员,7月,铁道部和国务院批准了茅以升提出的设计方案,同年9月武汉大桥正式开工,1957年10月15日全桥建成通车,中国人民在亚洲第一大河上建成了亚洲第一座现代化大桥。武汉长江大桥将京汉铁路和粤汉铁路衔接起来,成为我国贯穿南北的交通大动脉,并把武汉三镇联成一体,确保了我国南北地区铁路和公路网联成一体。

从20世纪50年代开始,茅以升历任原北方交通大学校长、铁道研究所所长、铁道科学院院长、全国科学技术协会副主席。自1954年起当选为一至五届全国政协委员,全国人大代表、常委。1979年他应邀前往母校加里基大学访问,获得“卓越校友”奖章。1982年,应美国国家工程科学院邀请,又一次赴美,接受该院授予的“外籍院士”的称号。1984年当选为第六届全国政协副主席。

1989年11月12日,茅以升在北京逝世,终年94岁。

汪禧成

铁道信号事业的开拓者

汪禧成

汪禧成(1896—1976),字孟贺,别号道中,江苏无锡人。铁道信号工程专家、教育家,我国铁道信号事业的开拓者。最早提倡运、机、工、电设备合理配置,以提高行车效率;率先指导完成双线机电联锁闭塞(今称半自动闭塞)工程;组织建成中国铁路第一个进路式继电集中联锁工程——粤汉线衡阳站,达到当时世界先进水平;倡导在高校创办铁道信号专业和铁道信号器材专业,为我国铁路培养了大批高级专门人才。

1896年10月5日汪禧成出生江苏无锡,自幼聪颖,1909年无锡俟实小学毕业,1911年常州中学毕业,1918年上海工业专门学校(现上海交大)土木科毕业,被公派留美。他选了当时在我国尚是一片空白的铁道号志(今称信号)专业。1918年9月先后在美国通用号志公司、孔勃伦油管公司、联合号志公司、雷定铁路新泽西站等处实习。随后,入康乃尔大学深造土木及电机,学习勤奋,成绩优异,1921年7月以《铁道行车控制的研究》论文获得硕士学位,1922年1月回国。

汪禧成回国后,被派到北京交通部路政司考工科任调部办事,兼铁路技术统一委员会会员,从事铁路行车控制技术标准规章的审定工作。1932年4月南京国民政府铁道部为改进京汉铁路号志,派汪任汉口京汉铁路工务处技术课长,负责冯村及新乐二处桥梁建设工程。1934年7月调任铁道部技术标准审订委员会主任技术员。1937年3月晋升专任委员,主持全国铁路工务、号志及电信技术标准与规范等工作。铁道部技术厅1938年迁往桂林,汪参加新路工程处,审核湘桂、湘黔、叙昆及滇缅铁路建立号志计划并代理技监。同时，汪禧成还兼任滇缅铁路督办公署技术委员会委员、行车效率工程处总工程师、处长。1942 年 5 月，日本侵略军攻占澜沧江桥进入缅甸，工程被迫停工。

1943 年 3 月重庆国民政府交通部成立铁路技术标准委员会，汪任委员兼主任秘书、讯号处总工程师、处长，筹划驱逐日军后各线铁路号志 5 年复兴规划，同时兼中央大学的特约教授，讲授铁道号志工程。抗日战争胜利后，交通部迁往南京。1946 年 2 月汪被调兼任南京国民政府行政院工程计划团号志主任工程师，与美国号志专家费尼合作，草拟全国主要铁路线号志工程与新建计划。在设计沪宁线调度集中的自动闭塞完成后，1946 年 12 月美国马歇尔主张停止借款，工程计划团撤销，汪不得不转入私营中国号志公司。1947 年 3 月他辞去交通部简任技正，转中国建国公司任职。1948 年 11 月任外资麦可洛公司铁路号志工程师，办理审核美国贷款 1 100 万美元，以购置浙赣、汉口及株洲机厂材料。

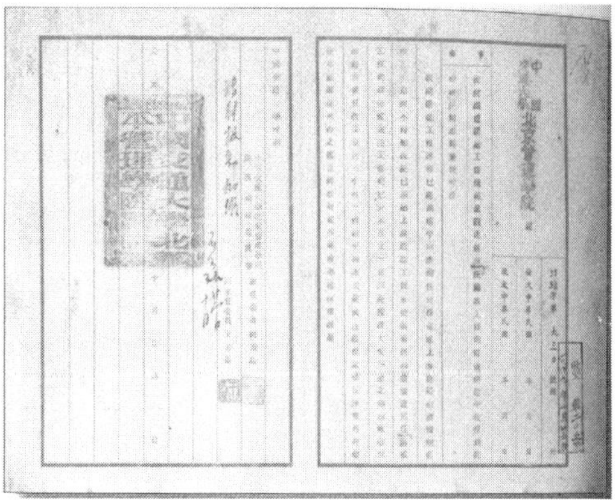

1949 年 10 月中国交通大学北京管理学院颁发的汪禧成教授任命书

1949 年 5 月 27 日上海解放，7 月上海铁路局聘汪禧成为专门委员，同时被聘为上海市都市计划委员会委员，研究上海铁路枢纽规划。1949 年 9 月到 1950 年 10 月间被铁道部聘为电务局专家。在审定我国第一版铁路行车技术管理规程时，他提出将提高行车效率列入铁道信号条文的建议得到采纳。为支援解放大军南下，基建计划中列有郑州枢纽站继电联锁工程项目，而当时郑州枢纽线路各自为政，列车运转秩序紊乱，时常堵塞，影响列车运行。汪禧成主持进行调研，提出郑州站必须彻底改建，并拟定了总体规划方案。随后，他又对株洲、衡阳及广州枢纽进行研究论证，认为衡阳站经局部改造后，即可装设进路式继电集中联锁设备，以提高行车安全和运输能力。经铁道部批准，衡阳站改造工程计划实施，由汪主持组织信号及器材设计班子。他们克服一缺器材，二无设计，三少资金的重重困难完成了这一工程，衡阳站的进路式继电集中联锁达到当时国际先进水平。

1950年起，汪禧成任唐山工学院（即唐山交通大学）电机系主任，并创议建设铁道信号专业。从此，汪禧成为能够培养铁道信号人才而感到庆幸。1951年9月，唐山工学院铁道信号专业并入北京铁道学院（今北京交通大学）电信系。1952年全国院校系科调整，北京铁道学院铁道信号专业并入哈尔滨铁道学院，汪随即调入哈院继续任教。他第一次开出机械化驼峰与轨道电路两门课，并发表了轨道电路图解教学法研究论文。此后，哈院电信系又并入北京铁道学院，汪禧成又转至北京铁道学院，任电信系二级教授。

1976年10月21日，汪禧成突患中风，卒于北京积水潭医院，享年80岁。

俞大维

被称作“兵工之父”的交通部长
俞大维

俞大维(1898—1993),浙江绍兴人,曾任国民政府军政部兵工署署长、军事委员会作战部副部长、交通部部长等职。

1898年1月10日俞大维出生于湖南长沙,早年就读于复旦大学预科、南洋公学、圣约翰大学。1918年赴美国哈佛大学专攻哲学,1922年获博士学位,后又去德国柏林大学进一步深造。

1926年俞大维回国,去广东国民政府任事。1928年后,历任驻德使馆商务调查部主任、国立中山大学教授等。1929年8月,任南京国民政府军政部参事。1930年5月,俞大维第二次赴德,任商务专员,负责采购军备并专门学习军事,包括兵器制造、战役分析,尤其是弹道学,1932年回国。

1933年1月,俞大维任军政部兵工署署长兼技术司司长。由于国家工业条件不足,军火大半仰赖外购,来源分散,制式不统一。面对日本灼灼逼人的侵略态势,改进武器生产是兵工署的迫切任务。俞大维就任后,采取了一系列措施。首先,筹建新厂,提高武器生产能力。其次,建立武器生产研究开发体系,成立理论、应用化学、弹道、精密机械、材料、冶金、光学等研究所,成立炮兵技术处、中央修械所、航空兵器研究处等,特别是高薪聘请外国专家来华教导。同时,在国内遴选人才随专家工作,如“两弹元勋”任新民、屠守锷、姚桐斌和火箭专家徐兰如、沈正功等。他们均在俞大维领导下的兵工机构打下了坚实基础。第三,重点建立成本会计制度,提高兵工企业生产效率。第四,建立标准化生产和检验制度。确定各项军品的规格及图样法规,在各兵工厂设立样板工厂,提高制造能力。同时,建立零件、半成品检验，进而建立整套质控制度。在此基础上，建立武器制式制度。经过四年努力，国民政府有数十个步兵师更换了新的制式装备，武器的精确性相比列强并不逊色。

1937 年全国抗战爆发，俞大维指挥沿海 30 余座兵工厂、钢铁厂和材料厂有条不紊地西迁并继续生产，为抗战时期中国国防工业生产做出重要贡献。因此，俞大维被称为中国近现代国防科技发展史上第一位“始祖园丁”，并获“兵工之父”的美誉。1946 年 2 月，俞大维被授予中将军衔。

俞大维在交通部大会上讲话

1946 年 5 月，俞大维任交通部长。内战时期交通混乱，铁路公路随修随毁，随毁随修。俞大维设置一个会报室，挂一张全国详细大地图，路电邮航等均在图上绘出。每日上午九时，俞主持会报，听取各司报告后，即口头指示解决办法，各单位主管即将指示下达办理，不需要再行批示。鉴于陆上交通破坏严重，俞大维还致力发展航空运输，以往累月经年到达的物资邮件，数日即可送到。

1949 年 1 月，俞大维因病辞交通部长职，后去台湾。周恩来通过俞在大陆的亲属挽留未果。1950 年以后，俞大维曾两任“国防部”部长又因病而两辞。后任“行政院”政务委员、“总统府国策顾问”和“总统府”资政等职。晚年，他关心海峡两岸关系，希望两岸和平，反对台湾独立。

1993 年 7 月 8 日，俞大维病逝于台北，终年 95 岁。

姚佐唐

与革命先驱李大钊同行
姚佐唐

姚佐唐(1898—1928),安徽桐城人,我国早期工人运动的组织者和领导者,江苏第一个中共地下党组织领导人,革命烈士。

1898 年 8 月出生于安徽省安庆市桐城市文昌街道一个工人家庭。在家中排行老三,从小和在上海江南造船厂当技术工人的父亲生活在一起,家里省吃俭用供他上完中学。中学毕业后,他来到陇海铁路徐州北站当学徒工。在“五四”运动影响下,他广泛接触革命青年和进步人士,阅读了《新青年》《劳动周刊》等进步书籍,初步接受革命思想。

1921 年 11 月 8 日,徐州北站当局随意开除两名工人。工人们为抗议铁路当局任意欺压工人,举行陇海铁路全线罢工,姚佐唐被工人们选为徐州北站罢工委员会负责人。中共北京地委负责人李大钊派北京地委委员、中国劳动组织书记部北方负责人罗章龙前来领导陇海铁路大罢工。罢工持续了 7 天,迫使铁路当局答应工人提出的要求,罢工斗争取得胜利。之后,陇海铁路罢工委员会决定组织陇海全路总工会。1922 年 1 月 15 日,陇海铁路工人代表在开封举行会议,选举姚佐唐等 4 人组成陇海铁路总工会执行委员会。

1922 年春,姚佐唐加入了北京大学马克思主义学说研究会。不久,他由李震瀛介绍加入了中国共产党,并担任江苏境内最早的中共组织——铁路徐州站党支部负责人。后经李大钊、王烬美、罗章龙推荐,他又成为中国劳动组织书记部北方分部 13 名成员之一。从 1921 年冬到 1922 年春,陇海铁路风云激荡,罗章龙、姚佐唐等振臂在前,李大钊、陈独秀声援于后,全线工人同仇敌忾,奏响了中国工人运动第一次高潮序曲。

1923年初，党组织派姚佐唐去京汉铁路彰德站工作。他发起成立了彰德工人俱乐部，后改为彰德分工会。2月1日，他赴郑州参加京汉铁路总工会成立大会。7日，吴佩孚调动军警血腥镇压罢工工人，使姚佐唐对军阀政府的反动本质和凶残面目看得更为清楚。

1924年6月17日至7月18日，姚佐唐与李大钊、王荷波等5人组成中共代表团，先后出席了在莫斯科举行的共产国际第五次代表大会和赤色职工国际第三次代表大会。在赤色职工国际第三次代表大会上，各国工运领袖介绍了各自的斗争状况，给中国代表以极大的鼓舞。会后，姚佐唐暂时留在苏联学习革命理论，进行社会调查。

1924年，参加共产国际五大时，姚佐唐(左)与王荷波(中)、罗章龙(右)合影

1925年初，姚佐唐从苏联回国后不久，率领50名铁路工人组成铁道队到河南参加了国民军与北洋军阀吴佩孚的战斗。1926年2月，他又率领铁路工人去广州参加北伐军，担任由国民革命军总司令部直接领导的铁道队大队副队长。在炮火纷飞的战斗中，他指挥铁道队铺路架桥，保证铁路畅通。在攻打武昌的战斗中，姚佐唐身负重伤，从此失去了一条腿。

1927年初，姚佐唐随北伐军转战到南京。6月，中共江苏省委成立后，派黄逸峰到南京恢复工作，姚佐唐很快与黄逸峰接上关系。10月，姚佐唐与中共江苏省委派到南京工作的孙津川共同战斗，组织开展工人运动。姚佐唐在南京下关黄泥滩的住宅便成了南京市委的一个重要地下联络点和开会场所。

1928年7月的一天，中共南京市委在姚宅开会，被国民党军警包围，姚佐唐脱险逃离，连夜赶到上海。但由于叛徒出卖，不久他在上海被捕，被押解到南京，关在宪兵司令部看守所。10月6日清晨，姚佐唐在南京雨花台壮烈牺牲，年仅30岁。

曾养甫

开拓交通事业的专家型官员
曾养甫

曾养甫(1898—1969),名宪浩,字养甫,广东平远人。民国时期专家型高官,曾任国民政府铁道部次长、交通部长等职。

1898 年 10 月 23 日,曾养甫出生在广东省平远县东石乡一个书香门第,幼承庭训,聪颖异常。1917 年考入国立北洋大学预科,两年后升入本科矿冶系,1923 年毕业后赴美深造于匹兹堡大学研究院。1926 年,获得硕士学位的曾养甫回国赴广州,出任中央兵工试验厂筹备处主任,后任厂长。

1928 年初,曾养甫任国民革命军军官团政治部主任兼国民党特别党部筹备委员,11 月任农矿部常务次长。1929 年 1 月,出任建设委员会副委员长,因委员长张静江兼主浙江省政,曾养甫实际主持建设委员会工作。1929 年 3 月,曾养甫当选为国民党第三届中央执行委员,其后又连续当选为第四、五、六届中央执行委员。在曾养甫主持建设委员会工作的三年中,他先后整顿扩充南京、戚墅堰两座电厂,开办淮南煤矿,设置无线电台 30 座,提出黄河、淮河、太湖的水利计划,筹备东方、北方港口建设等事宜。

1932 年曾养甫调任浙江省建设厅长。他督工筹款,全力赶筑杭江铁路义乌至江山段和金华至兰溪支线。1934 年 11 月,他力排众议,筹建钱塘江大桥,聘请茅以升负责设计施工。同时,还规划了浙江全省公路网。

1935 年底,曾养甫受陈立夫委托秘密委派寻找与共产党接触的渠道。1936 年春夏,他作为国民党方面代表在南京相继同中共代表周小舟、张子华、潘汉年等进行多次会谈。

曾养甫对于经济建设工作,怀有更大的热忱。1935 年 12 月,曾养甫被任命为铁道部政务次长。1936年春,兼任新路建设委员会委员长。他悉力推动兴建浙赣铁路玉萍段、沪杭甬铁路杭绍段、粤汉铁路株韶段及京赣路、湘黔路。同时,与宋子文及中国建设银行公司合作,组织成渝铁路公司,筹划成渝铁路建设。

1936年夏,两广归属国民党中央后,曾养甫调任广东省政府委员兼广州市市长、广东省党部常务委员、黄埔开埠督办公署督办。1937年5月,兼任广东省财政厅厅长。他致力广东开发,如筹款兴筑广梅铁路、琼崖铁路和争取完成南方大港工程等。

曾养甫(前右二)出席钱塘江大桥开工典礼

抗日战争爆发后,曾养甫于1937年10月兼任军事委员会西南进出口物资运输总经理处主任,负责输入国外军需物资,以利抗战。同时派工程人员整顿广西公路,以接通广州湾、海防等海口,畅通海外物资输入线路。1940年冬,日寇占领华南,封锁了中国的全部海岸线。此时中国的国际运输仅靠滇缅公路远远不够,必须赶筑滇缅铁路。于是,他毅然承担起勘测和修筑的重任,率领工程技术人员跋涉于山林之中。铁路施工未及半年,仰光沦陷。由于在野外施工中受到侵袭,曾养甫的左肢已经麻痹。

1942年,曾养甫出任交通部长兼军事委员会工程委员会主任委员,他一面致力于发展邮政、电信公路等交通建设,一面承担赶筑飞机场的重任。他动员庞大民力,征集器材,在短期内完成大后方飞机场建设72处。

1945年1月,因腿疾骤发,曾养甫辞去交通部长职务,赴美国治疗,但未见显效。1949年冬去香港,随后转往日本治疗。1962年定居台北,1969年8月28日病逝于香港,终年71岁。

杨廷宝

下关火车站扩建工程设计者
杨廷宝

杨廷宝(1901—1982),字仁辉,河南南阳人。建筑学家,中国科学院学部委员(现称院士),中国近代建筑设计科学的重要创始人之一,与著名建筑学家梁思成齐名,有“南杨北梁”之称。杨廷宝的设计博采众家之长,兼容并蓄、勇于创新,具有稳健、凝重、严谨的风格。

1901 年 10 月 2 日杨廷宝出生于河南南阳的一个知识分子家庭,自幼受过良好的教育,1912 年秋考入河南留美预备学校,3 年苦读之后,以河南省第一名的成绩考入北京清华学校读书。1921 年,杨廷宝留学美国,进入宾夕法尼亚大学攻读建筑学专业。当时的中国,积贫积弱,中国人在国外经常受到白眼和讥笑,杨廷宝不为所动。他的勤奋好学引起了当时任教的美国建筑界古典主义代表人物保尔·克芮和水彩大师道森的注意。两位名师的悉心教导,对杨廷宝的设计风格和绘画技巧产生了很大的影响。杨廷宝渐渐成为全系的佼佼者,仅用两年半时间就完成了 4 个学年的课程。1924 年,杨廷宝先后获得全美建筑系学生设计竞赛的艾默生奖一等奖和美国市政艺术协会奖竞赛一等奖。两幅获奖作品被美国《建筑设计习作》选载。在这部欧美建筑系大学生的通用教科书中,中国留学生中唯有杨廷宝一人入选。

1927 年,杨廷宝回到阔别多年的祖国,受聘于天津基泰建筑工程公司,决心振兴祖国的建筑设计事业,为中华民族争光。留美期间,杨廷宝受到严格的西方古典建筑手法的训练和技术知识的教育。归国后,杨廷宝的早期作品如奉天(今沈阳)车站、东北大学等,不论是单体还是群体,都有较多的模仿性。而后,杨廷宝开始结合中国自己的特色,在建筑风格上致力于探索和创新。20 世纪 30 年代初，杨廷宝参与了北平地区一些古建筑的维修工程如天坛、祈年殿、国子监等，使他对中国古典建筑做法深为熟谙，特别是通过对明清建筑的悉心研究，从中汲取很多营养。以木构建筑为主体的中国古代建筑体系，在世界古代建筑史上独树一帜。然而，在很长一段时间，中国建筑的设计权却基本上掌握在外国人手中。杨廷宝回国以后，一次又一次以完美的建筑方案击败对手，而获得了多项工程的建筑设计权，从此改变了自鸦片战争以来洋人长期垄断中国建筑设计权的不正常局面。

1936 年至 1939 年，杨廷宝相继主持了清华大学、北京大学、燕京大学、辅仁大学等 9 所大学的建筑总体规划设计工作，其建筑达到很高水平，受到教育界、建筑界的一致好评。杨廷宝主持设计过全国数以百计的建筑工程，其中，以南京民国建筑最多且最具代表性，如原金陵大学图书馆、原中央研究院、原国民党中央党史史料陈列馆、中山陵音乐台、原国民党中央监察委员会办公楼、原中央医院、原中央体育场、大华大戏院、原中央研究院天文研究所、原中央研究院地理研究所、原宋子文公馆、原招商局候船楼等。

杨廷宝绘下关火车站(扩建)草图之一

南京下关火车站扩建工程的设计也出自杨延宝之手。1908 年正式营业的下关车站(始称江宁车站)，由于多年战乱，站舍残破。1947 年国民政府对下关火车站进行扩建，工程由在基泰建筑公司担任工程司的杨廷宝设计，徐顺兴营造厂建造，当年完工。扩建后的车站站房，增建了一座呈 U 字型围住原车站的大楼，南北两翼为两层，大楼朝西的外立面即主要入口设计成五孔13米高的大拱门通往大厅。大厅采用钢筋混凝土排架结构，面积1.87万平方米，可容纳4 000余名旅客。这是杨廷宝将环境、功能、施工、经济和建筑空间艺术高度综合的一个作品。这一简洁、大方、朴素、明朗的建筑，赢得了国内外建筑界的好评。从杨廷宝的建筑设计中，可以看出他的设计不是追求虚假装饰以哗众取宠，也不是抄搬现代建筑形式而求时髦。他的设计不论从总体规划上，或是在单体建筑、内部设计，以及在细节表现上，都十分注重周围环境和现实条件，在建设的比例尺度和用材上也都要求精益求精。他深谙传统又理解现代建筑精神，他的作品成为20世纪中国建筑风格演变的缩影。

杨廷宝历任国立中央大学建筑系主任，南京工学院（现东南大学）建筑系主任、副院长，中国建筑协会副理事长、理事长，国际建筑师协会副主席，江苏省副省长等职。

杨廷宝先生于1982年12月23日在南京病逝，终年81岁。

唐绍泉

让革命的种子在工友中萌芽

唐绍泉

唐绍泉(1902—1948),原名唐汉亭,又名唐汉臣,安徽巢县人,南京铁路机务段客车房机器匠,革命烈士。

1902年5月20日,唐绍泉出生在安徽巢县的一个贫苦农民家庭。唐绍泉少年时就读于本村私塾。17岁时,到合肥一家杂货店当学徒,白天劳动,晚上在煤油灯下读书学习。后来先后到私塾执教,到粮行当伙计,还卖过花布等。

1926年,唐绍泉经友人介绍到汉口加入了北伐军,负责押送军需物资。"四·一二反革命"政变后,他耳闻目睹国民党屠杀共产党人的暴行,对国民革命军的行为产生了疑虑,于是请长假离开了军队。不久,唐绍泉来到南京金陵兵工厂学徒,后到东北沈阳兵工厂做工。1932年,转至河南巩县兵工厂做工。1933年,国民政府准备举行全运会,唐绍泉因踢得一脚好球被陇海铁路局长吸收为足球运动员,且转到洛阳机械厂当工人。后辗转至兰州造币厂任驻西安办事处的采购专员。1937年,南京、芜湖相继沦陷,不少青年流亡。一天,三个同乡青年求助,唐绍泉将他们送到西安八路军办事处,奔向延安参加抗日救亡运动。并且,送他们每人一支钢笔壮行。

东北沦陷后,日本帝国主义一夜之间占领了沈阳,广大工人无家可归,阶级仇、民族恨使唐绍泉激愤无比。他与西安八路军办事处接触多了,觉悟有极大提高。他在车间经常结合亲身经历,向工友们揭露黑暗的世道给广大劳苦人民带来的灾难。

1943年唐绍泉回到南京,在京沪铁路南京机务段客车房当机器匠。抗战胜利后，国民党抢夺胜利果实，大肆搜刮民脂民膏，唐绍泉更为不满。他利用管理工具室之便，用讲故事和读报纸方式，揭露反动派欺骗劳动人民的鬼把戏，团结工友，冒着有特务监视的危险，教育启发工人的革命觉悟。

1945 年底，经历半生颠沛流离的唐绍泉在工友的帮助下，自己动手在南京下关江边、荒凉的芦柴洲上盖起三间瓦房，带着全家定居下来。半辈子的闯荡也使唐绍泉政治上逐渐成熟，1947 年，他加入了中国共产党，担负起积极宣传、教育和团结周围群众，参与组织互助会等工作。唐绍泉还把自己家的房子作为中共南京铁路车站支部开展地下秘密活动的地点，经常把铁路工友带到家中交谈，让革命的种子在他们中间悄悄萌芽。

唐绍泉在南京的住所（下关煤炭港 22 号），也是中共南京铁路地下党支部活动地点

1948 年 9 月 7 日，唐绍泉与马绪善等 5 人同时被捕，转押到上海被害，牺牲时年仅 46 岁。

王再生

龙华千古仰高风

王再生

王再生(1903—1927),原名王继香,又名王湘,安徽含山人,沪宁铁路工人运动先驱。

1903年3月17日王再生生于安徽省含山县南乡长岗集山王村的一个雇农家庭。从9岁起,先后在当地私塾和小学读书。1919年进入芜湖芜关中学读书。当时“五四”运动的反帝爱国浪潮波及芜湖城乡,在《新青年》等进步刊物的影响下,王再生积极投身宣传新文化、新思想的爱国活动,触怒了校方,被开除出校。

1923年,王再生进入南京钟英中学读书。王再生团结几十名同学,组织“协进社”,在业余时间学习《共产党宣言》《向导》周刊等,并出版了三期《协进》刊物,向群众宣传革命真理。1924年第一次国共合作,在南京的国民党左派与共产党员、共青团员思想非常活跃。王再生在革命形势的推动下,与同学吕文远等许多革命青年一起畅谈革命,探索真理。

1925年7月,王再生由河海工科大学学生、共产党员严绍彭(严希纯)介绍加入中国共产主义青年团,随后派往浦镇铁路工会任秘书,主持工会日常工作。1925年9月,王再生由中共浦口地委书记吴芳介绍加入中国共产党。从此,将原名王湘改名为王再生,专门从事革命工作。

1926年4月,因革命斗争的形势需要,中共南京地委建立经济斗争委员会,推选王再生等为委员,以工人学校教员的公开身份,负责下关地区工人运动。几个月后,王再生便在下关人力车工人中建立了中共支部,并联系了几十名积极分子。接着,又与沪宁铁路以及英国领事馆内的工人积极分子建立了联系。1926年6月，五州工人学校、南京机务段工人夜校被军阀政府搜查。党组织考虑王再生的安全，决定调王再生等三人去上海工作。到上海后，王再生等人通过上海大学商务印书馆党的组织，很快与中共上海区委接上了工作关系。上海区委书记罗亦农分别与他们谈话，并决定王再生以中共地下党交通员的身份到沪宁铁路吴淞机厂担任领导工作。此时，中共上海党组织领导工人反军阀斗争空前高涨。1926年10月10日，全国铁路总工会在上海召开上海地区铁路工人代表会议，会议传达了上级党组织要求工人支援北伐军的指示。会后，王再生、孙津川带领5名工人前往镇江，在高资站与镇江站区间破路，导致孙传芳开往江西的军运列车在镇江翻车，铁路工人的行动在上海工人武装起义中起了重要作用。

1927年1月，王再生担任沪宁、沪杭甬两铁路党的负责人，起草了《1927年1月至2月份沪宁铁路工作计划》，明确提出“在群众中建立我们党的独立政治宣传”等观点，建议建立铁路工人运动委员会，最低限度要在上海、常州、镇江、南京等较大的车站成立党支部，最高限度要在全线各站都成立党的支部，作为全线群众运动的领导核心。这期间，王再生频繁地活动于沪宁线一带，往返于上海、南京之间。1月28日，中共江浙区委召开主席团会议，决定派孙津川、王再生等9人参加全国铁路第四次工人代表大会。2月16日至21日，全国铁路第四次代表大会在汉口召开，王再生化名王哲僧，作为沪宁铁路的代表并以扳道工身份参加会议。会后，王再生到南京传达会议精神，指导南京铁路工人运动。3月12日，沪宁铁路总工会成立。会后，王再生响应沪宁铁路总工会的号召，领导南京下关铁路工人参加沪宁、沪杭甬两路同盟的罢工。

1927年3月沪宁铁路工人大罢工

1927年4月，蒋介石发动“四·一二反革命”政变，大批共产党员和革命群众惨遭杀害。王再生根据党的指示，回家暂避。不久，王再生不顾妻子劝阻，坚持回沪投身革命工作。王再生回到上海后，继续领导吴淞机厂工作。此时的上海，白色恐怖更加严重，每天都有革命者失踪、被捕、牺牲。王再生的父亲、妻子闻后，派妻弟李永格带家书一封，专程赴沪劝其归返故里。但王再生仍以革命事业为重，继续留在上海斗争。

1927 年 6 月底，由于叛徒告密，王再生在吴淞被秘密逮捕。在监狱中，王再生面对老虎凳、辣椒水、红烙铁等酷刑毫不畏惧。敌人经过两个多月审讯用刑，搞不到一言半语，于 8 月底在龙华将王再生秘密杀害，牺牲时他年仅 24 岁。

铁路应用化学工作的开拓者

金允文

金允文(1904—2007),浙江义乌人,应用化学专家,铁路应用化学工作的开拓者。长期从事铁路蒸汽机车锅炉用煤、水质处理、机车车辆润滑和金属防腐等方面的研究,为铁路应用化学科技发展和人才培养做出了重要贡献。

1904 年 3 月 11 日金允文出生在浙江省义乌县北门荷花心一个农民家庭。自幼酷爱学习,广学博览《四书》《资治通鉴》等,初步领悟了祖国文明史,也养成了自学读书的习惯。1917 年至 1923 年,就读于金华第七中学。期间"五四"运动爆发,从反对帝国主义、封建主义的新文化运动中受到了深刻的爱国主义教育。1923 年至 1927 年,在南京国立东南大学(今南京大学)化学系读书。毕业后留校任南京中央大学化学系助教五年,并参与订购实验设备、药品,筹建化验室等基础工作。

1932 年至 1945 年,金允文先后曾在津浦、粤汉铁路局机务处、香港中国汽车制造公司南华铁工厂,广西全州机厂等单位,主持或创建化验室。分析检验铁路用材料(煤、水、油、金属)及合金钢型材主要性能、成分,并进行热处理和金相组织检查。当时,针对石油资源短缺,水质恶劣,还为蒸汽机车试制成功乳化汽缸油;用硫化桐油加菜籽油的办法调制出不同黏度的汽缸油和车轴油,分别在粤汉、湘桂、黔桂铁路上试用。

1945 年至 1946 年 7 月,金允文赴美国纽约中央铁路局考察访问。对美国铁路机车运用技术及其锅炉软水设备进行了较系统的考察,还用较多时间访问了美国标准局。以此为基础,编制了一份涉及化学分析、金属检验、汽车试验和公路试验等5个方面的仪器设备订购清单，总价值为10万美元。回国后交给交通部技监并着手购进了这批设备。

1946年8月至1947年2月，金允文任南京铁路总机厂正工程师。1947年2月至1949年5月，任交通部材料试验研究所副所长兼化学组组长。其间，曾试制出蒸汽机车用硬质润滑脂并得以应用；在国民党撤离前夕，他采用各种方法完好地保存下材料试验所的仪器设备（包括从美国购置的研究所筹备处的一部分）和档案资料，并负责上交中央人民政府铁道部。

1949年9月至1950年2月，参与筹备铁道部铁道技术研究所的工作，并兼任中国交通大学唐山工学院化学系主任、教授。1950年2月28日铁道部铁道技术研究所成立，金允文任副所长兼化学组（金属及化学研究所前身）组长。1956年铁道科学研究院成立，被任命为金属及化学研究所第一任所长，直至1975年离休。

铁道技术研究所成立时职工和家属的合影

建国初期，铁路应用研究基础薄弱，尤其是直接影响机车车辆运行安全的材料科学和应用化学的研究几乎为空白。为促进铁路运输的发展，金允文教授率先开展了铁路应用化学的研究，并将此列为铁道技术研究所的主要工作内容。承接各种铁路材料（包括煤焦、润滑、油脂、油漆、木材防腐剂，橡胶塑料、电池电镀、机车给水等）的化学分析、检定、验收以及全路系统的调研、试验。这为以后金属及化学研究所的发展打下了坚实的基础。

金允文既是铁路化学工作的开拓者，又是铁路领域应用化学技术专家。他深入现场、潜心钻研、率先垂范的工作作风，给大家留下了难忘的印象。20 世纪 50 年代初期，他亲自到丰台、商丘机务段解决蒸汽机车锅炉用水问题；60 年代，他率领青年同志分别到上海淞江大桥、北京卢沟桥、永定门桥等，进行全天候桥梁油漆的研究试验，积累了大量第一手资料。就此综合分析，首先提出了全国铁路桥梁油漆按气候区划分，选定品种的方案，得到了铁道部、化工部等有关部门的认可并在路内推广。再如，粘油罐车清洗（包括粘油罐车）及其防腐蚀是 60 年代中期亟待解决的问题，金老急现场之所急，在铁道部领导的关注下，不畏艰难，亲自走访用户、查阅文献，组织专业人员到现场反复试验，终于取得显著成绩。1972 年美国试制成功铁谱仪，用于监测铁路内燃机车润滑油衰变及柴油机故障预测的报告面世。他思维敏锐，意识到在国内应用的前景广阔，就及时在北京铁路局介绍。并由该局科研所很快试制出样机，迅速在全国范围推广

作为一名老科技专家，密切关注专业技术发展动向促进铁路运输事业发展，这已成为金老的职业习惯。不论在职还是离休，他一如既往。步入人生耄耋之年之后，金允文仍坚持查阅文献，将有关铁路科技发展信息、资料无偿交给在职人员，或在专业报刊发表。1997 年以后，90 多高龄的金允文在《铁道机车车辆》、《铁道物资科学管理》等专业期刊上发表了多篇关于表面改性技术、铁谱仪最新发展以及内燃机车柴油机润滑油等方面的文章。

2007 年 9 月 16 日，103 岁高龄的金允文仙逝。

赵文秀

一腔热血洒津浦

赵文秀

赵文秀(1904—1927),字俊升,曾化名赵益三,山东益都(今属潍坊市)人,革命烈士。

1904年8月13日赵文秀出生于山东省益都县农村的一个地主家庭。他幼年时在本村小学读书,1919年,考入益都县东关高等小学。

1922年,赵文秀考入设在益都城里的山东省立第十中学,并被选为班长,在校仅一年,又被选为学生会的"筹备员"和"副筹备长"。在国文教员、山东共产主义小组成员王翔千的教育影响下,赵文秀经常阅读《觉悟》《向导》《学灯》和《中国青年》等进步刊物,逐步认清了当时社会的黑暗。1923年上半年,除担任班长外,他还是新剧社和当年5月间成立的党、团外围组织"青州平民学会"的组织者和主要负责人之一。

1924年春,赵文秀加入了中国社会主义青年团,积极参与领导"青州平民学会"的工作,与全国各地交流斗争经验。他撰写的《青州平民学会》一文刊登在《中国青年》第61期上,还创作了《谁撒的革命种子》以及一些新诗等。8月,青年团中央批准团青州支部改为青州特别支部,直属团中央领导,赵文秀被选为团青州特别支部的组织委员。

1925年1月,中共青州支部建立,赵文秀转为中共党员。4月,他被留在青岛参与领导工人罢工1个多月,并将益都党团组织领导学生联合会募集的捐款送交青岛党组织。6月赵文秀初中毕业,被派往青岛工作。6月21日,他被选为共青团青岛地委候补委员。

1926年初,赵文秀因身份暴露,被铁路总工会调到南京津浦铁路南段浦口工务段工作，其公开身份是津浦铁路浦口工务段工会秘书，党内职务为浦口党支部书记。4 月赵文秀任共青团南京地委经委会委员，分工负责浦口工作。8 月，为迎接北伐、配合北伐军光复南京，南京各业工人代表 90 余人在浦口车站附近集会，成立南京工人代表大会筹备委员会。

1927 年 1 月，为加强对工人运动的领导，中共南京地委决定建立下关、两浦等 5 个区的职工运动委员会，赵文秀任两浦区职工运委会成员，并与文化震、钟天樾、梁永等人秘密筹建南京市总工会浦口工人纠察队。3 月 24 日，赵文秀等率领浦口工人纠察队，配合国民革命军追击褚玉璞残部，在激战中不幸壮烈牺牲，年仅 23 岁。

1927 年 3 月，北伐军攻克南京后通过长干桥入城

沧桑百载尽流芳
王柢

王柢

王柢(1911—2013),字伯柢,江西东乡人,我国著名的铁道工程专家、综合优化工程决策原则的创立人。曾任中华民国南京政府交通部材料试验所所长,后任唐山工学院、唐山铁道学院、西南交通大学教授。

1911 年 1 月 28 日王柢出生于北京。其父王辅宜系辛亥革命元老,早年留学日本,在担任南京国民政府交通法规委员会委员长期间,主持制定了交通部组织法、邮政法、航政法和铁道法等法律和法规数十种。王辅宜一生清廉,两袖清风,他爱国、为民、耿介、追求真理、不苟同的高尚品质是留给子女们的精神遗产。王柢就是在这样的家庭影响下成长起来的。

王柢先后就读于天津南开中学、北京师大附中和清华大学。1933 年大学毕业后,参加扬子江水利测量。1935 年,参加浙赣铁路江西段的修建工作。三年后,为了支援抗战,又奉调参加湘桂铁路和滇缅铁路的修建,主要从事铁路选线等多项工程设计。1944 年,王柢以全国第一名的成绩考取了政府选送的赴美深造。由于成绩极为突出,美方在迎接他们的仪式上宣布,王柢的身份改为研究员,后成为美国工程师协会终身会员。

1946 年,王柢回国后受命在南京交通部材料试验所担任所长,延聘人员,添置设备,积极开展试验工作。当时,我国铁路以木枕为主。南方多雨,木枕极易腐蚀。为了延长使用寿命,材料试验所在南方 3 个铁路局支持下创办木材防腐实验室。1948 年,南京交通部拟筹建一个大型技术研究所。1948 年下半年,南京国民政府交通部决定先将材料试验所迁往上海,待接收进口仪器设备后一同迁往台湾。王柢报着一定要把材料试验所留在大陆的信念，冒着生命危险，将材料试验所的人员与设备留在大陆，为新中国铁道部科学研究院建院奠定了基础。

1949 年起，王柢应唐山工学院（唐山铁道学院前身）土木工程系主任顾宜孙教授之邀前往执教，担任铁道系首任系主任。王柢首次在土木工程系开设铁路站场课程。中华人民共和国成立后，修建铁路的高潮必将到来。铁路车站设计人员的培养，迫在眉睫。铁路站场课程过去从未单独开设过，更谈不上现成的教材，教学内容全靠主讲教师收集资料和撰写。除英文材料外，对苏联教材，他是边学习俄文、边翻译、边撰写的。经过尽心竭力地艰苦努力，教学效果很好。土木工程系毕业生后来有不少在站场设计上有所建树。特别是 1952 届铁路线路组毕业生，绝大部分投入铁路站场设计，并成为有关设计院和高校的骨干力量，为我国站场的优秀设计作出了贡献。

西南交通大学为王柢（左）举行百岁华诞庆典

鉴于铁路建设耗资巨大，线路设计方案恰当与否对国家经济影响很大，王柢主张铁路工程建设应结合中国实际，采取科学定线坡度和曲线标准，制定符合自然条件的铁路技术政策、制定工程建设道德与法律规范，并通过各种方式与有关方面交流。20 世纪 80 年代，王柢提出综合化优质工程决策原则与方法，将动力性质与铁路技术标准等主要设计变量的经济关系，推导成不同地形分类随运输量而变的简化使用数学模型，用计算机辅助设计的优化方法解出铁路的设计量。这是国内外从来无人提过的一种新的铁路工程决策科学方法，对我国工程决策纳入科学化轨道做出了贡献。1983 年，美国铁路工程师协会代表团来华访问。作为美国铁路工程师协会老会员，王柢参加了该代表团与西南交大的交流会，并在会上首次提出了综合优化的概念。接着，王柢连续在国内外期刊上发表系列论文，得到国内外有关学者的高度评价。

1985 年筹建的侯马到月山铁路，地形复杂、工程难度很大。当时的项目预算是不得超过20亿元。可论证多次，设计预算都是22～23亿元。铁道部请王柢来到施工现场。经详细勘察，王柢根据综合优化理论提出“以牵引力与线路优化的取值来做设计”，按王柢提出的方案修改设计做出预算，结果为19.5亿元。事后经详细计算，又降至19亿元以下，为国家节省了近3亿元投资。

王柢年轻时打下深厚的英语基础，留学美国后又长期与美国专家一起工作，英文水平很高。“文革”后期，他利用业余时间自学德语，掌握了英、俄、德3门外语。20世纪70年代，国家的一部外国科技影片需要翻译，没有文字资料，他全靠听和看及渊博的知识，将翻译工作完成。直到100岁时，他还能准确无误地拼写出很生僻的英文单词。

作为杰出的教育家，王柢从1946年归国直至退休，在教育战线辛勤耕耘了数十年，倾尽心血培养了好几代优秀工程专家，桃李满天下。作为为西南交大学术和学科发展做出重大贡献的学者，王柢是西南交大学界楷模中杰出的代表，他们确立的西南交大学术精神和精髓，至今感召和引领着莘莘后来人，并为西南交大成为一流大学奠定了坚实基础。

2013年10月8日上午王柢在睡梦中平静离世，102岁的岁月之河流到尽头，为他跨越百年、波澜壮阔的一生划上了圆满句号。

马绪善

南京铁路地下党组织的领头人
马绪善

马绪善(1922—1949),安徽宿县人,南京铁路机务段客货车房检车匠,中共南京铁路车站党支部书记,革命烈士。

马绪善出生于安徽省宿县农村的一个贫困家庭,幼年随父母逃难到南京,12 岁时在下关车站附近靠卖报度日,17 岁考入日军占领下的华中铁道株式会社南京支社(简称华铁)主管的铁路检车区当了一名勤杂工,后担任检车员。

马绪善技术过硬,为人忠厚,勤奋好学,刚正不阿,特别敢于匡扶正义,很快就成为工人中一个颇有影响力的人物。1944 年,马绪善加入了中国共产党。入党后,他以更加饱满的热情投入到党的事业中,他积极向周围的工人群众宣传党的方针、政策,以扩大党的影响。

1945 年 8 月日本宣布投降后,马绪善积极地在下关一带散发传单,传单的内容是第十八集团军朱德总司令为日军投降向各解放区武装部队发布的命令。在散发传单的过程中,多次遭到汪伪警察的干涉,但他始终镇定自若,毫无惧色,出色地完成了任务。抗战胜利后,党组织迅速筹建了京沪、沪杭甬两路员工会。在组织两路员工会的过程中,马绪善始终辛勤工作在最前列。9 月 16 日,在南京地区召开的铁路员工代表大会上,正式成立了两路员工会南京分会,马绪善担任了南京分会核心领导人之一,并负责组织与经费保管工作。他在负责两路员工会机关报——《路报》的征稿和发行工作中,调查搜集统计资料,四处奔走,及时传播消息。他为铁路工人争取和平、民主、自由、解放忘我地工作着,为维护两路员工的切身利益不懈地斗争着。

1945年12月，中共南京市地下工委为了更好地领导铁路工人运动，决定成立中共南京铁路车站支部。名称虽然是“车站支部”，实际上辖管了整个南京地区所有铁路单位的地下党员，承担着在南京铁路地区宣传教育工人群众，组织开展对敌斗争的任务。车站支部的书记开始由地下党交通员马文林担任，以后由马绪善接任。

民国时期的南京下关江边

1948年9月7日，由于叛徒出卖，马绪善被捕。在狱中，他始终坚贞不屈，严守党的机密，保持了一个共产党员的高尚情操。不久，马绪善便被押解到上海并遭国民党秘密杀害，牺牲时年仅27岁。

第三篇 中华人民共和国时期

Chapter Three
The Period of People's Republic of China

顾懋勋

康奈尔归来的桥梁专家

顾懋勋

顾懋勋(1896—1975),江苏无锡人。铁路桥梁工程专家,全国劳动模范,第四届全国政协委员。民国时期,曾任江苏省建设厅工程师、津浦铁路局课长、浙赣铁路局桥梁处总工程师。建国后,历任铁道部部设计局桥梁科科长,大桥工程局施工技术处副处长,武汉桥梁工程学院教务长、副院长,铁道部大桥工程局副总工程师。

1896 年 12 月 25 日顾懋勋出生在江苏无锡堰桥的一个普通农民家庭。顾懋勋 4 岁时,父亲英年早逝,只留下他和母亲两人相依为命,幸而有大伯顾叶舟帮忙照顾,使他得以顺利成长。顾懋勋从小聪明好学,读私塾时提出的很多问题已经难倒老师,于是大伯就将他转到无锡东林小学念书。

1911 年底,顾懋勋以优异成绩考取南洋公学(上海交通大学前身)中学部,1915 年以优异的成绩转入该校大学土木系,并在 1919 年以第一名的成绩毕业,后被交通部派遣出国,就读于美国康奈尔大学。1922 年,顾懋勋获得了土木工程硕士学位,毕业后他在美国工作了两年,任美国桥梁公司设计员。

1924 年,顾懋勋回国,先后担任上海亚细亚煤油公司工程师、江苏省建设厅工程师、津浦铁路局高课课长。在津浦铁路局工作期间,顾懋勋首次负责的铁路桥梁工程是抢修在北伐战争中被毁的济南黄河大铁桥。这座建于 1909 年的铁路桥梁,位于津浦铁路北段,当时已中断通车 8 个月之久,修复极具战略意义和经济价值。津浦铁路管理局接到修复命令,派顾懋勋率队前往抢修。顾懋勋克服重重困难,在较短的时间内完成了大桥的修复任务。

当满载重荷的试运列车开上抢修好的大桥时，震耳的隆隆声掩盖不住他内心的喜悦。

1931 年，南京西郊要建广播电台，电台总工程师不懂土木建筑，请顾懋勋当顾问。在顾懋勋指导下，电台顺利建成，并成为当时东亚最大的广播电台，时至今日仍在使用。

1937 年，抗日战争爆发，顾懋勋随国民政府内迁。在重庆和贵阳期间，顾懋勋一直和我国著名桥梁专家茅以升共事，曾任叙昆铁路局桥梁股主任。其间多次受命冒着危险前往大江大河检查被日军空袭破坏的桥梁（如黄河大桥、赣江大桥等），并提出抢修意见。顾懋勋还担任内迁到重庆沙坪坝的中央大学兼职教授，多次到校开设有关桥梁设计方面的讲座，有时直接用英语教学，受到普遍欢迎。

抗战胜利前夕，国民政府派茅以升等高层技术人员去美国考察，顾懋勋为团员之一。考察结束，顾懋勋在上海资源委员会工作一段时间后，又被委派到杭州浙赣铁路局任桥梁工程处总工程师。

1950 年顾懋勋奉调北京，担任铁道部设计局桥梁科科长。他不习惯坐机关，主动提出参加实际桥梁设计工作。此时，武汉长江大桥正在筹备建设中，顾懋勋被派至武汉，任铁道部大桥局副总工程师。

顾懋勋和妻子过兰谷及女儿顾墨琳合影

武汉长江大桥的设计是在苏联专家帮助下完成的。为了方便与苏联专家交流，顾懋勋努力学习并很快掌握了俄语。最初，苏联专家的方案是大桥跨江面和跨陆地部分均采用钢结构，顾懋勋认为这样造价比较大，提出大桥的跨陆地部分改用钢筋混凝土结构。在那个年代否定苏联专家的意见是要有相当勇气的。顾懋勋的意见最后得到苏联专家的赞同，这一修改为国家节省了大量的建设资金。据介绍，武汉长江大桥（连同配套工程）总投资预算是 1.72 亿元人民币，实际只用了

1.384 亿元。

顾懋勋在武汉长江大桥建设中的贡献得到党和国家的充分肯定，他在 1956 年先后被评为湖北省劳动模范、铁路先进生产者与全国先进生产者，并在北京召开的全国先进生产者代表大会上发言，受到毛泽东等党和国家领导人的接见。

1957 年武汉桥梁工程学院成立，顾懋勋受命先后担任该院教务长、副院长，为祖国培养桥梁工程人才作出了贡献。“文革”期间，顾懋勋受到牵连，心情抑郁寡欢。1972 年后，顾懋勋身体渐差，行动不便，以致瘫痪卧床。

1975 年 11 月 16 日，顾懋勋在汉阳病逝，享年 79 岁。

石志仁

铁路机车车辆工业的开拓者
石志仁

石志仁(1897—1972),字树德,河北乐亭(原属昌黎县)人,机械工程专家,铁路机车车辆工业的组织者和开拓者。长期主持铁路科技工作,在建立我国铁路工业体系,发展铁路科技事业等方面做出了突出贡献。

石志仁1897年3月1日出生,1909年就读于天津南开中学,1918年考入北京大学预科,同年考入香港大学机械科公费生,1922年毕业。后公费留美,入麻省理工学院机械科,1924年毕业获硕士学位,继续攻读博士学位。后因受当时“实业救国”思潮影响,放弃撰写中的博士论文,深入工厂,现场考察。

石志仁1926年回国,先后任天津北洋大学机械系教授,沈阳东北大学机械系主任教授。1928年任北宁铁路机务处工程司,1929年任沈阳皇姑屯铁路工厂厂长。1930年赴美监造进口机车,并在欧美考察铁路。回国后,先后任唐山铁路工厂厂长、京沪和沪杭甬铁路机务处副处长,津浦铁路机务处处长兼全国总机厂总工程师。抗日战争爆发后,石志仁撤往西南地区,任湘桂铁路局局长,积极组织后撤的铁路职工抢修铁路,维持运输,支援抗战。1944年日军向西南侵犯,湘桂铁路相继沦陷。石志仁撤往重庆,任交通部路政司司长,全国总机厂厂长。1945年抗战胜利后,石志仁任平津区交通特派员,主持接收铁路、公路、邮政、电信和航运,后任平津铁路局局长。1949年初,北平和平解放,石志仁主动配合人民政权接管铁路,恢复生产。

1949年10月,石志仁被任命为铁道部副部长,致力于改变原有铁路工业的落后面貌。他针对工厂生产结构的综合性,各类产品组成结构的复杂性，以及设备陈旧简陋、工艺落后、布局不合理、管理分散等状况，约用了10年左右的时间，以很大的魄力和周密的组织，完成了对原有机车车辆工业的调整、改革、改造和扩建任务，并修建了一批新厂，从而缓解了工业生产与铁路运输不相适应的状态。

石志仁根据原有35个铁路工厂的条件、分布状况，经综合平衡，实行迁、停、并、转的方针，保留了生产条件和技术基础较好的20个工厂。作为骨干企业，将唐山、长辛店铁路工厂收归铁道部直属，并在此基础上，逐步将20个工厂收归铁道部统一管理。为尽量增加机车车辆，石志仁组织一些规模较大，技术力量较强的工厂，克服重重困难，开始仿造第一批国产客货车辆。1952年初，从原有骨干工厂中选定6个由修转造，创立了我国机车车辆制造工业基地。1952年6月26日，国产第一台蒸汽机车，在青岛四方铁路工厂光荣诞生。中国铁路开始制造机车车辆，标志着我国独立自主、自力更生的铁路工业，在东方大地兴起。

1956年，石志仁赴匈牙利参加社会主义国家铁道部部长会议

在研制国产客货车上，石志仁倡导要从中国铁路多拉快跑的实际出发，货车要适应长、大、重的装载与编组的特点，设计制造应考虑坚固耐用、便于装卸机械化，缩短装卸作业时间等要求；客车设计制造要以轻、快、稳为目标，达到舒适清洁、美观大方、用途齐全的要求。为此，他提出要研制大容量减振装置、大容量缓冲装置、高效能的制动减速装置和高强度的车钩牵引装置等，以保障运用安全。在石志仁的决策和广大铁路科技人员20余年的艰苦努力下，机车车辆从仿造到自行设计制造，生产出了运输发展所需要的机车车辆和装卸起重设备。实践证明，石志仁倡导的机车车辆现代化原则和方针是正确的。

石志仁为铁路科技发展做出了卓越的贡献。20世纪50年代初，根据科研工作的需要，石志仁组织指导修建铁道科学研究院北京东郊环形铁路试验段，为发展新型机车车辆的研究和其他铁路科研项目，提供了良好的试验场所。按照石志仁的建议，铁道部于1959年决定组建以产品研究为主的机车车辆专业研究所。先后成立了大连热力机车研究所、四方车辆研究所、株洲电力机车研究所和戚墅堰工艺研究所，分别设在各对口厂附近。这样便于科研和工艺技术的更新，使科研成果得到及时推广应用。对采用新技术、新工艺、新材料、新装备，对发展检测技术，传递科技信息以及对技术标准的制定和验证等，都起着重要作用。石志仁的这一远见卓识为中国机车车辆工业的发展起了极为重要的作用。

石志仁1955年当选为中国科学院技术科学部学部委员（院士），兼任国家科委机械组副组长，铁道组长。他积极参加组织制定国家科技发展规划；和国内知名专家、教授共同倡议成立中国机械工程学会，被推选为副理事长、理事长，对推动我国机械工业学术交流发挥了重要作用。

石志仁一生艰苦朴素，为人正直，坚持真理，追求进步。认真学习马列著作，拥护共产党的领导，热爱社会主义祖国。为社会主义铁路事业兴旺发达，鞠躬尽瘁，充分显示了一个技术专家崇高的爱国主义精神。

石志仁1972年1月1因病在北京逝世，终年75岁。

顾宜孙

中国铁路工程教育先驱
顾宜孙

顾宜孙(1897—1968),江苏南汇(今属上海市)人,结构工程专家、铁路工程教育先驱,历任唐山交通大学(今西南交通大学)教授、系主任、教务长、校长,为中国铁路事业和教育事业做出了重大贡献。1954 年受铁道部长滕代远之聘任武汉长江大桥顾问委员会委员,1956 年被评为新中国第一批一级教授。

顾宜孙,字睛洲,1897 年 10 月 10 日出生于江苏省南汇县(今属上海市)一个世代书香的家庭。其父顾良壁任南汇第一高等小学校长 20 余年。1915 年顾宜孙考入上海交通大学土木工程系,1918 年以优异的成绩毕业,获工学学士学位。当年考取清华学堂公费留学,同年秋赴美国,在康乃尔大学研究院作研究生,研究对象以结构工程为主兼铁路工程及力学。1919 年获硕士学位;1921 年获哲学博士学位(当时尚无工学博士学位)。1921 年 7 月至 1922 年 10 月在纽约 Moran-Maurice-Proctor 顾问工程处任技术员,参加过哈得逊大桥、美国国家储备银行、华盛顿纪念碑等的设计,受到重视。但他感到为外国人工作没有意思,毅然于 1922 年底回国。这时,以他的学识和才能不难在大城市谋取职位,可他深知当时的中国需要大批工程技术人才,便接受康乃尔同学侯家源之邀,来到当时较为偏僻的唐山交大任教。

1937 年"七·七"事变后,唐山沦陷,学校师生被迫南迁。顾宜孙抛家舍亲,只身从上海乘船绕道越南进入昆明。当时的云南省主席礼聘他在云南大学任中英庚款特约讲座。但当他得知交大唐院已在贵州平越复课后,即在一年合同期满后赶赴平越。他和罗忠忱教授等齐心协力,苦心支撑着学校渡过一个又一个难关。即使在异常艰苦的条件下，他也从没放弃对自己理想的追求。

1944年秋，日本侵略军突袭贵州，校长罗忠忱不得不于12月初宣告学校就地解散，师生各自设法到重庆集合。顾宜孙临危受命，担当起去重庆寻觅并筹建新校址的艰巨任务。他到重庆以后，奔走于茅以升等几位老校友及当时的教育部和交通部之间，经多方努力才在璧山丁家坳觅得交通部某培训班留下的几栋简易房屋作校部和教室，租下附近几栋民房院落作学生宿舍，另建几栋临时草房作教授宿舍。他日夜操劳，筚路蓝缕，计工估料，终于在1945年1月中旬接纳了所有逃难来渝的师生员工，并按计划开课，使学校得以弦歌不辍。不久，顾宜孙接替年逾花甲的罗忠忱担任交通大学贵州分校校长。

抗日战争胜利后，顾宜孙克服重重困难，操持着学校返回唐山，于1946年11月复课，校名改为国立唐山工学院，他仍任院长。1948年11月，唐山工学院大部分师生及家属南迁上海。迁沪后，仍有人主张继续南迁，甚至有人提出迁往台湾。在这关键时刻，顾宜孙和许多师生坚持在上海等待解放，保护学校免遭更大的损失。此时，心力交瘁的顾宜孙接受茅以升等校友的建议，聘请唐振绪为水利工程教授并代行院长职务。

顾宜孙（前右二）与交大唐院同事合影

中华人民共和国成立之初，担任教务长的顾宜孙协助学校领导多方面延揽人才，邀请各学科有关名师和自己在国外的学生来校执教。1963年顾宜孙出任主管教学、科研和研究生工作的副院长。顾宜孙在组织和领导教学工作中十分重视学科的设置。他随时关注国内外各大学土木工科必修、选修课程设置，课时多少等等，作出比较分析，提出交大唐院课程设置的建议。交大唐院土木学科起初只有一个土木系。学生在校涉猎土木系有关的各个专业，毕业后的就业面宽，但在校时不能根据自己的爱好和特长在某一个专业上进行更系统、深入的钻研。针对这一情况，学校开设了铁路、结构、水利、市政卫生和建筑五个专门组，指导学生在四年级时选修课程，选择毕业论文题目或毕业设计项目。这样培养出来的土木学科各类专门人才很受设计、施工单位欢迎。顾宜孙十分注意试验室的建设。他制订了详细的试验室发展、建设和实施计划。在他不懈的努力下，逐步建成了材料力学、土力学、建筑材料、偏光弹性分析、工程结构试验室，在教学和科学研究方面发挥了较大作用。

顾宜孙治学严谨，教学有方。在数十年的教学生涯中，始终兢兢业业、一丝不苟，一贯重视教学质量和教学效果。他讲授构造理论（即结构力学）、高等结构理论（超静定结构和二次应力）、钢筋混凝土结构设计、钢桥设计等课程。对每堂课所要讲的内容，总是将其要点、难点、关键写成笔记。上课时，先将讲课内容的要点写在黑板上，学生都抄好后，便进行讲解，他讲解清楚，条理分明，重点突出。学生容易掌握他的思路，教学效果极佳。他有崇高的师德，重视教师在教学中的主导作用。对教学基本内容，一是要讲清楚，二是要求学生的基本功一定要扎实，不迁就不讲情面。同时，他也注意发挥学生在学习中的主体作用，善于调动学生学习的积极性，培养学生分析问题和解决问题的能力。他学识渊博，不断更新教学内容，开阔学生眼界。他十分重视青年教师的培养，要求青年教师要有扎实的基础，不能只会教一门课程，而应掌握与本专业有关的基础理论课程和基础技术课程，然后再专精一门，这样才有后劲。

1966 年 6 月，铁道部决定唐山铁道学院（今西南交通大学）西迁四川峨眉。年已 69 岁高龄而且抱病的顾宜孙，毅然从唐山来到峨眉。

1968 年 8 月 24 日，顾宜孙因病在上海逝世，终年 71 岁。

梅旸春

新中国第一代桥梁专家

梅旸春

梅旸春(1900—1962),谱名炳沣,字秀珊,江西南昌县人。我国杰出桥梁专家,曾参与设计或主持建设钱塘江大桥、澜沧江大桥、武汉长江大桥和南京长江大桥等多座特大型桥梁。

梅旸春1900年12月1日出生,早年聪颖,1917年南昌中学毕业后考入清华大学土木系,后又入电机系加读两年。1923年毕业后赴美入普渡大学机械系学习,1925年毕业获硕士学位。但其志愿却在桥梁事业。梅旸春本想及时回国,但当时国内桥梁事业很不景气,没有大的工程,而且复杂的技术却掌握在洋人手里,为了更多地参与实践,决定留在美国费城桥梁公司工作。

1928年梅旸春回国,在南昌工业学校教书。1934年,茅以升博士组织筹建杭州钱塘江大桥,聘梅旸春为正工程师。钱塘江大桥是一座公铁两用桥,在当年是很了不起的工程。旧中国的钢铁工业十分落后,造桥必须购买外国钢材并由外国桥梁厂制造。当设计图纸完成,向英国道门朗公司承订时,道门朗公司拘泥于本身经验,提出修改图纸。梅旸春以精辟的理论和实际经验,据理力争,使对方折服,为中国工程师扬眉吐气。

1936年,梅旸春赴武汉担任市政府工务科长,主持武汉大桥设计前期工作。1938年武汉沦陷,梅旸春辗转昆明,担任原交通部桥梁设计处正工程师,参加滇缅公路桥梁建设。1940年转任湘桂铁路南工程局正工程师,完成其关键工程柳江大桥的设计和建设,受到交通部的特别嘉奖。抗战胜利后,梅旸春担任中国桥梁公司武汉分公司经理兼总工程师。

1949 年武汉解放。作为桥梁专家，人民政府给梅旸春以极大的信任，派他随军南下，参加抢修粤汉线被破坏的桥梁。后被任命为铁道部设计局副局长。同时，中央决定兴建武汉长江大桥，铁道部任命他兼任武汉长江大桥测量钻探队队长，组织和带领勘测人员在武汉三镇桥址范围内，进行了大规模的测量、钻探和调查工作。

20 世纪 50 年代，梅旸春（右三）等和苏联专家合影

1950 年下半年，交通部组织成立武汉长江大桥设计组，并在北京着手进行设计，梅旸春来往忙碌于京汉之间。梦寐以求的修建武汉桥的愿望即将实现，再加上党的关心和重用，梅旸春以感激和振奋的心情投入紧张的工作之中。1953 年武汉大桥工程局成立，担任局副总工程师的梅旸春从武汉长江大桥的规划、设计，到施工布局，配合苏联专家，与全国调集而来的桥梁界精英共同进行大桥的建造。梅旸春经常出现在施工现场，进行检查指导。大桥工程虽然艰巨，但进行得非常顺利和神速。武汉桥虽然有苏联专家参与，但具体的设计、制造和施工都是国人的力量，很多难题是中苏两国的技术人员共同解决的，而其中多属于中国技术人员的创造性思想。1957 年武汉长江大桥建成后，梅旸春又按照铁道部的要求，着手研究南京、芜湖、宜都三大桥的技术问题。

1958 年，中央正式决定修建南京长江大桥，将武汉大桥工程局改名为大桥工程局，并任命梅旸春为总工程师。第一座用国产材料，国人自己设计、自己施工、自己制造的特大桥梁工程拉开了序幕。在江面更为开阔和水深、地基条件更为复杂的南京建桥，梅旸春深感责任重大，困难更多，他反复查阅了有关资料，再根据已得的测量钻探记录，并吸收各方有益的意见，形成了初步的全貌设想。梅旸春善于发现人才，择优培养使用。一经他的任用，往往能人尽其才，才尽其用。同时，在民主的基础上，遇事当机立断做出正确的决定，并在实践中勇于承担责任。工程以很快的速度进行着，当巨大的桥墩出现在辽阔的江面上时，日夜操劳的梅旸春和全体大桥建设者们一起分享着胜利的喜悦。此时，梅旸春年事已高，长期患有高血压症，加上紧张的工地生活，对他的疾病相当不利。有一次发病，梅旸春仍坚持带病工作，直到病倒在卧室中。获知梅旸春病重的消息，铁道部吕正操部长亲自安排，联系空军，用专机将著名的心脑血管专家送往南京，终于把梅旸春从死亡线上抢救回来。1962 年早春，身体稍有恢复的梅旸春又向往着热火朝天的工地。然而，组织上本着对梅旸春高度负责的精神，决定送他回北京治疗休养。行前，满足他所提出的要求，再去南京长江大桥工地看一看。谁知，因情绪激动，晚间脑病复发，抢救不及，于 1962 年 5 月 12 日在南京病逝。

1968 年 12 月，南京长江大桥公铁两用桥全部建成通车。1985 年，南京长江大桥建桥新技术荣获国家首届科技进步奖特等奖。此时，梅旸春虽然已辞世 20 多年，但是党和人民没有忘记他，仍然推举他为第一获奖者。梅旸春的卓越业绩，将永远载入光荣的中国桥梁史册。

茅以新

著名铁道机械工程专家
茅以新

茅以新(1902—1990),江苏镇江人,铁道机械工程专家。长期从事铁道机车车辆的运用、维修、制造工作,中华人民共和国成立后,主持机车车辆技术工作,在制订铁道技术政策,促进铁道科技发展和提高装备水平等方面做出重要贡献。

1902年6月茅以新出生于六朝古都南京。从小家学渊源,家教颇严,祖父、父亲均为学者,两个哥哥早期赴日、美留学。古都的文化底蕴和有着浓厚文化气息的家庭环境为他从小的学习、思维启迪创造了良好的环境。茅以新中学时从南京赴上海,进入南洋中学,毕业后考入上海工业专门学校。1919年因参加“五·四”爱国学生运动被开除,经二哥茅以升斡旋,转入唐山工业专门学校机械科。1921年上海、唐山两校共同组建交通大学,土木科归唐山、机械科归上海,因此茅以新又随唐山机械科返回交通大学上海学校,毕业后因成绩优秀被派赴美留学,入普渡大学,为该校早期的中国留学生。两年后毕业获硕士学位,取道欧洲回国服务。

1929年,茅以新应聘进入浙赣铁路。当时浙赣铁路正在修建,时值日军侵华形势日紧,全体员工昼夜赶工,于抗战爆发前夕全线贯通。茅以新领导全线的机务工作,白手起家,采购设备,培训机车技术人员,建立规章制度,使新建线路随修随通,得到交通部门的银盾奖牌。1935年,铁路工程专家凌鸿勋主持修建粤汉铁路株韶段,慕名聘请茅以新去长沙主持粤汉铁路的机务工作。茅以新认真整顿,以身作则,迅速使工作进入正轨。抗日战争爆发后,浙赣、粤汉两条铁路相继沦入敌手。茅以新与老专家程孝刚一起筹建机车总厂。他亲自参与在株洲选址、修建厂房、选购工厂设备等，赶在抗战爆发初期开始修理机车车辆，后因日机轰炸，被迫在湘黔沿线建三个工厂。茅以新受命在柳州建柳江机器厂，为了选择合适的地址，他亲自在湘桂线的山林、野地来往奔波。因为要选择一个既靠近公路，便于运输，又靠近山谷，以防空袭，既要有山洞，又要有水源的地方建厂，最后找到了柳州郊区羊角山附近的一片荒地。当时柳州不通火车，除场地外一无所有。茅以新和他的助手艰苦创业，组织铁路撤退下来的技工，利用一部分旧机器，办起一个不要政府补贴的几百工人的柳江机厂。茅以新为了使工厂能及早投入生产，先把一些机器设备安装在山洞里，一边建厂房，一边开工生产。职工们都住在临时搭起的木棚里。虽然生产条件和生活条件都很艰苦，但广大员工在抗日爱国热情的感召下，团结一致，同甘共苦，制造出工作母机、车用配件以及超长卡车拖车等，工厂办得生机勃勃。在 4 年多的时间里，为柳江厂赢得了信誉，满足了在抗战条件下内地多个工厂对机械产品极其迫切的要求。工厂名声远扬，一些优秀技术人员不远千里投奔而来，对茅以新的工作精神都很敬仰。1945 年抗战胜利，茅以新被派去美国接受战后救援物资，回国后继续在粤汉铁路任机务处长，副局长。

青年时代的茅家三兄弟，左起茅以升、茅以南、茅以新

解放初期，铁道部领导从各铁路局选调副局长、总工程师一级的工程技术专家进入铁道部领导机构，他们受到部领导的重视和信任，都被安排在主要技术部门。茅以新 1950 年由粤汉铁路局调到铁道部，先后在机务、车辆、技术局任副局长兼总工程师，是全路知名的机车、车辆专家。他闻名全路不仅因为对铁路的已有贡献，还有他“喜新去旧”的探索精神。茅以新善于开动大脑机器，时刻思考着，或者改进已有的或者设计出新型的，以实现新中

国铁路更安全有效的运行。

1982 年，茅以新升任铁道部技术顾问（副部级），同时担任中国铁道学会副理事长和车辆委员会主任。他多次对铁路建设提出建设性建议，亲自撰写了《略论我国铁路车辆几项基本标准》《沿曲线自导向运动的转向架》等学术论文，受到好评。他是全国政协委员，多次参加政协所组织的参观考察及调研活动，积极提出建设性提案。他 84 高龄时还参加海南岛视察，并提出海南岛加速开发的建议。

在事业上，茅以新是一位极富有开拓性的实干家。他热爱工作，忘我无私，做工作从不讲条件，从不自我矜伐。凡是和他一起工作过的人，都为他的精神所感动。茅以新的二哥茅以升是著名的桥梁专家。茅以新对兄长一向是尊而敬之，不多言语，甚至外人都不大知道他们的亲兄弟关系，可见茅以新低调做人的风格和朴实无华的情操。

茅以新 87 岁时患了老年性绝症，1990 年 12 月与世长辞，虽然他已离我们远去，但他锐意进取的品质将永远是我们的榜样，激励后人继续奋斗。

图算及摄影测量学的一代宗师

罗河

罗河

罗河(1904—1988),字润九,江苏涟水人,图算及摄影测量专家,西南交通大学资深教授,一生从事图算及摄影测量学研究和测绘教育。是我国最早从事航测解析法和图算研究的学者,建立了摄影测量制图的解析方法和复杂算式共线图的绘制方法,在图算及摄影测量领域做出了重要贡献。

1904 年 5 月 30 日罗河出生于江苏省涟水县一个书香世家。父亲罗鸿慈为清代拔贡生,曾任当地中学校长,在日军占领期间,因拒绝出任伪县长,在狱中绝食身亡。罗河自小受到良好的家庭教育与熏陶,学习刻苦认真。罗河 1918 年考入江苏省立第九中学。1922 年夏同时考取北洋大学与交通大学唐山工学院(今西南交通大学)。在北洋大学就读月余,又慕名到唐山工学院攻读土木工程。大学毕业后,曾在京(南京)沪铁路工务处任工务员,1934 年春回唐山工学院任专职测量教师,是该校第一位专职测量教师,1940 年升任副教授,1943 年升任教授。1945 至 1947 年公派赴英国剑桥大学进修及学术研究。回国后继续担任唐山工学院教授。1948 年唐山工学院南迁上海,他反对无效,拒绝南行,赴京等待解放并暂时执教于北京大学工学院。

唐山解放后,罗河积极配合与协助解放军军代表对唐山交大的接收工作。1949 年 4 月,他出任唐山工学院复校委员会主任,对学校发展提出了很多积极的建议,如从速延聘知名教授,增设新专业等,都为上级领导所采纳。当时延聘了一大批知名教授,师资队伍迅速扩大,除了原有的土木、建筑、采矿、冶金专业外,又新增了电机、机械、化工等专业,使学校在工科院校中位居全国前列。罗河在唐院曾先后担任过教务主任、副教务长、教务长等职,还兼任过唐山业余工学院副院长。唐山解放不久，罗河即被任命为唐山市副市长、唐山市科协主席、河北省科协副主席。

20世纪50年代，罗河（左二）率团访问苏联

罗河自幼酷爱数学。在学生时期，他即发现了三角形内的四对垂直线的关系，用直尺和圆规解算线性方程组的方法以及用几何作图法等分圆周为质数等分的方法。1927年，年仅24岁的罗河就在《科学》及《学艺杂志》上，先后发表了《有法多边形的三角形解法》《圆周的等分》，《一次联立方程式图解法》《三角形的几何学之一问题》。这些问题，有的是前人没有解决的，有的虽已由世界著名数学家解决，但他从另一途径作了新的解法。1985年，他将零散发表在中外刊物上有关初等数学的文稿，汇编成《初等数学趣探》一书，由中国铁道出版社出版，丰富了初等数学的学术园地。

在20世纪30～40年代，我国已经开始应用航空摄影测量测绘地形图，采用的方法是模拟法，所用的设备是价值十分昂贵的精密光学仪器。当时，中国没有制造这种仪器的能力，因而要推广这种先进的测绘方法十分困难。如要推广，就必须寻求摆脱精密光学仪器的方法。罗河在英国进修时，就开始进行航测解析法的研究，试图用简单的坐标量测设备，辅以计算来解决航测制图问题。这是开中国航测解析法先河之举，他于1950年在美国土木工程年刊上发表了《航空摄影的数学分析》，此后一直从事这方面的研究。

苏联学者对罗河的研究颇为赞许，曾一度作为中苏合作的科研课题。1957至1964年间，罗河又先后发表了《航空摄影测量的分析制图法》、《空中三角测量的一般解析法》和《以射线角为根据的解析法空中三角测量》等论文，全面系统地阐明了以射线角为基本要素的解析空中三角测量的完整理论体系，并提出了各种可能的实验方案。而国内的摄影测量学界60年代末才开始进行了这方面的研究。1976年后罗河又开始了因“文革”中断十年的科研工作，发表了《由互不相关独立模型构成区域地形》等研究论文。1979年，他针对国际摄影测量界都普遍关注像点坐标的系统误差处理问题，又发表了《以射线角为根据的三连像片独立模型法区域网平差》一文，提出了一种补偿系统误差的方法。

罗河不仅是著名的专家学者，也是著名的教授。他是新中国第一批大学一级教授，当时唐山工学院仅有两名。罗河的教学，以少而精和严谨著称。他特别注意严格要求学生，在测量实习时，学生的每一步操作，他都悉心指导，每一个记录数据，他都细心检查。不符合要求，必须重做。他主张教给学生的知识要有超前性，为将来的发展储备后劲。他不主张学生只看一本书，而是要求学生多方参考，以扩大知识领域。他特别注意培养学生的思维能力和灵活运用知识的能力，对于他的考试学生只有透彻理解，才能取得好成绩。罗河教育下的学生，都练就了很扎实的专业知识和理论功底，也养成了一种良好的治学习惯。这种作风，在西南交大的师生中，已形成了一种优良传统。

1988年10月14日，罗河因心脏病猝发逝世，享年84岁。

黄逸峰

上海铁路局首任局长
黄逸峰

黄逸峰(1906—1988),原名黄承镜,江苏南通人。久经考验的共产主义忠诚战士,著名社会科学家,参与创建中国人民解放军铁道兵,曾任上海铁路局建国以后第一任局长。黄逸峰的一生,坚信革命,追随信仰,虽其坎坷,矢志不渝。

1906年7月22日黄逸峰出生于江苏省南通市东台县城的一个商人家庭,父亲经营木行,家庭生活小康。黄逸峰5岁时被父亲送到秀才蔡召然主持的东台私塾启蒙读古文。12岁时,在南通师范教书的表兄说服黄逸峰父亲,带黄逸峰进南通师范附属小学读书直至毕业。

1922年下半年,黄逸峰考入南京东南大学附中初中班,第二年便跳级进入高中班。1924年至1926年,黄逸峰先后考入上海中国公学大学部、复旦大学商学院和暨南大学就读。1925年8月,黄逸峰加入中国共产主义青年团,10月转为中国共产党,从此开始了其7次被捕、3次被迫离党又再次入党的传奇人生。

1927年春天,在上海工人三次武装起义中,刚刚跨出校门的黄逸峰带领工人纠察队率先攻下闸北区第五警察署,为起义立下首功。"四·一二"事变当天,黄逸峰从国民党26军2师司令部救出被扣押的周恩来,亲自护送周到江浙区委秘密机关,为此受到时任中共中央总书记陈独秀的接见和嘉许。刘峙部队进驻闸北后,即将黄逮捕,后获释。这是第一次被捕。1927年6月,中共江苏省委调派黄逸峰任南京地委书记,他到南京还没来得及开展工作即被捕。这是第二次被捕,2个月后获保释放。1928年2月,黄逸峰被任命为南通特委书记，到任伊始又被国民党逮捕，被判10个月徒刑。这是第三次被捕。1929年3月，黄逸峰任全国铁路总工会秘书长，被怀疑政治立场动摇，中共组织割断了与他的联系。这是黄逸峰第一次被迫离党。黄逸峰1930年流亡南洋，因组织进行抗日和共产主义宣传，先后遭到暹罗政府三次逮捕，这是第四、五、六次被捕，1934年被变相驱逐出境。从南洋回国后，黄逸峰考入京沪、沪杭甬铁路局机务训练班，毕业后分配到铁路局机务处任职，因组织领导铁路青年职工开展反贪污和抗日救亡活动，于1936年冬又一次被南京政府逮捕。这是第七次被捕，虽很快获释，但由于拒绝陈立夫劝其加入国民党的"美意"，被迫离开了铁路局。

1941年3月，经陈毅等介绍，黄逸峰被批准重新入党，并奉命组建新四军"联抗"部队，担任司令员兼政委。1946年初，黄逸峰担任国共和谈北平军调部中共代表团交通处少将副处长，是中共历史上早期少数被授予军衔的将军之一。

解放初的上海铁路管理局(沪宁沪杭甬铁路局原址)

1947年，鉴于黄逸峰是党内少有的熟悉铁路业务的人才，他被调派到东北担任东北铁路局副局长兼铁路学院院长、东北野战军铁道纵队司令员兼党委书记。为了配合前方战场需要，黄逸峰接管东北铁路、抢修铁道、培育铁路专业人才。随着辽沈战役、平津战役的打响，黄逸峰率领铁道纵队，顶着敌人飞机的轰炸，冒着密集的炮火，不畏艰险，抢修铁道桥梁，确保解放大军的通行，战时物资的供应，成为人民解放军解放全中国名副其实的"开路先锋"。同时，为创建中共历史上的第一个技术兵种——铁道兵立下了汗马功劳。1949年3月，黄逸峰卸任。5月，铁道纵队扩编为铁道兵团，滕代远任司令员兼政委。

上海解放后，黄逸峰出任第一任上海铁路局局长，后调任华东军政委员会交通部部长兼党组书记。黄逸峰就任华东交通部部长之初，创办了华东交通专科学校并兼任其校长。黄逸峰的学者风范受到学校师生的广泛认可，但华东交专很快又给他带来了灭顶之灾。1951年12月，华东交通专科学校学生在《人民日报》上发表了《华东交通专科学校存在混乱现象》一文，黄逸峰听到汇报后，态度不够冷静，处理方法欠妥，以至于在舆论界及各级掀起了轩然大波，最终惊动了毛泽东。毛泽东批示："压制批评，轻则开除党籍，重则交人民公审。"黄逸峰因此成为建国初期仅次于刘青山、张子善等人的党内反面高级干部典型。1953年初，黄逸峰被开除出党，这是黄逸峰第二次被迫离党。黄逸峰被调入上海经济研究所，这个转折是他人生的坎坷，却也帮助他实现了向学者的转变。

黄逸峰在建国初期特殊的政治背景下被清除出党，好在事后毛泽东也意识到对黄的处分过于严厉，黄逸峰于1956年底被批准重新入党。但这并不意味着他的厄运到此结束，在随后的"文化大革命"期间，他第三次被清除出党，并被关进"牛棚"，下放"五七"干校，接受数不清的审查，身心备受摧残。

改革开放后，黄逸峰迎来了自己命运的又一个春天。1978年11月，年过古稀的黄逸峰受命重建上海社会科学院，以一个知识分子的执着，不顾年老体弱，日夜操劳，忘我工作，致力于中国近代经济史研究，取得了斐然的学术成就，并迅速奠定了上海社科院的科研基础。在后来的20多年里，黄逸峰先后担任上海社科院的院长、学术委员会主任和名誉院长，共发表学术论文49篇，出版专著13部。

1980年9月26日，黄逸峰不顾疲劳，到上海交通大学讲学，不幸中风昏倒。在病榻上，黄逸峰欣慰地听到自己回到党组织的消息。1988年11月27日，黄逸峰与世长辞，享年82岁。

汪菊潜

不辱使命,殚精竭虑

汪菊潜

汪菊潜(1906—1975),祖籍安徽休宁,我国著名铁路桥梁工程专家,中国科学院院士。毕生致力于铁路桥梁工程实践,主持设计、施工并成功地抢修了包括钱塘江大桥和郑州黄河老桥在内的多座特大型桥梁,参加并主持建造南京长江火车轮渡北岸栈桥工程,会同苏联专家主持武汉长江大桥技术工作,并为南京长江大桥建成把关开路。

1906年12月19日汪菊潜出生于上海,因家境贫寒,从小在教会学校自助部半工半读。毕业后因成绩优异被保送入东南大学,半年后考入南洋大学(现上海交通大学)。因立志学土木工程专业,于次年转到交通部唐山大学(后称唐山交通大学)土木系。1926年以本科第一名的成绩毕业,获土木工程学士学位。1927年1月被交通部选派赴美国留学,一年后获康乃尔大学土木工程硕士学位。

留美期间,汪菊潜愤慨于洋人对中国人歧视,决心学成为祖国效力。1930年6月,汪菊潜拒绝了美国桥梁公司的高薪聘请,毅然回国到铁道部工作。回国之初,正值南京火车轮渡北岸栈桥工程进行之中。为了改变工程进展缓慢的状况,部里选派他前去主持。24岁的汪菊潜凭着过人的才智、坚强的意志和精湛的技术,克服了泥质砂土、急流冲击的困扰和外国人的阻挠,加快了施工进度,出色地完成了任务,受到铁路工程界的一致称赞。1934年他主动要求调到粤汉铁路参加修建株(洲)韶(关)段,任分段长、副工程司。因工程质量优异,受到当时铁道部长孙科的表扬。1936年调铁道部工务司任技正。1944年,在重庆接受著名桥梁专家茅以升聘请,担任中国桥梁公司副总工程师。抗战胜利后，汪菊潜负责修复被战火严重破坏的钱塘江大桥，他领导上海分公司的青年专家们创造出“套箱法”，成功地解决了修复深水桥墩的难题。

1949 年 8 月，汪菊潜被任命为上海铁路局工务处长，1950 年担任铁道部工程总局副局长。为了加强武汉长江大桥工程建设的领导，1954 年 1 月，政务院在批准大桥初步设计的同时，任命彭敏为武汉大桥工程局局长，武汉市委书记王任重兼政治委员。随后又任命汪菊潜为总工程师。水中基础结构和施工方法是大桥技术设计中的关键问题，汪菊潜经过科学论证，有力地支持了苏联专家西林提出的深水基础装配式管柱结构和管柱钻孔法，并积极领导和组织中国工人和技术人员进行试验，取得了成功。

20 世纪 50 年代，汪菊潜（右）与大桥局局长彭敏（左）在一起

在南京长江大桥的设计、施工阶段，汪菊潜先后任铁道部科学技术会议副主席、铁道部科学技术委员会副主任、铁道部副部长，具体参与了大桥的建设工作。1958 年，大桥工程局会同中国科学院技术科学部组织召开了三大桥（南京、枝城、芜湖）技术协作会议，最后上报的大桥局总体设计方案，由彭敏、赵飞克、汪菊潜、杨廷宝组成的领导小组审查确定，技术上汪菊潜起着重大作用。

1964 年，汪菊潜代表铁道部对南京长江大桥工作全面检查，对包括引桥、江中基础、上部结构的设计、施工进行审查，提出了指导意见，协调了监理原则，为大桥工程的全面完成铺平了道路。

汪菊潜除致力于武汉长江大桥和南京长江大桥的建设之外，建国后还在其他许多方面做了大量工作。1959 年建设北京人民大会堂，周恩来总理亲自组织审查设计，点名由茅以升任结构组组长，由汪菊潜任结构组联系人。汪菊潜辅佐茅以升圆满地完成了任务。1964年，汪菊潜代表铁道部参加我国第一颗原子弹爆炸固定装置结构的设计审查会议。他在全面了解情况并周密思考后，直截了当地明确表示了意见：结构设计是可靠的。

1960年8月，汪菊潜被查出肝炎，医生提出必须休息治疗，但他坚持带病工作。为了新中国的建设事业，汪菊潜在病痛的折磨下，继续忘我地拼搏了十多年。在“文化大革命”中，他的病情加重，转成肝癌。组织上为挽救他的生命，从国外买药，他听说一针要一百多元，坚决拒绝使用，他说：“我的病已是不治之症，给我打没有用，是浪费，还是留给别的同志打吧！”

1975年2月26日，汪菊潜因肝癌医治无效，与世长辞，终年69岁，闻者无不痛心。

徐双生

铁路信号革新能手
徐双生

徐双生(1909—1982),江苏武进(今属常州)人,全国劳动模范。历任京沪铁路局电讯课帮匠,上海电厂路签匠、电机匠,上海铁路局南京电务段通讯工、信号工、钳工等。

1909 年 2 月徐双生出生于江苏武进乡下的一个农民家庭。小学毕业后,为了生计外出四处打工。1945 年 10 月在上海进入铁路工作。

新中国成立伊始,已经在铁路工作多年的徐双生,通过新旧社会对比,焕发青春,鼓足干劲,积极投身社会主义的铁路事业。在南京电务段,徐双生负责全段的闭塞机维修工作。他不怕苦不怕累,背着工具和维修材料,奔波在铁路沿线。为了保证设备更换的需要,徐双生经常背着几十公斤的材料备品。沿线小站条件简陋,铁路员工吃住条件很差,徐双生从不在乎,总是兢兢业业地完成自己的工作任务。每当设备维修完好,年过半百的徐双生脸上露出笑容。

从 1953 年开始,国家积极推进"一化三改造"。随着三大改造的基本完成,社会主义建设高潮迅速兴起。党中央提出了"向科学进军"的号召,并明确分步骤、分阶段缩小与世界发达国家科学技术差距的思路。在这样的形势下,徐双生受到鼓舞和启发。他克服文化程度低的困难,积极提出合理化建议。他刻苦钻研,不断改进作业工具,1954 年先后为铁路信号部门革新了电气路牌闭塞机检修作业程序,发明创造了 20 多种先进的维修工具,解决了闭塞机两半开等问题;1955 年他又发明创造了三种工具,从而消灭了闭塞机及路牌落空的故障。

徐双生在技术革新方面作出了突出成绩，为南京电务段的安全生产立下汗马功劳。上海铁路局和铁道部电务局先后在全局和全路推广他的先进做法。1955 年 8 月，铁道部电务局在苏州召开闭塞机维修的专题会议，徐双生在会上进行闭塞机维修的示范表演，得到与会人员的一致好评。会后，电务局举办全路闭塞机维修工培训班，徐双生被聘请为首席教员。在为期四个月的培训教学中，徐双生耐心细致，毫无保留地把自己在实践中摸索出的技术，总结出的经验传授给各位学员，出色地完成了铁道部有关领导交给“老师”的任务。在不短的时间内，全局、全路推广了徐双生的先进做法。徐双生为提高全路电务职工维修闭塞机技术能力做出了历史的贡献。

20 世纪 60 年代后期电务段职工现场作业

徐双生精湛的技术和优秀的事迹，受到上级组织的高度评价。他多次光荣出席上海铁路局、铁道部的先进生产者代表会议。1956 年 5 月，徐双生被国务院授予全国先进生产者称号，并光荣地出席了全国先进生产者代表大会。会上，毛泽东等党和国家领导人的接见，使他倍受鼓舞。首都归来，铁路局有关领导安排徐双生到各电务段作巡回报告，他以“一个平凡的老工人获得祖国的光荣称号”为题，向大家讲述了自己的亲身经历和人生体会。大家深受感动，大大地激发了为社会主义事业奋斗的热情。

在后来的工作岁月里，徐双生一直保持着刻苦钻研的革新精神，不断地进行维修工具的改造。同时，始终以旺盛的工作激情奋斗在铁路电务战线，特别是在培养年轻人方面付出了许多心血，在带徒传技上作出了突出的贡献。

1982 年 1 月 28 日，徐双生因病去世，终年 73 岁。

陈昌言

鞠躬尽瘁，忠于职守
陈昌言

陈昌言(1909—1991)，江苏溧水人。南京长江大桥建设期间最后一任总工程师。

陈昌言祖籍是江苏省溧水县渔歌乡大陈村。1909 年 5 月，陈昌言出生于南京城南的一个小职员家庭，中外知名的中华门城堡就是他们家旁，陈昌言从小受到六朝古都传统文化的熏陶。家境贫寒、生活艰辛造就了他迎难而上、自强不息的性格。他决心刻苦学习、改变人生命运。因此无论是在剪子巷小学还是在钟英中学，他的成绩总是名列前茅。1929 年他如愿考入中央大学土木工程系，大学阶段获得奖学金必须成绩全优，陈昌言做到了。

1933 年 7 月，陈昌言毕业后，即参加粤汉、滇缅等线路野外勘探。后跟随桥梁大师茅以升，参加钱塘江大桥建设。1937 年后，日本侵略者轰炸我交通线，他奉命带领施工队伍沿线抢修被炸坏的桥梁。1949 年 6 月，杭州解放，陈昌言以全新姿态随解放军前线部队，沿浙赣铁路一直向西架桥修路，直达南昌。10 月，被调往上海铁路局基建处任总工程师，时年 40 岁。1953 年夏，被铁道部首选到武汉大桥工程局。在 1957 年建成的武汉长江大桥建设中，陈昌言负责汉水铁路桥及大桥北岸的施工，为大桥完工做出了贡献。在 1959 建成的重庆白沙沱大桥建设中，作为总工程师，他解决大孤石中钻孔难题，克服了该工程中的关键。

南京长江大桥的修建举世瞩目，工程难度很大。陈昌言曾任北岸工程处总工程师，后升任大桥局副总工程师，调南京长江大桥工程指挥部，负责大桥施工。1966 年下半年，局机关撤回武汉，临行前局领导对陈昌言交待：

"我把南京桥交给你了，大桥建成后质量有任何隐患，那就唯你是问，这是组织的命令！"受此委托，陈昌言克服难以想象的各种困难和干扰，主持了南京长江大桥后期的全面技术工作。

20世纪六七十年代，国内基本上没有计算机，工程数据都要靠技术人员套用数学公式，用三角拉尺等计算工具手工完成，而关键数据还要通过试验加以核对校正。许多晚上陈昌言除了看书，就是计算、审核数据。他经常说，图纸上负责人签名不是随便签的，要负责任的，出事是要坐牢的。

陈昌言（左）在南京长江大桥工地

南京桥铁路引桥31.7米预应力钢筋混凝土梁的制造，是当时国内桥梁建设的空白，没有任何实例参考。陈昌言在研究施工方案时，听取了许多好建议，收集了国内外有关资料，先在浦口岸工地组织各种单项试验，后又做整片梁的静载破坏性试验，耗时一年多，压断三片整梁，得出大量有价值数据，改进了设计部门提供的图纸，为生产高质量的引桥梁片提供了可靠保证。

南京大桥正桥钢桁梁，起初是用铆钉挤压铆死的。板层多（多达九层），板束厚（最长达180mm），共有155万多个铆钉。现场烧制铆钉温度高、劳动强度大。架设钢梁的二年多时间，陈昌言几乎天天都要在梁上爬上爬下，来回巡视，不断督促质检员认真检查。他经常提醒工人：铆钉要烧红烧透；进孔要正，开裂弯曲的一定要重来！现场工人们有时也开玩笑地回答：陈总，你放心吧，我们打的钉一个也不会有问题。陈昌言就说：你们可不要学王婆卖瓜呀！四十多年来，桥上这一百五十多万个铆钉返修率极其小，几乎可以省略不计。消息传到铁道部，大家都夸陈昌言把关把得好，称他"铆钉专家"。

南京大桥3#墩的管柱基础支承在河床断裂带上，灌注的水下混凝土很快就流失了，难题很长时间无法解决。陈昌言从葛洲坝水利工程中受到启发，经与水利部专家共同研究，一套完整的“多孔联通填充灌浆”施工方法出炉。他曾骄傲地说：我吸取人家经验，用“笨办法”但绝对可靠，不然，南京桥桥墩怎会坚如磐石！

1968年8月中旬，铁路桥架通。第一列火车试车，司机说要陈总站在车头我们才开车。“好，我陪你，大桥绝对没有任何问题！”陈昌言的话语掷地有声。最终陈昌言代表大桥局向铁道部“宁桥建成交接委员会”交桥，南京长江大桥一次性“质量优良”检验通过。

在主持南京大桥施工期间，陈昌言狠抓工程质量，解决种种难题，还从当时非常稀少的国外技术资料中翻译不少有价值的经验、数据，为大桥完工做出了重大贡献。南京长江大桥被评为我国首次国家科技进步特等奖，陈昌言是七位主要获奖人之一，受到国家奖励。

陈昌言热爱共产党，热爱祖国。抱着“天行健，男儿当自强”信念，一生刻苦努力、尽职尽责，宽厚大度，勤俭朴素。他不抽烟不喝酒，满腹心事就是看书学习，就是钻研技术。爱读书、爱买书、爱藏书是他几十年养成的习惯。大学时代他就基本精通德语、英语。20世纪50年代为了更好地和苏联专家一起工作，他自学掌握了俄语。70年代以60岁的高龄自学日语，能看懂日文科技书籍。陈昌言没出过国门却能通晓四国外语，完全是源于他对自己毕生所从事的桥梁事业的热爱和专一。晚年，他还翻译了不少国外桥梁建设文稿，在铁路桥梁新技术推广上继续努力、发挥余热。

1991年3月6日陈昌言在南京病逝。

赵国鑫

保持常年安全的扳道员

赵国鑫

赵国鑫(1909—1986),江苏南京人,全国劳动模范。先后任上海铁路局南京站、中华门站扳道员,苏州站主任扳道员。

1909年6月赵国鑫出生于江苏省南京市。1945年进入铁路工作,先后在南京火车站、中华门火车站任扳道员。1952年以后,调到苏州火车站任主任扳道员。在工作期间,赵国鑫创造了"眼手口一致确认呼喊"工作法,总结出扳道员工作"四勤、六满意、八好"的工作经验,刻苦钻研道岔维修技术,保持常年安全无事故。

赵国鑫根据扳道员工作特点,创造了"眼手口一致确认呼喊"工作法,在实践中运用非常有效。这一工作法有四个方面的特色:首先,做好交接班工作,有次序地查对和对号交接,防止在移交时漏交道岔钥匙和用品而影响行车。此外,还要正确移交站存车停留情况和调车作业接发列车情况,使接班后有计划地进行工作,防止由于交接不清而造成混乱和发生其他差错。其次,按章做好扳道员与扳道员之间的联系,如果调车计划有变更,一定要使另一个扳道员知道后才能开始工作,并且扳道员之间做好人工联锁,你扳道岔我用"眼手口一致确认呼喊",我扳道岔另一个扳道员用"眼手口一致确认呼喊",避免错扳道岔,严防盲目开通信号。再次,实行小黑板记录制度,对发布接发车命令,调车作业计划,工电部门养护维修等都要记在小黑板上,作业完毕要及时擦掉,避免误会而造成不安全情况。第四,在接发列车过程中,坚持"眼手口一致确认呼喊"。严察监视进路及信号显示位置,特别注意调车机情况,避免同时接发列车和调车作业产生混乱和可能发生的冲突事故;在接车进站和列车出发时,注意有次序地进行确认呼喊,接发列车和调车作业完毕后，对道岔联锁进行检查，并同时确认呼喊。

在创造“眼手口一致确认呼喊”工作法的基础上，赵国鑫进一步学习了苏联鲁宁式扳道工作方法，总结出扳道员工作的“四勤、六满意、八好”的工作经验，在保证行车的绝对安全和促进有关部门的协作上发挥了积极作用。“四勤”就是：对信号标志、线路、道岔位置，勤确认；对道岔联锁箱、锁闭器及有关行车设备，勤检查；对列车运行和调车作业，勤联系；根据天气变化对信号导线的影响，勤调正。“六满意”就是：工务满意、电务满意、调车员满意、值班员满意、站组织满意、交接班满意。“八好”就是：学习政治文化好、推行接发列车八项纪律好、遵守劳动纪律好、执行规章制度好、人力联锁确认呼喊制度好、执行命令指示好、培养徒工好、学习规章命令好。

在行车实践中，当道岔发生故障时，需要工电部门人员进行修理和调整，有时还会对列车运行产生影响。赵国鑫想，如果扳道员能掌握这些技术就方便得多，就能对行车安全起到更大的作用。他是这样想，也是这样做的。赵国鑫下决心学会这些技术，做到既能扳道，又能修理。在车间的支持和工电部门技术人员的帮助下，他刻苦钻研再结合道岔使用上的经验，很快掌握了道岔的修理技术和调整方法，成了扳道、调整、维修的多面手，做到了一个人做四个人的工作。赵国鑫不但自己刻苦钻研业务，还积极帮助他人提高业务水平。他高标准、严要求，先后一共带出了 17 位徒弟，这些人个个都是好样的。很快，他们又成了师傅，带出了更多的徒弟。这正是一花独放不是春，万紫千红春满园。

20 世纪 60 年代的苏州火车站

从 1955 年到 1958 年，赵国鑫连年被评为上海铁路办事处和总局的先进生产者，并两次获得苏州市先进生产者和劳动模范的光荣称号。1959 年建国十周年前夕，赵国鑫光荣地出席了在新落成的北京人民大会堂举行的全国工交群英会，受到党和国家领导人的接见。

1986 年，赵国鑫因病去世，终年 77 岁。

唐振绪

新中国铁路教育科研的开拓者

唐振绪

唐振绪(1911—2003),字钻伯,江苏无锡人,科技管理专家,毕生从事铁路教育和铁路科研的组织领导工作,曾任国立唐山工学院院长、唐山铁道学院院务委员会主任委员、铁道部铁道技术研究所所长、铁道部铁道科学研究院副院长、名誉院长等。

1911 年 3 月 29 日唐振绪出生于南京,5 岁时随父母迁居北京,在北京度过了小学、初中的学习生活。1926 年进入唐山交通大学补习班,后由预科升入大学本科就读土木工程专业。1930 年因病休学两年,1935 年毕业,取得土木工程学士学位。

1936 年春,在中国水利泰斗李仪祉先生指导下,参加了陕西省泾惠渠、渭惠渠、洛惠渠的灌溉建设工程。同年 8 月,进入美国康奈尔大学研究生院专攻水利工程、铁道工程。学习期间,曾获该研究生院麦格鲁土木工程奖学金及呼克水利学奖学金,1937 年夏在该校获土木工程硕士学位。1940 年冬,在国际著名水利学教授舒德指导下,取得了康奈尔大学水利学博士学位,并留校担任水利学助教,辅导研究生的工作。1941 年 5 月,担任纽约易贝斯柯公司水利设计师,参加了南美秘鲁水电站及印度水坝的设计工作。之后,又在中国政府驻美国的世界贸易工程部担任工程师兼联络秘书。在此期间,他主编了英文版的《世界工程丛刊》,并且三次考察了美国田纳西河流域的开发。

抗战胜利后,唐振绪于 1945 年 12 月回到重庆,参加长江流域的开发和三峡大坝工程的建设。不久,又经侯家源、茅以升的推荐,到行政院工程计划团任工程师兼总干事，负责调查研究并起草我国战后复兴交通和水利建设的计划。在这之后，唐振绪又相继担任了钱塘江海塘工程局副总工程师兼设计处处长。1947 年，唐振绪去台湾担任高雄港务局副局长、台湾省林产管理局局长、台湾省政府专门委员等职。

1948 年 9 月唐振绪返回大陆。在唐山工学院南迁之际，受茅以升、赵祖康、侯家源等校友举荐，1949 年初，国民党教育部聘任唐振绪为国立唐山工学院院长。在任期间，唐振绪力排众议，果断地将南迁至上海的唐山工学院留下来，借地复课。同时，排除了各种难以想象的艰难险阻，与全校师生同舟共济，保全了唐院，迎来了全国的解放。

1950 年 5 月，唐振绪(右四)与滕代远(右六)在唐山车站

1949 年 7 月 13 日，铁道部滕代远部长任命唐振绪为新唐院院务委员会主任委员。在党的领导下，唐振绪立志要把新唐院办成面向全国，具有铁路特色，既以教育为中心，又是科学研究中心的综合性理工科大学。经过一年多的努力，新唐建成土木、建筑、采矿、冶金、机车工程、客货车工程 7 个系，并先后从美国、英国、港台和内地聘任了教授、副教授、讲师、助教 300 多名，既充实壮大了唐院的教学力量，也为后来的全国院系调整、新办高校输送了大批骨干力量。在唐振绪的建议下，经铁道部批准，铁道部铁道技术研究所于 1950 年 3 月 1 日在唐山成立，唐振绪兼任所长，成为该所历史上的第一任负责人。1950 年 10 月 2 日，铁道技术研究所改名为铁道研究所，茅以升任所长，唐振绪任副所长。1956 年 10 月 1 日，铁道技术研究所更名为铁道科学研究院。此后的数十年间，唐振绪始终在铁科院担任领导工作，为铁路科研事业做出了历史性的贡献。唐振绪参加了制定我国第一个国家十二年(1956～1967 年)科学技术发展远

景规划的工作，担任交通运输组副组长，并起草了〈关于国家总体运输纲要的布置、建设次序及各种运输的综合利用〉的中心问题说明书。参与了铁道部十二年科技发展规划组的领导和纲要起草工作。

1959到1960年间，唐振绪三上青藏高原，进行实地调查研究，根据大量的第一手资料，提出了《关于开展高原铁路科学研究的八点建议》，撰写了《高原铁路的科学研究》报告。这个报告，后成为铁道部在西宁、格尔木召开的"青藏高原铁路科学研究工作观场会议"提出的《高原铁路三年规划纲要》的主要内容。唐振绪是这次会议的主要筹备人和组织者。围绕会议开展的相关工作为以后几十年中我国对高原铁路的系统研究和对青藏高原的综合开发利用奠定了基础，开拓了史无前例的向高原铁路科学研究工作进军的道路。

20世纪70年代以后，年过花甲的唐振绪仍旧积极为铁路科技事业，为统一祖国、振兴中华而努力工作。唐振绪多次利用赴美探亲和学术交流的机会，宣传我国社会主义建设的巨大成就，广泛联络在美的康大校友，积极动员广大海外学人，为祖国富强、同胞幸福而多做贡献。

1984年，唐振绪被国务院任命为铁道部科学研究院名誉院长。晚年，唐振绪还担任第七届全国政协常委、民革中央监察委员会常务委员，交通大学校友总会名誉会长、美国康奈尔大学中国校友会会长、中国和平统一促进会常务理事，为建设祖国、统一祖国、为振兴中华贡献自己的余力。

2003年8月23日，唐振绪病逝，终年92岁。

童大埙

百岁铁道工程专家
童大埙

童大埙(1911—2011),江苏崇明(今属上海市)人,铁道工程专家,资深教授。长期从事铁道工程科学技术研究及教育工作。是中国铁道工程学科建设的开拓者之一,也是中国铁道线路养护维修实现现代化的积极倡导者。他注重实践,解决工程难题,编写了《铁道工程学》等多部教科书,为铁路工程建设做出了重要贡献。

1911 年 8 月 25 日童大埙出生于崇明县的一个贫苦家庭。童家世代以小商贩、手工艺为生,因不善经营,加之人口众多,入不敷出。1915 年,4 岁的童大埙进入崇明桥镇初级小学读书。1919 年考入上海南洋公学附属高小预备班就读。1923 年,童大埙升入附中学习。1927 年,童大埙直升大学本部。当时正值北伐胜利,南京政府成立铁道部,南洋公学改名为部属上海交通大学。他原来的志愿是学习电机,后响应政府号召,改学土木工程,学习刻苦、勤奋,成绩优异。1931 年毕业后,童大埙去北平平绥铁路局工作。

1934 年春,童大埙参加第二届中英庚款留英公费生考试,以总分第一的成绩被录取。在英国留学三年,前两年半在伦敦大学帝国理工学院就读。这是一所历史悠久、举世闻名的高等学府,童大埙进工学院土木系当研究生,导师是享有英国皇家学院院士荣誉称号的 A. J. S. Pippard 教授,童大埙于 1937 年春通过答辩,获工程硕士学位。

1937 年夏,童大埙应国立湖南大学之聘,任土木工程系教授,讲解多门铁道工程课程。1939 年春,国难当头,学校被迫停课。童大埙于 1939 年秋携眷跋涉千里赴昆明,先后任叙昆铁路工程局副工程师、滇缅铁路工程局正工程师、重庆交通大学土木系教授、中央设计局交通组专门委员及昆明滇缅公路油管工程处副处长等职务。1945 年，日本无条件投降，童大埙进教育部任高等教育司帮办(相当于副司长)之职，直到 1949 年 5 月上海解放为止。

1949 年秋，童大埙重执教鞭，任同济大学土木系教授。童大埙非常注重课程实习，无论条件多差，每次实习他都带队前往，吃住在工地，给学生起了很好的表率作用。童大埙是全路知名的专家学者，在现场工作的技术人员许多是他的学生，但他从来不摆老师、教授架子，平易近人地和大家一起讨论，耐心地解答生产中遇到的问题。

当时各大学的专业教材，少数借用国外，大多数自编，但由于缺乏参考书和实践经验，往往失之偏颇。要改变这种局面，童大埙认为大学教科书必须全部由自己编写，他用三年左右的时间，编写完成铁路专业《铁路曲线及土方》《铁道工程学》及《隧道工程学》3 本教科书，这是我国学者根据中国国情撰写的第一套铁道工程专业的论著。

1956 年童大埙被评为二级教授。1959 年起被任命为铁路、道路及桥梁工程系(路桥系)系主任，1973 年，同济大学铁道工程专业并入上海铁道学院。在同济大学和上海铁道学院工作期间，童大埙先后培养了 7 名研究生。他严谨的治学态度给学生们树立了榜样，他们后来都成为教学、科研和管理部门的骨干，为我国的铁路建设事业做出了突出贡献。

青年时代的童大埙在工作中

1982 年 10 月，童大埙应邀参加美国铁道工程协会的年会，并在会上作题为“焊接长钢轨的纵向温度应力分布”的学术报告，受到与会者的热烈欢迎。报告全文刊登在该会 1983 年第 692 期会刊上。童大埙被邀请为美国铁道工程协会的海外会员。在美期间，童大埙还受铁道部的委托，出席第二届国际重载铁路会议，并先后访问了有关大学和试验基地，既开拓了眼界，又结识了一批新老朋友。

1984年，童大坶受铁道部高校专业教材编委会的委托，主编《铁路轨道》新教材。1988年初正式出版发行，受到各界的好评和铁道部的嘉奖。以后为了适应学生学习英语的需要，并促进对外学术交流，童大坶又花费了一年的时间，把这本教科书全部翻译成英文。这是我国铁道工程专业第一部自编正式出版的英文教科书。同年，童大坶在上海铁道学院筹建了铁路轮轨系统研究所，并担任名誉所长。

20世纪八九十年代，童大坶多次提出既有线铁路，特别是干线铁路行车速度应该提高。他分析了我国轨道结构的具体情况，并借鉴国外经验，认为现有的铁路设备如道岔、小半径曲线稍加改造，行车速度就可以提高。他同时呼吁，根据中国的国情，中长途客运应该发展高速铁路，这不但是社会发展的需要，也体现了一个困家的综合经济实力。他在各种会议、各种场合积极呼吁建设中国特色的高速铁路。童大坶是将轨道力学引进我国的先行者，用数学、力学、实验力学方法研究铁路轨道，为我国铁路大提速以及高速铁路的发展提供了理论依据和方法。

童大坶1987年9月在上海铁道学院退休，退休后被土木工程系返聘为教授，仍兼轮轨系统研究所名誉所长。1995年，上海铁道医学院与上海铁道学院合并，改称上海铁道大学，童大坶又被指派为校咨询委员会副主任委员。2000年4月，上海铁道大学并入同济大学，童大坶仍然时刻关心着学校的发展。

2011年2月11日，童大坶与世长辞，享年100岁。

李国豪

杰出的桥梁大师

李国豪

李国豪(1913—2005),广东省梅县(今属梅州市)人。我国著名土木工程学家、桥梁结构力学专家和工程教育家。20 世纪 50 年代中期,李国豪先后应聘担任武汉长江大桥、南京长江大桥技术顾问委员会主任,为国家众多重大桥梁工程建设呕心沥血,功绩辉煌。他专攻的桥梁工程学科达到中国领先水平并在国际上具有显著影响。1994 年当选为中国工程院首批院士。

1913 年 4 月 13 日李国豪出生在梅州市梅县莲塘村的一个贫苦农民家庭,父亲早年参加辛亥革命,后去印度尼西亚经营杂货小生意,母亲是农家妇女。李国豪 5 岁在村里上小学,13 岁时插班进入梅县中学二年级。1929 年,16 岁的李国豪未读完高中就考入上海同济大学预科。1936 年毕业于同济大学土木系。1938 年秋,李国豪由德国洪堡奖学金资助到德国达姆施塔特工业大学进修。由于他的大学学习成绩特别突出,德国破例批准他直接考博士学位。1939 年春,李国豪结合当时拟在汉堡修建的一座主跨 800 米的公路铁路两用悬索桥开始博士论文研究工作。不到一年,他完成论文并以优异成绩获得工学博士学位。他的论文"悬索桥按二阶理论实用计算方法"在《钢结构》杂志发表后,在桥梁工程界引起了极大反响,从此他得到了"悬索桥李"的美名。1946 年,李国豪偕同妻子叶景恩,历尽艰难回到祖国。在途经法国马赛等候轮船时,他们的第一个孩子出世,取名"归华",表达了他为祖国战后重建贡献力量的报国之情。到达上海后,李国豪任上海市工务局工程师,同时担任同济大学教授。

1954 年,李国豪受聘为武汉长江大桥技术顾问委员会成员。一年后,他成为首批中国科学院技术部学部委员(即今中国科学院院士)。武汉长江大桥建成没多久,我国又于1958年开始着手筹建南京长江大桥,决定完全由新中国工程技术人员自主设计、施工。面对一个个技术难关,谁能担起科研攻关的重任?李国豪出任南京长江大桥技术顾问委员会主任,他开拓了桥梁结构理论和桥梁抗震抗风理论,解决了大桥的振动和稳定问题。此后,几乎中国所有的重点桥梁——上海南浦大桥、江阴长江大桥、虎门珠江大桥、汕头海湾大桥、长江口交通通道、杭州湾交通通道、琼州海峡交通通道等神州大地的每一座标志性桥梁,无不与这位大师的名字紧密联结在一起。

进入20世纪80年代,李国豪先后主持编写《工程结构抗震动力学》和《工程结构抗爆动力学》,重建结构理论研究所,组建桥梁研究室,开展桥梁的空间分析、稳定、抗震、风振和车辆振动方面的研究,培养了大批的博士研究生,并建立了地震工程、风工程和桥梁工程等研究中心。

李国豪(前左一)现场指导润扬大桥建设

作为国际桥梁与结构工程协会的常设委员会委员和中国组组长,1981年李国豪被协会推选为世界十大著名结构工程专家之一。1987年,他荣获协会授予的"国际结构工程功绩奖"。这一荣誉,是对李国豪长期为发展桥梁结构理论和培养人才做出贡献的崇高奖赏。

李国豪的造桥业绩世人有目共睹,而他打造百年名校的教育家风范,同样令后人景仰不已。作为卓有成就的教育家，李国豪是对同济大学影响最深远的校长。从16岁考入同济大学预科的那一刻起，李国豪就与同济结缘，此后，除了在德国留学的8年，他再也没有离开过同济大学。新中国成立以后，李国豪迎来了施展才华的黄金时期。1952年，李国豪被任命为同济大学教务长，他领导学校的专业建设，创办了桥梁工程专业，并出版了中国桥梁领域最早的中文教材《钢结构设计》和《钢桥设计》；1955年开始培养桥梁工程专业研究生，又出版了《桥梁结构稳定与震动》。1956年，出任同济大学副校长，不久，他创办工程力学专业，亲自讲授板壳力学，为中国培养出首批工程力学专业的大学生。

1977年，李国豪出任同济大学校长，重点做了两件事：其一，将同济大学由原来的理工医文兼具的综合型大学转为土建型专门大学；其二，恢复同济大学过去的特色之一，也就是恢复与德国高等学校的传统联系，采用德语作为主要教学语言之一。为提高教学质量他提出了八项措施，如学生可自主选择教师设置的课程，率先实行学分制等，这在当时都是开风气之举。就这样，李国豪以其恢弘气魄与出众才华，运筹帷幄，令同济卓然而成为今日国内外公认的一所理工医文管理兼具的多学科重点大学。

2005年2月23日，把毕生精力献给了祖国的建设和科教事业的一代桥梁大师李国豪在上海华东医院逝世，享年92岁。

王序森

南京长江大桥钢梁的设计者

王序森

王序森(1913—2003),祖籍广西桂林。我国桥梁工程专家,从事桥梁设计施工50余年,参加大型桥梁工程建设达数十座,是武汉长江大桥、南京长江大桥等重要工程主要设计者之一,为我国桥梁事业的发展作出了重大贡献。

1913年7月4日王序森出生于江苏省南京市。1928年考入上海交通大学预科。1935年毕业于上海交通大学土木科。同年10月,王序森被分配在浦口津浦铁路工务处设计科,参加旧桥检定和加固设计。1938年5月,王序森在交通部技术厅桥梁设计工程处任工务员、帮工程司期间,参加了系列钢梁标准图设计,以及澜沧江跨长135米的公路悬索桥、跨长120米的铁路双铰钢拱方案和钢骨架混凝土伸臂梁方案的设计工作。1940年5月至1941年2月,王序森被派驻香港监制滇缅铁路钢板梁。1944年12月,王序森到美国芝加哥BURLINGTON铁路公司桥梁部实习。1946年王序森回国后,任职于中国桥梁公司上海分公司,并晋升为正工程师。他是钱塘江大桥基础修复设计的主要参加者和黄浦江越江工程(固定桥、活动桥、水上隧道)可行性研究的主要完成者。

1949年5月上海解放,王序森被任命为上海铁路局张家浜桥梁厂副厂长,主持沪杭线几座大桥的修复设计和钢梁配制工作,其中包括被破坏的跨长92.4米的41号桥,为落水钢梁补充配制半孔,并提出安装方案,使这几座大桥很快修复通车。

1950年4月,王序森被调往铁道部设计局,并担任武汉长江大桥钢梁设计组组长。当时国内桥梁专业人才缺乏，国家聘请苏联专家做技术援助。留美归来的王序森所熟悉的美国桥梁标准与苏联的标准有较大差异。为了便于与苏联专家交流，尽快地熟悉苏联桥梁规范，王序森刻苦自学俄文，很快能阅读俄文专业书籍。他通过对比美苏两国技术标准，掌握了两者的联系和不同。1953 年，担任武汉长江大桥工程局技术科长的王序森，与我国桥梁专家、时任副科长的刘曾达一道，一面自己画钢梁方案，一面领导团队进行武汉长江大桥的总体设计和施工设计。在武汉长江大桥的钢梁设计中，为充分发挥材料强度、方便在江面高空拼铆作业，主桁杆件采用了 H 形截面，以适应桥梁制造工厂采用无孔拼装工艺，这对于保证钢梁制造和安装时的精确度起到了很好的作用。采用的悬臂架设法，也是我国架梁技术的一项重要进步。这些都是在王序森具体指导下，由年轻的工程技术人员设计出来的。

南京长江大桥钢梁合拢

从 1958 年开始，王序森先后主持南京长江大桥的初步设计，负责该桥的钢梁设计和协助审定全桥的施工设计。1963 年王序森担任大桥工程局副总工程师。在南京桥的建设中，王序森力主使用国产 16 锰低合金钢，并随同铁道部领导一道去鞍钢紧急求援。他密切配合鞍钢技术人员深入研究，提出在保证钢材韧性和塑性的前提下，在大型桥梁对钢材要求的容许范围内，可以适当地降低些强度，使成品合格率得到成倍的提高，为这一钢种制定了符合桥梁使用的“16 锰桥”技术规范，保证了南京长江大桥钢梁的需要。南京长江大桥钢梁设计中，考虑到由于跨度增大又采用了低合金钢，为避免架设中可能产生较大振动，王序森认真地钻研了振动理论，并提出做钢梁模型试验。试验按设计假定，模拟钢梁架设的全过程。实际架设过程中，王序森观察、量测各种振动反应及内力，指导施工，保证了架设的安全，取得了成功。南京长江大桥造桥技术 1985 年获国家科技进步特等奖，王序森为主要完成者。

作为一名桥梁工程专家，王序森不仅在正常的设计、施工中妥善地处理技术难题，而且在任务紧急、无先例可鉴的抢修工程中，凭借丰富的工作经验和较强的应变能力解决各种技术问题。1958 年的郑州黄河老桥 11 号桥墩被冲垮，我国南北运输中断；1964 年南京长江大桥施工中 4、5 号墩浮运沉井出现大幅度摆动险情；1976 年唐山地震灾害造成的桥梁抢修等等，王序森都积极参加处理险情，研究制订方案，作出正确决策，使受害桥梁在短期内得到修复。

王序森在完成桥梁设计和施工技术工作的同时，还以较大的精力投入国际技术交流活动。他多次出国进行桥梁技术考察和参加国际性的技术会议。1980 年，王序森参加了在美国迈阿密举行的美国土木工程师学会年会，他就桥梁疲劳与脆断问题、美国近年建成长大桥梁及活动桥特点等问题，提出的一系列观点和方案，得到美方专家教授的肯定。

1983 年，已逾古稀之年的王序森，尽管体弱多病，却仍致力于编写约 170 万字的《桥梁工程》一书，他将参加武汉长江大桥工程设计的经验，以及在重庆白沙沱、南京、枝城、九江长江大桥工程中，参与主持设计和技术领导工作的经验进行了总结。该书于 1992 年完稿出版后，对年轻一代建桥技术人员有着良好的教益。

2003 年 1 月 13 日，为中国桥梁事业奋斗一生的王序森因病逝世，终年 90 岁。

刘曾达

老一辈功勋卓著的桥梁专家
刘曾达

刘曾达(1913—2011),上海市人,我国老一辈铁路桥梁工程专家。他参加了钱塘江大桥的修复以及广州珠江大桥、郑州黄河大桥和成昆铁路多座大桥的建设,主持了武汉长江大桥的施工程序设计,参加了南京长江大桥建设并主持后期技术工作。

1913年12月刘曾达出生在上海市青浦县赵屯乡,1926年9月进入青浦县立初级中学读书,1929年7月毕业,随后考入上海交通大学预科,1932年9月升入本科,1936年6月毕业于上海交通大学土木工程系,获工学士学位。1944年至1946年奉派赴美国芝加哥密尔沃基铁路公司进修。历任京赣铁路工程局实习生、工务员,交通部桥梁设计处、中国桥梁公司帮工程师、副工程师、工程师。建国后,历任上海铁路局张华滨桥梁工厂厂长,铁道部大桥设计事务所工程师,铁道部武汉大桥工程局设计处副处长、大桥局副总工程师、代理总工程师、技术咨询委员会副主任。曾担任中国土木工程学会第三届理事、中国铁道学会工程委员会委员,是第三届全国人大代表,第五、六、七届全国政协委员。

1953年,刘曾达从上海铁路局调铁道部大桥设计事务所,后转调大桥工程局,主持武汉长江大桥施工组织设计和其配套工程汉水公路桥(江汉桥)设计。1954年,长江特大洪水来临,防洪任务十分繁重紧迫,为了不影响武汉长江大桥和江汉桥的设计工作,并照顾新到任的苏联专家不习惯武汉盛夏的炎热气候,大桥局将主要设计工作移到避暑胜地庐山完成。刘曾达为配合江汉桥现场施工,坚持留下。“酷暑何所惧,汗流化春雨,终日伏书案,埋头深思算”这是对刘曾达当时工作的真实写照。为加快施工进度，苏联专家建议江汉桥07#桥台的桩长入土深度减少4米。从静载试验资料来看，提高桩底标高，仍可满足基底应力要求。刘曾达不顾当时不执行苏联专家建议即“反苏”的政治风险，认为该桥台地基较软，土壤及桥台受力复杂，主张维持原设计桩长不变。当时有人还是怕戴“反苏”帽子，仍照苏联专家建议执行了。待该桥台竣工，随后发现混凝土裂纹。局党委杜景云书记得知此事后，未追究责任。刘曾达既不自恃有远见，也不责怪他人，心平气和，冷静分析，科学总结，商讨补救措施，同意采用灌注水泥浆加固地基，并设永久标志，长期观测监控，预防和控制裂纹的发展。

自南京长江大桥筹建开始，刘曾达就参加了该桥的规划方案比选和设计、施工工作。1962年后全面负责该桥中后期技术工作。当时正值正桥设计与施工的关键时期，他秉承已故技术负责人梅旸春主持确定的技术原则，组织领导全桥科技人员研究解决了设计和施工中一系列重大技术问题，特别是正桥桥墩4种新型深水基础（3.6米大直径预应力混凝土管柱基础、薄壁自浮式钢筋混凝土沉井基础、深水重型沉井基础和浮式沉井加管柱复合基础）工程中遇到的大量技术难题，创造了基础深达水下73米的记录和一套完整有效的深水基础设计施工经验，同时他还主持正桥钢梁伸臂（达144米）安装设计和架梁施工，为自力更生，建成南京长江大桥这座具有国际先进水平的现代化公铁两用大桥做出了重要贡献，使我国桥梁技术实现了新的突破。

刘曾达在查阅技术资料

1985年，南京长江大桥造桥新技术获国家科技进步特等奖，刘曾达被列为该项目仅次于已故总工梅旸春的主要获奖者。他参与的“成昆铁路建设”也获首届国家科学技术进步特等奖，主持设计施工的“九江长江大桥”先后荣获中国建设工程鲁班奖、国家科技进步一等奖、全国第八届优秀设计金奖和中国土木工程詹天佑大奖。1992 年，他以突出的科技贡献和成就获得了首届茅以升桥梁大奖。

刘曾达学识渊博，技术造诣深厚，桥梁设计与施工经验全面而丰富。在工作中能坚持原则，勇于进取，严谨踏实，实事求是。他热爱祖国，作风正派，善于团结同志共同工作，热心培养和帮助青年一代成长。他的一生主持和参与了多座国家重大桥梁工程的设计和施工，在桥梁设计施工领域作出了巨大的贡献。刘曾达因病医治无效，于 2011 年 2 月 25 日在武汉逝世，享年 98 岁。

宋次中

南京长江大桥工程指挥部指挥
宋次中

宋次中(1915—1995),别名宋丕恕,山东梁山县人。先后担任大桥工程局副局长、局长兼南京长江大桥工程指挥部指挥,为中国桥梁事业作出了突出贡献。

1915年10月15日宋次中出生于山东省梁山县湖里大宋庄,曲阜师范学校毕业后,于1937年10月参加革命,曾先后担任我军两个主力师的参谋长,参加过百团大战、淮海战役、渡江战役、西南剿匪和抗美援朝。1955年,奉调武汉大桥局任副局长,开始了桥梁建设者的生涯。

1960年1月,南京长江大桥正式开工时,宋次中作为大桥局副局长,兼任工程指挥部副指挥。同年7月大桥局局长彭敏调往铁道部,宋次中接任局长兼南京长江大桥工程指挥部指挥,直至大桥建成通车。党中央、国务院对南京长江大桥的建设给予了极大的关心,许多重大问题都是在周总理、邓小平(时任副总理)亲自主持下确定的。例如大桥净空问题、桥头堡式样问题等等。为随时掌握南京大桥情况,指定宋次中为联络员,配备一部直通电话,要求他每半月寄一次报告,汇报大桥的进度、存在的问题以及有关请示事项。报告名义上是打给铁道部,实际是直接报送周总理的。作为联络员,宋次中实事求是,敢于进言,为南京大桥的建设争取来了不少"特权",确保工程顺利推进。

南京长江大桥指挥部成立后,宋次中多次带领职能部门负责人到生产第一线蹲点,搞调查研究,与工人同吃同住同劳动,先后制定出《贯彻工业七十条实施细则》《工程管理办法(草案)》《班组管理工作细则》等多项有关加强管理的条例文件。同时，将参加修建南京长江大桥的二、四桥处作为推行这些条例制度的试点单位，建立了负责制、验收制和经济核算制等三项企业管理的基本制度。之后，在他的主持下，“十八项管理制度”被编成《企业管理工作资料汇编》，要求各个单位和部门将其作为业务学习资料。

1961 年，南京长江大桥在施工中出现急于求成的情绪，为追求进度，在灌注混凝土时，改变了常规做法，以致南岸引桥 25＃、27＃墩座与北岸引桥9＃墩身发生了混凝土质地不良、灌水漏窜范围较广的问题。宋次中得悉后，毅然决定炸掉重来，不留一点后患。1964 年 9 月，大桥工程遭遇建设中的最大危机：在秋汛洪水的冲击下，4、5＃桥墩悬浮沉井的锚绳先后崩断，自重 6000 多吨的沉井在激流中作最大幅度 60 米的周期性摆动，大桥面临着沉井倾覆、桥址报废的巨大危险。宋次中沉着冷静，亲临现场指挥抢险。他召集有关人员，分析摆动原因，找出止摆办法，最终采用林荫岳的“平衡重止摆船”方案，经过试行，一举成功。大桥转危为安，施工秩序恢复正常。

宋次中在南京长江大桥建设指挥部前留影

20 世纪 60 年代，除南京桥外，大桥局同时在建的工程还有枝城长江大桥、宜宾金沙江大桥、重庆嘉陵江大桥、大渡河桥，三堆子金沙江大桥、雅砻江大桥、武汉大桥 07＃墩加固工程等多个项目。1965 年 3 月，大桥局成立西南指挥所，宋次中任指挥长后，就更忙了，一半的时间在南京，一半的时间在西南穿梭奔走。

宋次中关心职工，每到一地，首先查看食堂和职工的饭碗，了解职工的生活状况。他重视职工的教育培训，鼓励高中生考大学，大学生读研究生，学习成绩优异的每天还给予补助。他尊重知识分子，注意发挥工程技术人员的作用，让他们有职有权地开展工作。

1967 年，当南京长江大桥的最后一根钢梁架设完毕，宋次中被造反派关押起来，主要是说他包庇“反动学术权威”，宋次中受到很大冲击。1975年11月，从五七干校“解放”出来的宋次中调铁四局主持工作；1978年6月，又奉命组建铁道部隧道工程局并担任首任局长。1983年12月离职休养。

1995年10月29日，为祖国桥梁事业做出卓越贡献的宋次中在武汉病逝，终年80岁。

姚明初

混凝土轨下基础结构专家

姚明初

姚明初(1916—),江苏武进人。混凝土轨下基础结构及可靠度理论专家。长期致力于混凝土轨枕及新型轨下基础的研究和开发,为中国铁路现代化和结构设计理论的发展做出了卓越的贡献。

1916 年 4 月 3 日姚明初出生于上海市,他自幼聪颖,中学期间酷爱学习数学和物理,1933 年以优异成绩考入上海交通大学。1937 年毕业时正值"七·七"事变发生,1938 年 4 月辗转抵达广西南宁,就职于湘桂铁路工程局柳州第五总段任实习生。1939 年任十三分段工务员,在工程施工中认真负责,保证了工程质量,避免了材料流失。1940 年因日军侵略被迫离开柳州到成都,在天成铁路工程局第一总段,参加铁路线路定测工作。姚明初利用休假时间,撰写论文《弹性点法》,提交 1940 年在贵阳召开的中国工程师学会年会,被评为优秀论文第一名。1941 年破格提升为帮工程师。1942 年姚明初任云南省大成实业公司副工程师,负责代水泥的研制与开发,以期缓和大后方建筑材料的匮乏。1948 年回南京交通部材料试验所任副工程师,负责建筑材料试验筹备工作。1949 年 9 月任中国交通大学唐山工学院副教授,承担建筑材料的教学工作,并参加铁道部铁道研究所的筹备工作。

姚明初是混凝土新技术的倡导者。建国之初,我国混凝土施工技术十分落后。1950 年姚明初吸取国外先进经验,在铁路系统创导按混凝土强度进行混凝土配合比设计和施工新技术。1952 年首次在西北干线铁路工程局进行混凝土按配合比施工新技术的培训和试点工作,其后全面推广,使铁路混凝土工程质量得到保证,并节约了大量水泥。之后,姚明初在铁路工程系统大力推行混凝土附加剂，其中包括苇浆废液直接浓缩物塑化剂和松香皂加气剂等。1955 年在武汉长江大桥施工中采用了松香皂加气剂，提高了混凝土和易性和耐久性，并节约了水泥约 5%～10%。这两种混凝土附加剂已分别列入 1956 年国家建委颁发的《水泥混凝土及砂浆中掺用塑化剂的暂行规定》和《水泥混凝土掺用加气剂的暂行规定》，在全国推广，取得了很大的技术经济效果。

姚明初在实验室前留影

姚明初是混凝土轨枕的开拓者。1955 年后，姚明初积极从事铁路预应力混凝土轨枕的开发研究工作。1956 年引进了经苏联改进的匈牙利混凝土枕流水机组法新工艺，并于 1958 年在丰台桥梁工厂建成了我国第一条预应力钢弦混凝土枕生产流水线。姚明初在混凝土枕结构和扣件的定型中以及在钢模型和钢丝张拉夹具等关键设备的研制中发挥了重要作用。时至今日，预应力混凝土枕生产线已扩建了包括株洲、平顶山、太原、哈密、房山、都匀、成都、锦州、西安等数十条生产线，年产量达一千万根轨枕，每年可节约百万立方米以上优质木材。而且由于线路上采用了混凝土枕提高了线路质量，减少了养护维修工作量，保证了无缝线路在我国铁路线上的推广，产生了极大的社会效益和经济效益。

姚明初是工程结构可靠度理论研究的先驱。早在 1960 年姚明初就结合铁路混凝土枕结构设计进行了混凝土枕按使用寿命设计理论的研究。1974 年在全国预应力混凝土会议上发表了《预应力钢筋混凝土受弯构件在不稳定重复荷载下的承载能力》一文，得到了与会者的赞同。1981 年铁道部下达“铁道建筑安全度(现称可靠度)及设计原理”的科研项目。姚明初积极主持该项科研工作，取得了顺利的进展。1981—1985 年姚明初与其他参加科研课题的研究人员共发表论文四十余篇，大大推动了结构可靠度理论在铁路工程中的应用和发展。1985 年原国家计委下达了国家标准《铁路工程结构可靠度设计统一标准》的编制任务，姚明初任编制组组长。通过编制组的共同努力，1991 年 5 月通过铁道部审查，认为该标准的编制为统一铁路工程结构设计的基本理论、设计原则和方法奠定了基础，在铁路工程结构可靠度设计方面做出了开拓性工作，总体上达到了国际先进水平。

姚明初十分重视科技人员的培养工作。1952 年以来曾先后主持举办混凝土新技术方面的学习班和培训班 10 次，铁路各单位委派学习人员共 500 余名。1964 年开始招收硕士研究生一名，后因“文化大革命”而中断。1978 年恢复培养研究生，较多数量的硕士研究生和多名博士研究生均已成为本领域的科研骨干。从 20 世纪 50 年代开始，姚明初积极从事铁路预应力混凝土轨枕的开发研究，在混凝土枕的计算理论、结构设计和制造工艺以及混凝土枕螺纹道钉锚固新技术等方面都有所成就、有所创新。1978 年姚明初在全国科学大会上获“作出重大贡献的先进工作者”奖状，1992 年荣获茅以升科技教育基金第一届铁道科技奖。

刘钟华

我国铁路内燃机车专业的创建者

刘钟华

刘钟华(1916—1988),江苏靖江人,机械工程专家。唐山铁道学院(现西南交通大学)机械系筹建者和内燃机车专业创建者之一。长期从事机械制造、内燃机车与摩擦学研究及人才培养,为研制国产内燃机车和开展轮轨摩擦学研究做出了重要贡献。

刘钟华,1916 年 5 月 23 日出生于江苏省靖江县。幼年就读于靖江城内私塾。1928 年在靖江县立初中学习,1931 年进入江苏江阴南菁中学高中。1934 年考入上海交通大学。1937 年“七 · 七”卢沟桥事变发生,接着“八 · 一三”淞沪战争又起,交大校舍被占。出于抗日义愤,刘钟华与几位同学取道香港、海防,经长途跋涉来到当时的大后方西南公路运输中心贵阳,进入西南公路局(后改为川桂公路局)机务科实习。翌年春,实习期满派往贵阳西郊中国运输公司马王庙修车厂任技术员。1941 年春,应邀到交通部成都修车厂,任帮工程师。1942 年 3 月,他又到重庆中央汽车配件制造厂任帮工程师等职。1944 年末,考取交通部留美实习进修。1946 年 2 月回国,到上海真如交通部第一机械筑路总队,任训练班教务主任。1947 年 11 月到南京首都汽车公司任工程师。1949 年 5 月南京解放,军管会接管后调整内部机构,他被委派任修理厂厂长。在政府领导和职工积极努力下,短期内修复了被破坏的车辆,改装了数十辆煤气汽车,为当时南京市公共交通运输作出了贡献。

1949 年 10 月,刘钟华应唐山工学院聘请任教授,参与筹建机械系。他主要负责组建机械制造教研组和机械实习工厂,兼任机械制造教研组主任和机械实习工厂主任。在他主持下，1950 年秋已基本建成了机械实习工厂。随着学校规模的扩大，实习工厂逐步发展成为能容纳数百名学生实习，能自制机床和机械设备的颇具规模的校办工厂。1949 年招收机械系本科生，在三年级时分为“机车车辆”和“机械制造”两个组。他负责组织机械制造组，主讲《机械制造工艺学》、《工具机学》等课程。

1954 年，他调任内燃机车专业筹备组组长，在唐院创建了我国第一个内燃机车专业。在广泛收集和了解国外内燃机车发展动态基础上，他参照苏联交通部内燃机车专业教学计划制定了内燃机车专业教学计划。为了能及时开出专业课，他积极组织教师聆听有关课程。为了更好发展我国内燃机车技术，他不分昼夜地学习大量资料和书籍，经常和有关教师讨论电传动内燃机车、液力传动内燃机车关键技术。1958 年夏天，他带领部分教师和内燃机车专业学生前往长辛店二七机车车辆工厂，主持了厂校协作的 600 马力电传动内燃机车的研制工作。奋战数月，终于在同年国庆节前生产出了 600 马力内燃机车，向国庆献了一份厚礼。

1959 年唐山铁道学院机械系 55 级内燃机车班毕业师生合影（前排左四为刘钟华）

1959 年铁道部戚墅堰机车车辆工厂准备设计生产 2000 马力液力传动内燃机车。当年秋天，他带领机车专业毕业班学生前往戚厂，通过现场设计方式指导学生参加了2000马力液力传动内燃机车的设计工作。

1960年，他又在唐院主持了铁科院、天津动力机厂、二七机车车辆工厂和唐院四个单位共同合作的3000马力电传动内燃机车的设计工作。翌年，3000马力电传动内燃机车的设计图纸全部送交长辛店二七机车工厂准备试制。同年，他还带领师生参加由哈尔滨铁路局科学研究所组织的燃气涡轮动力机车的设计工作。

1961年，由他校阅的国内第一本《内燃机车制造及修理工艺学》（高校教材、王夏秋主编）出版。刘钟华为我国内燃机车专业的创建，为国产内燃机车的试制与发展作出了积极的贡献，受到了铁道部和国内同行专家的高度评价。

1971年唐山铁道学院（现西南交通大学）内迁峨眉，刘钟华担任机械系主任，在面临建校困难环境下，组织大家为恢复教学作好准备。1972年，他又兼任内燃机车教学实践队队长，率领学生深入现场，结合生产开展教学与设计工作。1976年盛夏，在南京东机务段搞柴油机缸盖检修流水线设计，与学生一起冒着酷暑工作，给大家留下来深刻印象。

为了促进新兴边缘学科——摩擦学在我国的发展，刘钟华进行了不懈的工作。在西南交大他组建了摩擦学研究室和摩擦学实验室，努力开展摩擦学方面的教育、科研工作。1980年他组织并参与翻译世界摩擦学名著《摩擦学——对摩擦、润滑和磨损科学技术的系统分析》一书，参与了摩擦学会组织编写的《润滑工程》一书的审校工作。1981年，他在全国摩擦学学会师资培训班上作了“系统分析方法”专题讲座，积极推动传播摩擦学的“系统分析观点、理论、方法”。1982年，刘钟华在与同行商讨计划时，特别提出要注意本专业前沿科研的发展，充分利用国外最新信息，大大推动了研究室的工作。同年，刘钟华开始培养该校第一批摩擦学硕士研究生，并积极申报机车车辆专业（摩擦学方向）博士点获得批准。1983年末，学校开始研制轮轨模拟试验机，年近古稀的刘钟华在力所能及的范围内积极参加有关工作。1988年刘钟华因病住院，仍在关心轮轨模拟试验机的部级鉴定准备情况，即使在生命的最后阶段，还念念不忘摩擦学学科的发展。

1988年12月12日刘钟华病逝，终年72岁。

朱思本

蜚声中外的铁道车辆技术专家

朱思本

朱思本(1918—2003),上海奉贤县人,铁道车辆技术专家。中国铁道车辆设计、制造技术的开拓者之一。长期从事铁道客车、货车的设计、制造、试验、定型等技术工作及组织领导工作,为推进中国铁道车辆技术的进步与发展做出了重要贡献。

朱思本,1918年2月25日出生于江苏省南京市。父亲朱纯熙为原南京陆军测量局技术人员,他自幼受到科学技术的熏陶。1921年朱思本被送入东南大学附属小学的幼稚园,以后在东南大学附属小学、实验中学和东南大学工学院机械工程系学习。

1940年7月,朱思本大学毕业后,决定投身铁路事业,到了由铁路老前辈应尚才先生主持的铁路机务标准设计处当实习生,在该处参加了标准客货车设计工作。1941年7月朱思本调桂林铁路存车整理委员会工作。这一期间,朱思本痛感中国铁路车辆品种乱杂、技术落后,认识到铁道事业要发展,必须要有中国自己的铁道车辆制造业。

为了掌握先进的车辆制造技术知识,朱思本于1945年初考取公费赴美国铁路实习资格,先在美CB & Q铁路公司机务段和大修厂实习蒸汽机车修理,后转到芝加哥大美运输公司设计室和东芝加哥工厂学习车辆设计和制造技术。

1946年8月,朱思本回国,进入南京铁路总机厂工作。1947年5月,朱思本调往湖南株洲机厂筹备处,参加被日寇轰炸损坏的厂房修复和新建厂房的监造工作。

中华人民共和国成立以后，朱思本受到党和政府的信任和重视，先后被任命为衡阳铁路局株洲铁路工厂（现株洲电力机车工厂）正工程师、车间主任，衡阳铁路局机务处、车辆处正工程师、科长，铁道部厂务局设计科主任设计师。为了改变我国铁道车辆技术陈旧、品种型号杂乱不适应铁路运输要求的落后面貌，朱思本潜心研究开发适应我国国情的新型客货车辆，1952 年负责设计了 P_{50} 型 50 吨棚车。

行驶在大秦线上的运煤重载列车

1953 年 8 月，国家将机车车辆制造业划归原第一机械工业部机车车辆工业管理局管理，并建立设计主导厂制度。货车设计定在齐齐哈尔车辆厂，朱思本调该厂任副总设计师，代理总设计师职务。他带领设计人员设计了 B11 型车顶冰箱式冷藏车，由武昌车辆厂试制，经铁道部鉴定后投入批量生产，解决了旧型冷藏车运输途中冷冻猪肉上层软化问题，保证了运香港冷冻货物的质量，获得到原第一机械工业部新产品奖，迄今车顶冰箱冷藏车仍在普遍使用，是国内冷藏货物运输的主要工具。在设计中，朱思本亲自讲授和使用了“力法计算”这一强度计算方法，使车辆结构合理、重量减轻，取得良好效果，并在以后客、货车辆设计中推广使用。

1956 年朱思本调回铁道部任机车车辆工业管理局设计处四级工程师。之后，历任铁道部援外办公室工程师，铁道部工业总局副总工程师。1959 年，锡兰（现名斯里兰卡）政府向我国提出购买数量较多的多种客货车辆。朱思本亲自动手并组织技术人员进行设计，同时进行材料、工艺、强度、性能等方面的试验，采取防止钢结构腐蚀的措施，按期完成了任务。该批车辆共计客车125辆、货车995辆，在斯里兰卡长期运用良好，受到斯里兰卡有关方面好评，这是铁道车辆商贸性出口的良好开端。

1970年，朱思本由五七干校调铁道部援外办公室任工程师，负责为坦赞铁路制造客货车辆。为节省运费，他提出将整车运输改为大部件散件运输到坦桑尼亚后组装成整车的运输方案和客车改为外侧悬挂的新型转向架的新设计方案，前后共制造客车5种100辆，货车13种2 100辆，在坦赞铁路上运用良好，为国家争得了荣誉。

数十年来，朱思本带领下属工厂、研究所和身边的技术人员研制了百余种铁道车辆，把中国铁道车辆品种、质量、水平提高到接近国际先进水平，在技术实践过程中，注意提携年轻技术人员，培养了一批铁道车辆技术骨干，为不断发展铁道车辆技术和产品积聚了技术力量。

朱思本兼任中国铁道学会常务理事、车辆委员会主任，是美国铁路工程学会终身会员。作为蜚声中外的铁道车辆专家，朱思本从不自傲。他秉性刚直，处事公正，注重实践，实事求是，严于律己，诲人不倦。经他培养的技术干部，不少已经担任了研究所的所长和工厂的总工程师，但他们仍以朱思本为终身学习的楷模。

我国牵引动力事业的开拓者

瞿赳

瞿赳

瞿赳(1918—),字武哉,江苏靖江人。机械专家,我国早期蒸汽机车设计主持人之一,大连内燃机车试验研究基地的主要创建者,长期从事铁路机车设计、制造、试验研究和科技开发,为我国机车车辆的发展及科技人才的培养做出了重要贡献。

瞿赳,1918 年 7 月 22 日生于江苏省靖江县一个破落封建家庭。1923 年,瞿赳启蒙入学。母亲温厚贤惠,给瞿赳背讲《大学》、《中庸》等,对瞿赳思想品德的形成颇多影响。瞿赳自上小学起,国家即处于内忧外患的时代。在江苏省立苏州中学读书时,他积极参加了抗日救亡运动。

1939 年,瞿赳考入上海交通大学机械系。太平洋战争爆发后,他不甘就读于汪精卫伪政权接管的学校,于 1942 年 8 月辗转来到内迁的重庆国立交通大学。毕业后被分配到黔桂铁路工程局苏桥机厂实习。1945 年转到交通部材料试验所(重庆)任工务员。抗日战争胜利后,调铁路总机厂,1946 年初迁南京,先后任工务员、帮工程司,参加新厂筹建工作。

1948 年 10 月,瞿纠随总机厂迁往湖南株洲。1949 年 4 月,中共中原局城工科地下工作者到总机厂开展工作。瞿赳被吸收参加地下革命工作,开展护厂工作,后转移到刚解放的武汉,又被分配到济南铁路局厂务处工作。自此,他努力学习,接受新思想,并以高昂的热情投入铁路建设事业。

1953 年,瞿赳任第一机械工业部机车车辆工业管理局机车设计科科长。1954 年 10 月,瞿赳随机车设计科下放到大连机车车辆厂任副总设计师。当时,正逢国家开始第一个五年计划,铁路运输急需大批新造机车。这一机遇使他成为当时干线货运蒸汽机车设计的主持人之一。1954 年 12 月，在瞿起的主持下，大连机车车辆厂试制成第一台 2178 号解放型蒸汽机车。而后几年时间，大连厂等几家厂共生产了 55 台，成为我国第一代主型干线货运蒸汽机车。

1956 年 9 月 18 日，瞿起在苏联专家的指导下主持的和平型(后改为前进型)蒸汽机车在大连机车车辆厂一次试制成功。和平型蒸汽机车的诞生，开创了我国自行设计制造蒸汽机车的新纪元。和平型机车的功率等级和各项技术经济指标都达到了当时国外蒸汽机车的先进水平，获得一机部新产品奖。同年，瞿起还主持了建设型蒸汽机车的草图技术设计。这是在解放型基础上进行现代化改造而设计的。到 80 年代后期，建设型机车一直是我国铁路干线主型机车之一。

1958 年，瞿起调铁道部科学研究院机车车辆所任研究所主任。他主持了卫星型(后改为东方红 1 型)内燃机车总体和液力传动设计。该设计液力传动传递功率最大为 1 000 马力，达到了当时联邦德国最大功率。接着，他又组织研制的多种高宽效率液力变矩器和液力传动自动换挡装置，接近了当时联邦德国的技术水平。

瞿起在工作中

1959 年，铁道部决定成立大连热力机车研究所，这是我国内燃机车的科研基地。瞿起先任副总工程师，1961 年任总工程师。他全身心投入研究所的筹建工作，凡重要的试验设施和科研项目，他都亲自组织，具体指导，先后建成处于国内先进水平的液力传动试验台、大功率柴油机试验台等，还在铁道部内首先建成牵引电机试验台、内燃机车零部件试验台等 20 多个。他主持将原蒸汽机车定置试验台稍加改造，进行了我国首次内燃机车(飞龙型)的牵引热工试验。1964 年 7 月铁道部授予大连研究所“在内燃机车新产品研制开发中成绩显著”的奖状，瞿起还受到国家科委主任聂荣臻的接见。

1973年瞿趄任北京二七机车车辆厂总工程师。在他的领导下，经过大规模技术改造，二七机车厂从修理厂改造为制造厂，于1975年6月1实现转产，成为我国内燃机车的主要生产基地之一。从转产到1977年，不到3年的时间，工厂上缴利税超过转产技术改造全部投资，转产和回收投资速度在国内大中型企业中是十分难得的。倾注了瞿趄智慧和心血的北京型液力传动内燃机车、12V240Z型柴油机高、宽效液力变矩器、LD-300K型辉光离子氮化炉、柴油机喷油器针阀真空油淬等6项科技成果于1978年获得全国第一次科学大会奖；柴油机喷油器、QTD-2000曲轴动平衡机、气阀等离子喷粉焊、铣端面花键装置、椭圆管自动挂锡机、VR-CK数控线切割机等14项科技成果获1978年全国铁路科技大会奖。

瞿趄1981年离休后，仍不断发挥“余热”。1984年受聘为铁道部科学技术顾问委员会委员。瞿趄为我国的牵引动力事业的开拓和铁路的发展贡献了毕生的精力，成为广大科技人员学习的典范。

张锡弟

行车指挥自动化系统的开拓者

张锡弟

张锡弟(1918—),江苏淮安人,铁路运输自动化及铁路信号专家。中国铁道科学研究院研究员、博士生导师、学术委员会委员、学位评定委员会副主席,我国铁路行车指挥自动化系统的开拓者之一。

张锡弟,1942年7月毕业于北京大学物理系。1942至1945年从事气象统计分析工作,1945至1949年参加平汉铁路工作,1949至1950年在铁道部电务局工作,1950至1951年在铁道部大连铁道技术研究所工作,1951至1996年在铁道部科学研究院通信信号研究所工作,先后任通信信号所研究实习员、助理研究员、副研究员、研究员。兼任中国铁道科学研究院铁路运输自动化与控制专业硕士生导师、博士生导师、博士后流动站导师,中国铁道科学研究院学术委员会委员、学位评定委员会副主席,中国自动化学会第二、三届常务理事,中国自动化学会遥测遥感遥控专业委员会第二、三届副主任委员,原国家科委自动化学科规划组成员。

20世纪60年代是中国铁路信号摆脱仿苏器材和系统,研制结合中国实际的国产信号器材和系统的重要时期。根据铁道部安排,电子调度集中系统研究与成昆铁路建设相结合进行,由铁路科研、生产、设计、教学、工程、维修等单位派员,组成电子调度集中新技术小组。在组长张锡弟的带领下,研制成功成昆铁路建设所需的电子调度集中系统。该项设备由上海铁路通信工厂生产,于1969年4月在成昆线成都南至燕岗区段开通使用,从而使国内调度集中系统跨过一些国家使用的时间电码和极性电码制以继电器件为基础的系统阶段,进入全频制电子器件为基础的先进系统阶段。该项科研成果获第一次全国科技大会奖，1985年作为“在复杂地质、险峻山区修建成昆铁路新技术”的子项目，获国家科技进步特等奖。

张锡弟和夫人在一起

20世纪70年代，随着电子器件的集成化及计算机技术引入铁路行车指挥系统，张锡弟与课题组一方面积极推进系统器件的集成化，完成集成化复线调度集中在天津至芦台区段安装运用，一方面与计算机技术结合，向行车指挥自动化系统推进。课题组在津山线进行了多年现场试验，制定了较为完整的系统技术条件和方案，为铁路信号系统向综合化发展创造条件。

20世纪80年代，在国家改革开放的形势下，张锡弟先后参加铁科院及铁道部组织的考察团赴国外考察，了解欧洲、日本及美国铁路信号系统和技术人员状况，并按照国家教委培养研究生计划，结合科研课题着手进行培养运输自动化与控制专业研究生的工作。张锡弟主持完成“八五”铁道部科技攻关项目《计算机调度监督系统》研究，在郑州枢纽及京秦线安装运用，并得到大面积推广。

进入20世纪90年代，张锡弟结合大秦线重载铁路建设需要，组织完成大秦线大同调度指挥中心系统的研制与建设。在这个系统中研制了检测区间信号设备状况的子系统和运行图描绘子系统，为原铁路分局调度中心建设及信号设备维修工作集中监测创造了条件。

在培养博士研究生方面，张锡弟积极推动新科研方向的探讨与研究，随着智能控制理论的发展，培养了首位从事模糊控制理论研究的博士生，并在铁路运输自动化系统中应用模糊控制理论取得实质性进展。为了开展控制理论研究，鼓励博士生结合课题研究申请国家自然科学基金项目，以增强理论研究力度，张锡弟先后完成了多项国家自然科学基金研究课题，其中，有关高速铁路列车运行动力学及智能控制理论研究，得到国家自然科学基金委的高度评价。多年来，张锡弟在铁路信号科研工作中，根据科研实践经验及对科技发展趋势的分析，确立了计算机行车指挥系统，计算机联锁系统，智能控制理论及应用，铁路运输综合运营管理系统等为重点科研方向。他先后培养了多名硕士生和博士生，在重点铁路科研项目中发挥了主导和骨干作用。

张锡弟十分重视与国内外学术交流，积极支持和参加自动化学会组织的学术活动，亲自撰写和指导研究生撰写论文、报告、译文百余篇，取得良好效果。张锡弟退休后，仍然十分关心行车指挥自动化、计算机联锁及智能控制中心工作的进展和问题，特别对智能控制中心的资料搜集和人才培养方面给予了很大支持。

铁路桥梁建设的卓越领导者
彭敏

彭敏

彭敏(1918—2000),原名周镇宇,江苏徐州人。我国铁路和桥梁建设的卓越组织者和领导者,原国家计委副主任、顾问。

彭敏,1918 年 10 月出生于江苏省徐州市,毕业于江苏扬州中学。青年时代,彭敏先后在扬州、上海、北平参加并组织学生运动,宣传反帝反封建和抗日救国的思想。1936 年 9 月彭敏加入中国共产党,在北京参加了中华民族解放先锋队,任西城区区队长。

“七·七事变”后,彭敏被派往太原,先后参与山西总工会、山西工人武装自卫队和文水县抗日政府的组建。抗日战争中,他带领部队出生入死,浴血奋战,并且参加了百团大战,为抗日战争的胜利做出了杰出贡献。

抗日战争胜利后,彭敏被派到东北,担任北安铁路护路军(人民解放军铁道兵部队的前身)司令员兼北安铁路局副局长。在艰苦复杂的环境中,彭敏指挥了北满铁路的抢修、维护工作,为接管全中国的铁路奠定了基础。

在解放战争中,彭敏任第四野战军铁道纵队第三支队支队长,在辽沈战役中指挥抢修哈长线和第二松花江大桥。在平津战役和淮海战役中,又抢修了津浦铁路及淮河大桥,西进抢修陇海铁路洛河大桥。在解放大西南的战役中,抢修衡阳湘江大桥及湘桂铁路等。在彭敏的直接领导下,部队确保了铁路、桥梁的畅通,为解放战争的胜利和全国的解放立下大功。

建国以后,彭敏任铁道兵团第三副司令员兼总工程师。1950 年赴朝,担任志愿军铁道兵团总工程师,中国人民志愿军铁道兵团、中朝联合军运司令部抢修指挥所司令员。在美军的狂轰乱炸中,彭敏指挥铁道兵团铸造了一条永摧不毁的“钢铁运输线”。

1952年春，彭敏右脚负伤。回国治疗期间，彭敏在病房里受命修建武汉长江大桥。1953年铁道部设立武汉长江大桥工程局，彭敏任局长、党委书记。在武汉大桥的建设中，他与苏联专家密切配合，充分调动和发挥了中国桥梁专业技术人员的积极性，采用了新创造的基础结构和施工方法，战胜了1954年百年不遇的特大洪水，用两年零一个月时间建成了“长江第一桥”。武汉长江大桥的建成，实现了中国人民世世代代要在长江上建桥的愿望。之后，彭敏又领导修建了郑州黄河大桥、重庆白沙陀长江大桥、湖南湘江大桥、广州珠江大桥等大型桥梁。

1957年，彭敏(中)与中外桥梁专家在武汉长江大桥

从1958年开始，彭敏参与组织修建南京长江大桥。彭敏率领有关人员沿江勘察桥址，连夜绘制南京大桥草图，并由彭敏本人向江苏省省长汇报了“以下关的宝塔桥为大桥桥址，建造公路、铁路两用桥”的方案，得到认可。1959年4月，中共八届七中全会在上海召开。会上有一项议程就是讨论南京长江大桥的建设。彭敏向出席会议的中央委员们汇报了设计方案的详细内容，并提出实施的具体意见，得到全会的肯定。

1960年六、七月份，在南京长江大桥工程建设的节骨眼上，铁道部组建基建总局，彭敏调任铁道部基建总局局长。彭敏虽离开了建桥施工第一线，仍然时刻挂念南京长江大桥的建设。这时，正值国家经济困难时期，南京长江大桥工程遇到严重困难。在江苏省委的建议下，中央又将彭敏调回南京，处理解决南京长江大桥的建设难题。

在大桥工程局工作期间，彭敏领导、培养和建立了一支优秀的建桥队伍;创建了第一所桥梁学院,并亲任院长,培养了一批优秀的桥梁事业的生力军;将建桥经验总结编著了《武汉长江大桥》一书,为我国桥梁事业的发展作出了不可磨灭的贡献。

1963 年,彭敏调原国家科委任副主任、党组成员。1965 年兼任铁道部副部长,同时任西南三线建设铁路总指挥部总指挥,参加领导了成昆铁路、川黔铁路、滇黔铁路、桂昆铁路建设。作为决策者,彭敏在成昆铁路和桂昆铁路的建设施工中采用 40 项新技术及隧道快速施工法,主持制定的《西南铁路设计革命 30 条》得到充分肯定、推广。

1970 年,彭敏任交通部副部长,1971 年被派赴非洲坦桑尼亚、赞比亚指导坦赞铁路的建设,指导解决了工程受阻的难题。1973 年彭敏任国务院港口建设领导小组兼港口办主任,作为指挥者和具体组织、实施者,彭敏为落实周恩来总理提出的沿海港口三年改变面貌的指示做出了重要贡献。1975 年以后,彭敏先后在原国家建委、原经委和原计委担任领导工作。1985 年 12 月离岗休养。

作为铁道兵的创始人和国家重要基本建设的领导人之一,彭敏为国家的解放和建设事业,付出了全部聪明才智和满腔热血。彭敏因病于 2000 年 3 月 6 日在北京逝世,享年 82 岁。

钱冬生

著名桥梁工程教育家

钱冬生

钱冬生(1918—2016),江苏镇江人,西南交通大学资深教授,我国现代桥梁工程的开拓者之一。长期潜心于桥梁工程的教学和研究,在钢压杆理论、钢结构疲劳、大跨悬索桥等技术领域成果显著,在铁路桥梁工程设计及人才培养等方面做出了重要贡献。

钱冬生,1918 年 12 月 23 日出生于江苏省镇江市。他的父母原本家境贫寒,但穷不丧志,诚信做事,勤俭持家,终于渐进小康。这使钱冬生从小受到良好的启蒙教育,养成了"为人正派,待人心诚,勤奋上进,自奉节俭"的良好品德。钱冬生 1940 年毕业于交通大学唐山工程学院(今西南交大前身)土木工程学系。毕业后在华北水利委员会、宝天铁路工程局任工务员等职。1945 年到美国铁路实习。从 1949 年 3 月开始,一直在交通大学唐山工学院(后为西南交大)从事教学、科研工作。

钢结构的稳定是一个长期困扰我国桥梁界的难题。关于钢压杆的稳定,早在 1963 年,钱冬生就向铁道部提出,焊接低合金钢压杆的容许应力应该进行研究。1971 年,全国对设计和施工规范进行全面改革,铁路系统成立了钢结构"稳定和疲劳"小组,钱冬生是小组成员。受美国和欧洲研究的启发,钱冬生提出了自己的钢压杆稳定理论:"应将钢压杆稳定理论分成两类:一类是以理想顺直压杆为对象,以微屈为判据,用解析法推算其临界荷载,必须采用特殊安全系数;另一类是以有缺陷压杆为对象,以最大承载力为基准,用数解法推算其承载力,只需采用一般安全系数。"随后,他起草《国外研究钢压杆承载力情况述评》,并提出手工简化算法,这些意见获得小组一致同意。这一理论先后被《铁路工程技术规范》《铁路桥涵设计规范》等采用。1980 年，钱冬生出版专著《钢压杆的承载力》。

20 世纪 80 年代中期，钱冬生预见到我国大量兴建大跨悬索桥的时代即将来临。为了跟上这一形势，从 1985 年起钱冬生陆续指导一批硕士、博士研究生从事大跨悬索桥的研究，发表了一系列有关悬索桥的论文，并两次开办悬索桥讲座。1992 年钱冬生的著作《大跨悬索桥的设计与施工》出版，为我国修建大跨悬索桥给予理论指导。

钱冬生在桥梁工地

1991 年，在汕头海湾大桥（当时叫妈屿岛桥）方案投标阶段，西南交大受业主委托，对大桥局的悬索桥初步设计进行了校核。钱冬生带领学生完成的两份校核报告对悬索桥的结构设计提出了一套完整的意见和建议，大部分被采纳。同时，对我国后来建设的大跨悬索桥产生重大影响。钱冬生受聘担任该桥技术顾问组副组长。

1992 年，钱冬生被聘为广东珠江虎门大跨悬索桥技术顾问。他指导西南交大 8 名年轻教师和研究生参加该桥设计，其中有两名分别担任大缆和总体设计组、钢箱梁设计组的副组长。大桥开建时，钱冬生又指导 5 名教师协助施工。1993 年 至 1995 年是虎门大桥施工最紧张的阶段，钱冬生几乎每月都要去一至两次，帮助解决疑难问题。特别是在决定钢箱梁是采用工地栓焊还是工地全焊时，他力排众议，为正确决策起了关键作用。1988 年日本采用栓焊完成大岛大桥的钢箱加劲梁工地连接，许多前往参观该桥的技术人员回国后都竭力主张采用工地栓焊。钱冬生则力主采用工地全焊，他认为我们自己的焊接技艺完全可以满足工程要求，此外还可节约较多经费。为促成这一方案的实施，他会上发言，会下做工作，直到建议最终被采纳。实践证明，和栓焊比，仅这一建议付诸虎门大桥就节省开支 1 000 多万。从此，桥梁界越来越多的人认同这一建议并逐步形成共识，尔后设计的西陵长江大桥和江阴长江大桥也都采用工地全焊连接，这对我国后来建设的大跨悬索桥产生了重大影响。

在半个多世纪的教学生涯中，钱冬生长期担任桥梁教研室主任，对桥梁工程专业的建设，从教学内容到课程体系，从教材建设到教学方法，包括对年轻教师的培养，无不殚精竭虑。为我国铁路桥梁、现代桥梁设计理论研究、实际设计及桥梁工程的人才培养等工作做出了重要贡献。

1993 年钱冬生退休后，仍心系中国桥梁事业。他先后被聘为江阴长江公路大桥、广东伶仃洋大桥、润扬长江大桥等工程技术顾问，2002 年获茅以升科技奖桥梁大奖。在耄耋之年，钱冬生仍然笔耕不辍，保持旺盛的创作精力，几乎每年出版一本专著。在他一生中，先后出版专著 20 余本，发表论文逾百篇。

2016 年 9 月 1 日凌晨在家中安详辞世，享年 98 岁。

徐邦栋

中国滑坡学的开创者和领路人
徐邦栋

徐邦栋(1921—2016),江苏南京人,铁路路基及滑坡防治专家,滑坡治理理论与技术的开拓者和奠基人,曾任铁道部第一勘测设计院线路路基组长、铁道部科学研究院西北分院崩塌滑坡研究室主任等。

1921 年 2 月 9 日,徐邦栋出生在南京一个普通知识分子家庭,传统文化的熏陶和良好的家庭教育使他从小立下救国为民的志向。读完小学和中学以后,徐邦栋 1939 年 4 月进入黄埔军校第三分校政训第一总队学习,11 月于江西雩都毕业。1940 年考入中山大学土木工程系,1944 年毕业,获学士学位。

1944 年至 1947 年,徐邦栋先后参加了柳州、罗平等飞机场修建,南京市长江大堤修建,北平和青岛公路设计与养护等技术工作。1947 年 4 月至 1949 年在广西贵县湘桂黔铁路来湛段桂境工程处工作。1950 年调甘肃省天水市入铁道部西北干线工程局,从此献身西北铁路建设事业。

1950 年至 1953 年,徐邦栋参加天成、兰银、宝成等新线铁路选线测量工作。1953 年任铁道部第一勘测设计院路基专业工程师,负责路基特别设计,提出以带有路基加固工程的代表性横断面控制线路位置,在宝成线北段设计中取得成效。在兰新铁路修建中,对高路堤首次用土力学方法进行了特别设计取得成功,后在负责宝成线北段路基设计时创立了许多实用的设计技术原则,首创铁道部鉴定的路基特别设计文件,被苏联专家称为“中国第一位路基专家。”

1954 年至 1958 年,徐邦栋负责宝成线北段设计配合施工,他他身体力行，刻苦钻研，并大胆实践，终于在我国铁路系统尚无规范与先例时制订了多种山坡地质病害防治的技术原则和方法，同时设计了相应配套的排水和支挡工程措施，治住了大量坍方滑坡等路基病害，保证了通车。

1958年至1961年，徐邦栋对西北地区多条新线遇到的大量高填、深挖和陡坡填堤、崩坍滑坡病害的处理和不良地质地段的路基、河岸防护、导流和改河等工程设计，结合地质条件制订了技术原则，并参加设计和审定，从而为我国铁路路基特别设计和不良地质病害的治理奠定了基础。

1961年，为了深入地研究解决新线建设中崩塌滑坡灾害防治的问题，铁道部在兰州成立铁道部科学研究院西北研究所（现中铁西北科学研究院有限公司）。具有丰富实践经验徐邦栋调入该所，任崩塌滑坡研究室副主任全面主持崩坍滑坡防治技术的研究工作。

徐邦栋在哀牢山断裂带处作现场指导

1962年，鹰厦、外福两线因路基病害而累计中断运输长达3个月，他奉命参加铁道部组织的病害普查组。全线共查出各种病害1 000余处，大型复杂者90余处。经实地调查分析，提出了勘察和研究要点以及治理方案，经3年治理保证了线路畅通。1966年初，贵昆铁路接轨之后出现了9处大的病害，徐邦栋带领科研人员赶赴现场，山上、山下反复调查，不放过每一个变形点和露头点。由于取得的资料丰富，病害性质判明正确，不同工点不同治理，很快恢复了线路畅通。

1966年8月，成昆线北段铺轨架桥时，发现会仙四号桥台被滑坡推移了8厘米。此处向南300米就是百家岭长隧道。“滑坡能否治理？要不要改线？”成了成昆线能否按时通车的关键。接到任务，他第二天就赶到现场，忍受着关节炎的剧痛，拄着拐杖每天在100多米高的山坡上爬上爬下，具体工点具体分析，提出了局部改沟、上部减重、坡脚填碴抗滑的治理方案，3个月便治住了滑坡，避免了改线废弃百家岭隧道所造成的重大损失。在甘洛二号滑坡上，他用工程地质比拟法确定滑坡推力进行设计，争取了施工时间，并研究开发应用挖孔钢筋混凝土抗滑桩防治滑坡的新技术，在国内被广泛应用。1985 年，“复杂地质、陡峻山区修建成昆铁路新技术”项目获国家科学技术进步特等奖，徐邦栋为主要获奖人之一。

徐邦栋还参与了湘黔、枝柳、襄渝、太焦、梅七等众多铁路线重大滑坡工点的调查和方案论证，同样作出了重要贡献。徐邦栋的足迹不仅踏遍了我国的山区铁路，而且为国内水电、冶金、煤炭、交通、工厂、矿山等行业的数百处滑坡治理进行咨询。徐邦栋在技术上从不保密，在培养年轻人方面，从来不摆架子，而是在点滴中倾囊相授。早在 1962 年，他就提出不同专业之间交叉渗透的思路：“学工程设计的人员必须在实践中学三年地质，学地质的人员必须搞两年设计”。徐邦栋不仅为西北分院培养了三代滑坡防治人才，他培养的研究生和跟随他工作过的技术人员大多成了各单位灾害防治的专家和骨干。

1977 年，徐邦栋的《滑坡防治》一书出版，这是我国第一部全面论述滑坡的专著，获 1978 年全国科学大会奖，其内容被列入高等学校教科书和有关规范中，并填补了我国在这一学科领域的空白。他主稿的《滑坡的规律与防治》获 1982 年全国自然科学三等奖。1982 年徐邦栋被选为国际岩土力学及基础工程学会中国小组成员，1984 至 1986 年兼任国际岩土力学与基础工程学会滑坡委员会委员。1987 至 1998 年担任中国科学技术咨询服务中心滑坡防治技术专家组组长。

2016 年 8 月 10 日，徐邦栋走完了他 95 岁的人生旅程。

王道年

一生“铸”入戚墅堰

王道年

王道年(1921—2002),江苏镇江人,铸造专家,全国劳模。历任戚墅堰机车车辆厂技术员、工程师、副总工程师、总工程师兼副厂长、厂长等职,先后担任全国铸造学会理事、中国铁道学会理事,江苏省科协副主席,江苏省铸造学会理事长。

1921年7月6日,王道年出生于江苏省镇江市。抗战期间,随家人西迁,在四川就读于国立二中。1940年考入国立重庆商船专科学校造船系,第二年入昆明西南联大物理系,后保送进入交通大学唐山工程学院矿冶系,1945年毕业并获工学学士学位。1946年进入上海铁路局戚墅堰机车厂。1956年参加全国先进工作者大会,1966年受邀登天安门城楼参加国庆观礼,1978年赴匈牙利出席国际铸工会议。

20世纪50年代,铁道部指令戚厂试制货车冷铸车轮,时任厂中心试验室主任的王道年在只有一份验收规程,没有其他任何技术资料的情况下,自制设备、培训人员,用不到一年的时间,完成试制任务。同时,还大胆提出采用潮模技术,解决了冷铸车轮大批量生产的关键技术难题。

1958年,担任戚厂副总工程师的王道年受命组织实施国家重点科技改造项目——戚厂一期扩建改造工程的规划设计。他带领设计人员从戚厂的实际出发,提出了扩建新厂区,把新老厂区划分为机车、货车、配件冷加工和热加工四个区域的总体规划,形成了今天戚厂厂区建设规模的雏形。

1960年,王道年担任铁道部热加工研究所副所长兼总工程师。时值建所初期,他和同事们一道采取边建所边科研的方针,用四年左右时间,完成了“全纤维锻造曲轴”“铁模挂砂”“石墨模铸钢轮”“13 号车钩样板”“400 吨试验台”等十几项课题研究，在国内处于领先地位。

长期以来，含 95%二氧化硅的石英砂被认为是最理想的造型材料。但游离在粉尘中的二氧化硅对铸造工人的健康却是致命的危害。经过长期的研究和实践，王道年提出了以石灰石作为新型造型材料的设想。为了更有利于试验，王道年主动要求从工艺研究所调到厂铸钢车间，搞了 800 多次配方、历经了 456 次试验，终于成功地用水玻璃石灰石砂浇铸出了从十几毫米厚到 500 毫米厚的优质铸钢件。实际应用表明，石灰石砂(即“七〇砂”)能有效地防止矽尘对铸钢工人的危害，同时提高铸钢件的表面质量和减少裂纹废品，并且石灰石原砂资源丰富，价格低廉。1978 年，“七〇砂”铸钢技术获铁道部全路科技大会优秀项目奖和全国科学大会成果奖。

1976 年 7 月，戚厂着手研制开发一种新型大功率内燃机车。在王道年的主持下，16V280ZJ 型柴油机首先于 1979 年 5 月试制成功，柴油机采用了整铸球铁机体等先进工艺。装用该柴油机的东风 8 型内燃机车于 1984 年试制完成，主要技术性能指标达到了国际水平，并于 1986 年获国家“六五”科技攻关奖，1990 年又获国家科技进步一等奖。

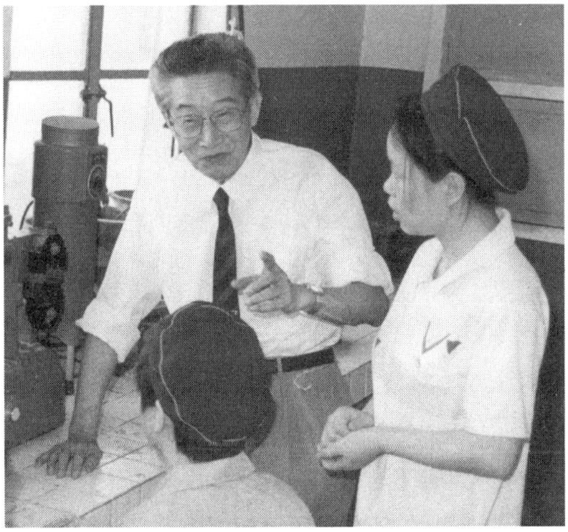
王道年与工人们在一起

1981 年，王道年出任戚厂厂长，他坚持以科研带动生产，以探索科学的企业管理模式改变工厂面貌，摆脱了陈旧的管理理念，及时调整了产品技术结构，促进产品开发。1982 年，铁道部获得美国 GE 公司委托制造整铸式机车转向架构架的信息，由于其严格的质量要求和整铸技术的难度，路内其他工厂都不能承担这项任务。王道年亲自主持制订了全部技术方案，制订了一整套符合北美铁路协会质量管理要求的质量控制体系，用“七〇砂”完全按美方的质量要求制造出了“GE 构架”，一次通过了质量验收。这是我国铁路同类产品首次打入美国市场。

退休后，王道年仍然致力于铸造技术的研究，担任铁道部技术顾问委员会委员。同时，他创建戚厂退休工程师科学技术协会，汇集了一大批退休科技人员，继续发挥余热。

2002 年 10 月 8 日王道年病逝。他的一生为我国铸造技术的发展做出了重要贡献。从青年小伙到耄耋老者，王道年在戚墅堰这个江南小镇上，用自己的全部工作生命和聪明才智，铸就了戚墅堰机车车辆厂和戚墅堰机车车辆工艺研究所的辉煌。

潘
田

生命随铁路而延伸
潘田

潘田(1921—2002),原名方明昌,又名方焜,江苏南京人,铁道工程专家。1953 年至 1963 年任铁道兵学校、学院主管教学的副校长、副院长。1963 年至 1983 年任铁道兵司令部副参谋长兼总工程师(正军级)。1983 年后担任《中国大百科全书》军事篇军事工程副主编。

1921 年 12 月,潘田于生于南京市,1928 年至 1940 年 7 月在南京读小学、中学,其间 1938 年至 1939 年在上海读高中。潘田读中学时正值日本侵略军占领南京,耳闻目睹南京大屠杀,几十万平民百姓死于日军刀枪之下,激起抗日救国的决心。1940 年潘田考入中央大学工学院土木工程系,1944 年毕业。

潘田一生心系铁路,在革命战争年代就与铁路结下不解之缘。早在大学时代,潘田就投身革命,组织和参与了一系列爱国学生运动。到东北人民解放军铁道纵队工作后,他和战友们冒着枪林弹雨紧急抢修铁路,支援前线作战,解放军打到哪里,铁路就通向哪里。抗美援朝时期,为粉碎敌人的“绞杀战”,他和战友们创造出预设计、预测量、预施工、预计划的“四预工作法”,成倍缩短了抢修时间,使铁路通车里程十几倍地增加,创造了一条“打不烂、炸不断的钢铁运输线”,为抗美援朝的胜利立下不朽战功。

解放初期,中国铁路极不发达,远不能适应经济建设的需要。在新中国铁路建设高潮中,身为中国铁道兵总工程师、副参谋长的潘田,主持和参与了多条铁路的建设。从东北林海到西南边陲,从青藏高原到南海之滨,从深山茂林到大漠戈壁,到处都留下他的足迹。

20世纪70年代修建的襄渝铁路在我国铁路中桥隧密度最大，施工难度很高，特别是铁路中段沿汉江峡谷而行，由于岩层风化破碎严重，塌方滑坡频频发生。全线铺轨后，病害工点一共发现320多处，成为心腹大患。潘田多次前往现场调查，广泛听取意见，大胆提出“锚固桩”方案——用大型钢筋混凝土桩给山体铆上“钉子”，最大的“钉子”用了100多吨钢材，1 000多立方米混凝土，被称为“千方百吨一根桩”。60多根大桩深贯山体，山体从此趋于稳定。30多年过去了，襄渝铁路自投入运营以来，运行一直保持平稳，成为一条联通中南、西南地区的大动脉。

潘田（前右二）在中央大学读书时与同学合影

在东北林区勘察嫩林铁路线路时，潘田冒着零下30多摄氏度的严寒，在林海雪原奔波一个多月。20世纪70年代修南疆铁路，黄水沟至滋泥泉一段出现东、西线两种方案，其中东线要长距离穿过盐碱地，施工难度很大。潘田带领技术人员顶着沙尘暴，认真调查，科学比较，果断敲定东线方案。铁路通车后，盐渍土地区铁路稳定可靠。实践证明，他主持确定的方案和采取的技术措施是成功的，为我国在更大范围的盐渍土地区修路积累了宝贵经验。

潘田一生修过的铁路很多，但心里最惦记的还是青藏铁路。为考察进藏路线，他曾几上青藏高原，跋山涉水，实地勘察，获得大量宝贵的第一手资料。1976年，有关方面组织专家勘察青藏线，潘田主持和参与了这次勘察。从不冻泉至雁石坪，有东、西两个方案待选。潘田一行不顾海拔4 500米地区高寒缺氧，踏雪沿东、西两线考察，最终确定走西线。青藏铁路关角隧道，海拔3 700多米，空气含氧量低，隧道导坑内含氧量更少。潘田到隧道内各个掌子面了解施工情况。在调查的基础上，邀请中国科学院、设计、施工等单位的专家对隧道整体道床病害进行分析，采取综合措施进行整治。

把铁路修遍全中国是潘田毕生的心愿。1995 年，潘田患癌症住院手术。他在病榻上致信中央领导同志，建议青藏铁路尽早上马，让我国唯一没有通铁路的省份早日通上火车。1999 年，潘田再次致信中央领导同志，捧出一个“老铁路”的拳拳之心。他终于等到了青藏铁路的开工，而且走的就是他当年建议的那条线路。

2002 年 12 月 27 日癌症终于夺走了潘田的生命。然而，可以告慰他的是，青藏铁路于 2006 年 7 月 1 日正式通车了。潘田把毕生心血洒在中国铁路线上，他未竟的事业正在后人的手中完成，他的生命随着中国铁路的发展而延伸。

王宝贵

铁路轮渡优秀船长

王宝贵

王宝贵(1922 1976),江苏江宁人。全国劳动模范。历任上海铁路局南京铁路轮渡所舵工、副驾驶、正驾驶、值班船长、船长。

1922年2月22日,王宝贵出生在江苏省江宁县的一个船工家庭,在渔民的号子和拖轮的汽笛声中长大,拥有一身好水性和江轮驾驶技术。1942年9月进入南京铁路轮渡任水手、舵工。解放后,在上海铁路局南京铁路轮渡所凌平轮任副驾驶、正驾驶。1952年在南京铁路轮渡所浦口号任驾驶员,后担任值班船长、船长等职务。王宝贵在工作中处处以身作则,忘我劳动,为人忠厚,作风正派,为铁路运输和轮渡事业做出了贡献,多次被上海铁路局、南京市授予先进工作者称号。1956年被国务院授予全国先进生产者光荣称号,并赴京参加表彰活动,受到党和国家领导人的接见。

在20世纪50年代,南京铁路轮渡是南北铁路交通的咽喉要道,仅有“南京号”、“浦口号”两艘蒸汽渡轮,运输任务十分繁重,王宝贵在渡轮航行驾驶中,分秒必争,夜以继日,创造了日航行20渡,平均每渡13.1分的航行纪录,受到了上级领导的高度评价和职工们的赞扬。担任船长后,王宝贵积极培养年轻的轮渡驾驶人员。无论是在安全控制,还是技术技能,他都对徒弟、青工们要求严格,并把他积累多年的驾驶技术和经验毫无保留地传授给他们,是职工们心目中的“船老大”。王宝贵在工作中,密切联系群众,凡事和群众商量,经常向职工交换意见和想法。他对工作负责的职工加以鼓励,更加提高其工作热情;对工作有缺点和经常出问题的职工进行教育,帮助其改正缺点。水手孙业龙接连几次忘记拿刹,差点酿成事故。王宝贵主动找他个别谈心，分析原因，找出思想上不足，并督促其更加刻苦学习技术，后来孙业龙再也没有发生过事故隐患。除了在工作中关心职工，王宝贵还在生活上爱护职工。虽然他子女较多，生活并不富裕，但是他还是经常接济生活困难的职工，把自己的布票、粮票、钱物送给他们。过年过节他自己掏钱购买礼品慰问职工，深受职工爱戴。

铁路轮渡运输作业程序烦琐复杂，环境恶劣，安全风险大，稍有不慎就会发生严重事故。王宝贵作为船长，不仅刻苦钻研操纵技术，还时刻抓好安全的宣传、预防和管理。他多次防止碰撞事故和人身事故，创造了一套渡轮运用安全作业法，被作为推广学习的典型，确保了火车轮渡运输的长期安全。王宝贵不仅注意作业安全，还主动做好对列车上人员的安全宣传教育。在船上装载重要列车或军车时，王宝贵及时告诉后面连接员挂钩时要注意不要太重，并用扩大器进行安全宣传，不要把头或手伸出窗外，不要下车以免发生危险，同时布置船上纠察注意客车上的人员安全。一次，王宝贵发现一位旅客从车上下来拍摄轮船和大桥的景色，由于渡轮颠簸、甲板潮湿，差点摔倒滑落江中，幸亏王宝贵及时拉扶，化险为夷。这件事也成了他安全宣传的典型案例。王宝贵每天坚持对职工进行安全教育，要求大家在接班时要仔细检查不马虎，作业时要按章操作不走样，要时时刻刻遵守劳动纪律，把事故消灭在萌芽状态，保证国家财产不受损失。王宝贵每月坚持召开一次组长会议，总结工作，查找问题，研究制订安全包保方案。由于王宝贵以自己安全无事故的榜样影响大家，因此他在职工群众中的威信很高。

1966 年的南京铁路渡轮

王宝贵对待工作像热爱自己的生命一样，敬业爱岗，忘我劳动。王宝贵家住轮渡码头的东炮台地区的一间茅草房里。由于家里人口多，居住拥挤，加上房子年久失修，单位按规定给他分配了离城区较近、条件较好的住房。但王宝贵却谢绝了组织的安排。子女们不理解，王宝贵说服家人，东炮台的老房子条件虽差，但距离铁路轮渡码头很近，一旦有事可以立即赶到。可见，在他心中工作永远是第一位，铁路轮渡的汽笛声就是对他工作的召唤。

王宝贵多次不顾个人生命安危，在江中抢救国家财产和落水人员。1976 年 12 月 24 日，王宝贵带领"江苏号"渡轮员工到江浦林山战备锚地施工。由于气候异常，风大浪急，江水回流将施工木料冲跑。王宝贵发现后，立即带领工友划小船去江中抢捞木料。他们冒着雨雪与风浪搏斗，终于把冲走的木料拖到了渡轮旁边。这时，筋疲力尽的王宝贵突然摔倒，后送至医院抢救无效，不幸去世，终年 55 岁。

王宝贵的敬业精神和劳模风范，永远值得铭记和缅怀，永远值得敬仰和学习。

岳延贵

"岳延贵调度法"的创立者

岳延贵

岳延贵(1924—2013),全国劳动模范。先后在南京火车站,南京铁路分局运输科、调度所,担任制动员、车号员、调度员、值班员、站务组织工程师、调度所副主任等工作。

1924年1月18日,岳延贵出生于上海,先后在上海、南京完成小学和初中阶段的学习。岳延贵1942年8月进入铁路工作,1949年10月调入南京铁路分局调度所担任值班员。此时,正值新中国成立初期,铁路秩序刚刚恢复,铁路运输的能力远远不能满足社会主义建设的需要。如何处理好运输需求量和运能之间的矛盾,在保证安全的前提下通过科学合理的调度指挥加快列车周转,提高铁路运输的效能,是当时调度所和调度员的中心任务。

岳延贵刻苦钻研,努力学习,边工作、边实践、边摸索,逐步形成了自己的一套符合实际、逐步成熟的调度工作经验。这一工作经验的主要内容如下。

第一,规范调度的作业过程,遵章守规,井然有序。要指挥调度好全分局的机车、车辆运用和全部列车运行,工作要有系统而冷静,决不能临时乱抓。比如,从接班到交班,什么时候做什么工作应安排妥当,而且这一过程要留有余地,保证在遇到特殊情况时正常工作,不被打乱。又如用完的图表及有关资料工具等规范放置等等。

第二,准备两套调度计划,有备无患,万无一失。比如,列车编组的车源,计划用装卸车,万一赶不上那就必须有第二套计划,保证车源供应。又如列车晚点的因素很多,所以在组织列车运行上,货物列车要尽量做到提前区间运行，旅客列车要组织好，早到分秒、准点开出，确保安全正点、平稳运行。

第三，从现场实际出发，依靠群众，克服困难。调度员的工作不能仅仅在调度所里发号施令，要随时考虑现场的实际情况，遇到困难时，要和现场人员协商，得到他们的支持，工作才有基础。工作过失时，不要过多的强调客观，不要责怪现场人员，要从自身找原因，多做自我检查，吸取教训，提高调度指挥水平。

第四，学习借鉴国外的先进经验，取其精华，洋为中用。原苏联斯大林时期，明斯克调度所创立了“苏德尼果夫调度法”，其核心内容是运用科学方法加快周转，合理经济地使用机车车辆。当年，学习老大哥的经验必须结合本国的国情。岳延贵取其精华、科学借鉴、联系实际促进提高。

1959 年 6 月，沪宁复线宁镇段建成通车

经过几年的努力，在铁道部运输局调度处有关人员的帮助下，岳延贵把在实践中积累的经验加以理性的提炼，创立了“岳延贵调度法”。收到明显成效。具体表现为“三高一省”，即列车正点率高、编制计划正确性高、完成装卸车指标高和为国家节省了大量的机车和车辆小时。1956 年夏，铁道部在青岛举办了两期全路调度训练班，岳延贵应邀前往授课。同时，《岳延贵调度法》一书正式出版，向全路发行。岳延贵还担任了南京铁路运输学校的兼职教师，定期向学生讲授铁路调度课程。

“岳延贵调度法”在全路产生了较大的影响，岳延贵本人也获得了很高的荣誉。1956 年，岳延贵分别被南京市、铁道部、国务院授予“先进生产者”光荣称号。同年 3 月和 5 月，岳延贵两次受到毛泽东、周恩来、邓小平等党和国家领导人的接见，同时还作为全路劳模的代表应邀参加了铁道部长滕代远的宴请。

岳延贵 2013 年 11 月 12 日在南京逝世，终年 89 岁。

铁道车辆科学研究的开拓者
苏民

苏民

苏民(1924—),江苏高邮人,铁道车辆专家。长期从事铁道客货车辆的设计、制造、试验及改进、定型等研究工作,组织制定了相关的强度及动力学试验标准,参加铁路发展技术政策和发展规划的制定,是我国铁道车辆科学研究的开拓者之一。

1924 年 6 月 2 日,苏民出生于江苏省高邮县城,在高邮老家完成了小学、初中的学习。1939 年 6 月就读于上海私立正中中学,1941 年 8 月考入交通大学(现上海交通大学),1943 年转入重庆交通大学,1945 年 7 月交通大学航空工程系毕业。抗日战争胜利后进入重庆铁路总机厂任工务员,1946 年底转入山东青岛四方机厂任工务员。1950 年 7 月调到铁道部厂务局任工务员。1951 年被选派去苏联莫斯科铁道运输工程学院铁道车辆专业学习,师从维诺库洛夫教授攻读研究生课程。1955 年发表学位论文《减轻全钢客车转向架重量的途径》,该论文的主要成果之一——铁道车辆用弹簧横向刚度的计算公式,后来被编入苏联的车辆教科书中。1955 年 12 月毕业,获技术科学副博士学位。

1956 年 1 月,苏民回国到中国铁道科学研究院,负责筹建并负责车辆研究室,先后任研究室副主任、主任。在此期间,苏民参加了铁道科学技术发展远景规划的编制工作。根据规划要求,以发展新型铁路车辆及现车技术改造为重点,带领车辆研究室的全体人员加强与兄弟单位密切合作,先后对车辆重要零部件和新型整体结构开展研究,取得了丰硕成果。还参加了全国铁路12年科技发展规划的编制工作。根据规划要求，重点研究解决当时运输生产急需的关键技术问题。苏民领导车辆研究室的同事们填补我国车辆设计空白，系统研究完成了货车转8型转向架、客车202型转向架、货车13号车钩和C50敞车等新产品的开发，均已成为我国铁路主型产品，在几十万辆货车及客车上得到推广应用。苏民还参加了全国12大行业技术政策的制订工作，在铁道车辆发展方向上提出了论证并被采纳，此项目于1985年荣获国家科技进步一等奖。

1964年，国内几十万辆货车由于球墨铸铁轴瓦端磨引起严重的燃轴事故，苏民担任组长领导课题组研究解决这一难题。经过多年反复调查试验研究最后研制成“塑料瓦头”，克服了轴瓦端磨，燃轴事故减少了70%。1977年通过部级鉴定并在全路推广。1978年受到全国科学大会奖励。

93岁高龄的苏民在家中

1979年，随着我国铁路运输能力与运量矛盾加剧，研制新型车辆以适应重载运输的发展，成为急需解决的问题。苏民带领团队经过反复研究、论证，向原国家经委、铁道部提出建议，研制加大每延米载重的缩短型C61敞车，以便在850米有效站线长度内编成5 000吨重载列车，提高铁路运能。此建议被采纳后，由齐齐哈尔工厂设计并试制出样车，苏民组织有关科研人员开展各种试验研究工作，实现了开行5 000吨重载列车的预期目标。此项目通过部级鉴定并荣获国家科技进步三等奖。

为了使我国铁路重载扩编技术全面推广以解决我国运输紧张局面，从1982年开始，苏民又领导进行了重载扩编试验，在中国首次进行重载5 000吨～7 000吨(最高10 000吨)的环行线和正线试验以及旅客列车扩编25辆～30辆试验。这一成果推动了我国重载、扩编工作的顺利发展，荣获原国家计委、原科委等联合颁发的国家“六五”攻关奖。

20 世纪 90 年代初，苏民为推进铁路提速献计献策。苏民是“文化大革命”后最早的研究生导师之一，为铁道车辆事业人才培养倾注了大量心血，作出了重要贡献。

王光华

铁路运输组织科学研究的领导者

王光华

王光华(1924—1995),原名朱承坚,又名朱松茂,江苏吴县人,铁路运输专家,我国铁路运输组织科学研究的领导者。曾任上海铁路局团委副书记,铁道部科学研究院运输所研究员、学术委员会主任,铁道部电子中心副主任,铁道部电子计算技术中心顾问等。

1924年8月8日,王光华出生于上海,祖籍系江苏省吴县洞庭东山屯湾村。父亲朱穰丞,是我国革命戏剧运动先驱,20世纪30年代赴法国、比利时、苏联从事革命活动,在苏联大清洗运动中被捕遇难。母亲王季凤,早年参加革命,曾不顾风险将自己家作为上海地下党的一个工作点。王光华从小受到熏陶,15岁时就投身抗日救亡运动,16岁加入中国共产党。1948年7月,为逃避追捕,经组织安排,赴华中解放区工作。此时,吴学谦(时任中共地下党上海市委委员,曾任国务院副总理)给他改名为王光华,以后一直使用此名。同年12月,王光华参加了军事接管蚌埠和上海铁路局的工作。

1951年8月,王光华从上海铁路局团委书记的岗位上选调赴苏联学习,在莫斯科铁道运输工程学院运输专业攻读研究生,师从齐赫米洛夫教授。由于学习成绩突出,留苏期间被推选担任中国留苏学生总会第一、二届学习部长。

王光华自1955年从莫斯科铁道运输工程学院获副博士学位回国以后,除1962年至1964年赴波兰华沙担任社会主义国家铁路合作组织顾问、科技合作委员会主席和1978年至1980年赴法国巴黎任中国常驻联合国教科文组织代表团参赞衔副代表外,主要在铁道部科学研究院从事铁路运输组织的科学研究和领导工作。他思想活跃，勇于创新，借鉴国外铁路先进经验，紧密联系我国铁路实际，深思熟虑，先后撰写了大量有关改进、改革和发展我国铁路运输组织和运输管理的论著，为发展我国铁路的调车理论、改进驼峰设计和作业、加强货流车流组织和发展直达运输、提高铁路设备综合能力等做了大量的科研工作，有力地推进了我国铁路运输组织理论和实践的发展。

1956 年 2 月，王光华在建国后全国首次铁路运输与经济学术讨论会上，作了《关于在中国铁路运用调车工作理论的问题》学术报告，报告结合在南京编组站调查和试验的情况，提出了改进铁路调车工作以提高作业效率和改编能力的发展方向，这对改进当时我国铁路调车工作发挥了重要作用。

1958 至 1959 年，王光华主持研究《简易驼峰（土驼峰）作业》课题，在调查总结全国铁路 100 多个简易驼峰作业经验基础上，针对当时作业中普遍存在的问题，提出了一套比较完善、科学的计算理论和作业方法，对改建和新建简易驼峰的作业组织，提供了科学参数和依据，对提高当时编组站的改编能力以适应急剧增长的运量需求起了重要作用。

王光华（左二）接待外籍专家

1959 至 1961 年，王光华主持研究的《选择增强铁路线路通过能力的方法》课题，是针对当耐我国铁路运量迅速增长，运能不能满足运输需要，为寻求经济合理的强化线路运输方法而开展的重要科研工作，研究成果提出的技术经济定额、技术经济比较方法、线路纵断面的划分，以及分阶段加强我国铁路线路通过能力的措施与方法等主要研究结论，为我国铁路线路通过能力理论研究发展奠定了良好基础。

在 1959 年反右倾和“文革”十年中，王光华蒙受了不白之冤。平反后，他日以继夜完成了约 27000 字的《关于我国铁路运输科学的发展问题》的论文，在全面系统地回顾我国铁路运输科学长期发展情况的基础上，满怀雄心壮志提出了发展我国铁路运输科学的一些建议。铁路运输部门的领导和专家一致认为这篇学术论文对今后我国铁路运输组织管理科学的发展，有着重要的指导意义。

1981至1984年，王光华主持铁道部电子计算技术中心的工作，1984年以后任顾问。这期间，他不仅紧跟世界信息时代的前进步伐，撰写了《采用电子计算机加速铁路运营管理现代化》论文，明确提出"铁路现代化的关键在运营管理"，并对全路建立电子计算机网络和运营管理系统提出了具有远见卓识的建议。而且，他时刻心系我国铁路建设事业发展，多次上书中央和铁道部领导，提出了关于开发浦东和修建京九铁路等多项建议，这些建议大多已被采纳和付诸实施，特别是1990年王光华提出的"开创列车速度联控行车制式的研究设计"重要论述，必然引起铁路变通信号与列车控制领域的根本变革。业内普遍认为，这一设想付诸实施后，给铁路企业带来的经济效益和社会效益是无法估量的。铁道部对此已立项进行研究试验，王光华为使这一信念成为现实，不顾年老体衰，奔走操劳到生命的最后一息。

1995年12月28日，王光华因病在北京去世，终年71岁。

周
晨
光

铁道金属材料及热处理专家

周晨光

周晨光(1924—2009),江苏宜兴人,铁道金属材料及热处理专家,铁道部科学研究院金化所研究员,长期致力于铁道机车车辆及线路金属零部件新材料、新工艺的研究,先后取得近20余项科研成果,为铁路建设做出了重要贡献。

1924年11月11日,周晨光出生于江苏省宜兴市一个农民家庭。从小受"好好念书,做有为之人"的家庭教育,使他立下了为国家多做贡献的求学志向。小学毕业后正值日本发动大规模的侵华战争,周晨光在颠沛流离中读完中学。1943年,周晨光考入江苏医学院读了一年,又考入交通大学贵州分校矿冶系(当时唐山交通大学搬迁在贵州平越),立志要为祖国落后的工业或交通事业贡献自己的一份微薄力量。1948年大学毕业去台湾林业管理局工作。1949年回母校唐山工学院冶金系任助教。1950年3月铁道研究所在唐院成立,周晨光兼任铁道研究所助理员,负责金相热处理实验室设备的购置、安装与调试,并带领工学院学生进行金相实习。1953年周晨光随研究所迁往北京,担任铁道技术研究所金属组(后改称为铁道部科学研究院金化所)助理研究员,从而开始了专业的专题研究工作。

为了保证铁路行车安全,需要对铁路常用金属材料建立检验、分析标准,金化所于1953年初立项研究编辑金相样本(图谱)。周晨光担任专题组长,他带领专题组人员克服设备条件差的困难,仅用普通金相显微镜,针对铁路常用材料及破损零部件,制取金相样品进行分析、观测,以精湛的技术、不辞辛苦的工作,终于在当年年底拍摄出120余幅典型金相图片,编辑成金相图谱出版。该图谱不仅适用于铁路，也适用于其他系统，对全国的金相检验起到了积极的作用，直至现在仍对金相专业的工作有着很大的参考价值。

1954年，针对当时蒸汽机车重要配件耐磨性较差，致使大修、厂修周期缩短，影响运营的情况，周晨光与安汝潜共同负责“机车配件火焰表面淬火”的试验研究。专题组选取了五种机车常用磨损件进行火焰表面淬火的试验，以期提高其耐磨性。他们深入现场，从设备的设计制造、安装调试直至工艺试验，都亲自动手参与。通过反复试验研究，制定出一套切实可行的技术条件和操作规程，在长辛店机车车辆工厂正式投产试用，可使使用寿命提高1～3倍，效果很好。继而又开办了技术培训班，在全国进行推广应用。

从20世纪50年代开始，周晨光针对铁路钢轨不耐磨、不耐压的问题，与钢厂一起结合我国矿源特点，研制了多种低合金钢轨，从化学成分、性能试验到线路铺设做了大量的试验研究。经过各方科技人员的协同努力，研制的U71Mn钢轨在全国铁路上大量使用，满足了铁路发展的需要。

位于唐山的铁道技术研究所(铁道部科学研究院的前身)旧址

20世纪60年代初，周晨光带领专题组与锦州铁路局车轮厂、沈阳铁路局苏家屯机务段协作，研究成功车轮、轮箍的工频加热表面热处理的设备和工艺。经装车运行考验表明，提高了强韧性，改善了抗剥离性能，使原来不到一个架修延长到一个厂修而不落轮，取得了明显的技术经济效益，很受现场欢迎。

从20世纪50年代末到70年代初，周晨光多次参加内燃、电力机车的材料工艺攻关工作。采用我国富有的锰、钒等合金元素替代较缺乏的铬、镍元素，研制成功用40CrMnMoVB制造大模数传动齿轮，用于韶山型电力机车；采用喷雾连续冷却工艺进行Mo-Cu球墨铸铁的等温热处理；采用高频淬火进行内燃机车大模数传动齿轮的全齿廓表面淬火,解决了齿根部的开裂问题。

20世纪70年代中期,随着我国电子技术的发展,可控硅中频电源问世,周晨光率先把可控硅中频电源应用到道岔的全长表面淬火上,使道岔使用寿命延长2～4倍。1976年通过铁道部技术鉴定,同年,获铁道部科研成果三等奖,并列为铁道部1979年重点推广项目。

1977年,周晨光抓住上海铁路局焊轨厂迁址新建的时机,取得部、局领导的支持,立项将可控硅中频电源应用在250米焊接长钢轨的全长淬火工艺上。经过反复试验、研究分析,攻克了长钢轨全长淬火的变形关键,消除了焊缝的热影响,找出了长钢轨进行全长淬火的变形规律,制定了合理的工艺参数和工艺装备,成功地研制出了世界上最长的全长淬火钢轨。经过全长淬火的250米长钢轨在津浦干线的铺设使用,提高了抗磨耗,抗剥离,抗擦伤,抗焊缝"马鞍型"磨耗等使用性能,大大延长了钢轨的使用寿命。1983年通过铁道部技术鉴定,1985年获国家科学技术进步二等奖。

周晨光40多年来为提高铁道钢轨、道岔、轮箍以及内燃机车曲轴、齿轮等重要零部件的性能和使用寿命做了大量的开创性研究,不断在科技战线上取得重要成果。先后发表了30多篇论文并应邀出席了国际重载会议,所宣读的论文受到同行专家的关注和好评。周晨光科研作风严谨,培养了一批高素质的科研人才,促进了铁路科技的发展。

周晨光2009年9月11日病逝,终年85岁。

何希敬

建设苏北铁路的首倡者

何希敬

何希敬(1924—2004),江苏涟水人。历任常州市委常委、副市长,苏州市委常委、副市长,淮阴地区行政公署副专员、淮阴市政府顾问。

何希敬早年在抗日烽火中参加革命,1942 年进入八路军第五纵队。渡江战役后,他随组织到常州工作,开始任常州市委组织部长,1964 年任常州市委常委、副市长,分管工业经济工作。1965 年,任苏州市委常委、副市长。1966 年,任苏州市革委会副主任。1980 年,省委、省政府为加强苏北经济工作,调他任淮阴地区行政公署副专员。此时,他感到苏北解放 30 多年,在这样一个面积 5 万平方公里,4 000 多万人口的广大区域没有铁路实难理解。1983 年 3 月他退居二线,但仍留任淮阴市政府顾问,兼省政府经济研究中心常务理事。在长期领导地方经济的工作实践中,何希敬深刻体会到“经济要发展,交通要先行”,克服各种困难,积极倡导和建成“沂淮铁路”(后更名“新淮铁路”、现“新长铁路”的一段),结束了苏北腹地“寸土无轨”的历史。

1984 年 3、4 月间,江苏省委召开各市“原抓经济工作老领导座谈会”。淮阴市政府顾问兼省政府经济研究中心常务理事的何希敬发言,阐述了淮阴经济落后的原因之一是缺少铁路,并提出兴建沂淮铁路(即从陇海铁路新沂站到淮阴市的地方铁路)的设想,得到与会有关同志的赞同。会后,他进一步调研,在济南铁路局等单位的帮助下,制订了沂淮地方铁路选线测试方案。恰巧时任中共中央总书记的胡耀邦来淮阴视察,市领导汇报了要在苏北兴建沂淮地方铁路的设想。胡总书记当即表示:“苏北要搞条铁路,你们已提出几年了,我是不反对的,你们有能力就搞嘛!”于是,市里对兴建沂淮铁路的决心更大了。

1984年11月，江苏省政府责成省科协主持对兴建沂淮铁路进行技术论证。会上，何希敬代表市政府就建设沂淮地方铁路的设想作了汇报。大家一致认为，“兴建沂淮地方铁路很有必要，如再向南延伸，就可与沪宁铁路贯通，这对苏北以致整个江苏经济的发展，无疑将起到重要的推动作用。”何希敬提出此项工程的具体建设方针为：“地方为主、国助为辅、三级（省、地、县）集资、两级（乡村）以征用土地兼入股、保息分红、不搞平调，徐州与淮阴两市共建。”与会代表对此极为赞赏，认为这是兴建地方铁路的一个创举，这条铁路“运量可靠、技术可行、效益明显”。会后，时任江苏省长的顾秀莲不仅批复了淮阴市政府的报告，还亲笔写信给铁道部长请求支持。时任省委书记沈达人也指示何希敬向原国家计委作具体汇报，争取列入国家“七五”计划。

何希敬（中）在沂淮铁路开工典礼上

1985年1月26日，《新华日报》发表了何希敬关于兴建沂淮铁路设想的文章，省委《参考资料》全文刊载。经调研，江苏省政府基本同意淮阴市的项目建议书，并上报铁道部。当时的铁道部长吕正操前后两次来江苏，与省委省政府领导共同研究。项目建议书由原省计委上报原国家计委争取立项，铁道部也上报了项目计划。原国家计委于当年10月11日批复：修建沂淮地方铁路的资金和材料全部自筹，应予支持。这一批复前后经历5个多月，终于得到解决。何希敬为此事10多年间反复经常奔走于省和中央有关部委，苦口婆心地解释说服，各级有关领导无不为之感动。当时铁道部负责地方铁路的同志开玩笑说：“何专员，你真有一股韧劲！”

淮阴首倡兴建沂淮地方铁路，不仅极大地鼓舞了淮阴地区广大干部群众，而且推动了整个苏北地区的4 000多万人民的建设热情。当时地方财力紧张，市里开会专题讨论。何希敬说："省里批准我在苏州安家，建房费至少也要七八万元，沂淮铁路初测设计只要7万元，这就算作我回苏州的建房费吧！"在场的市领导都很感动，会上通过决议，动员市属单位捐款、捐物。更为感人的是铁路沿线广大群众以被征用的土地入股，沭阳县城的中小学生为建铁路捐物或由老师带领收集废铁皮、牙膏皮变卖为建铁路捐款。

1990年1月，新淮铁路在沭阳县破土动工。1998年3月5日是敬爱的周恩来同志诞辰100周年纪念日。这天，从新沂发出的一列火车首次驶达周恩来的故乡，宣告新淮铁路全线通车，广袤的淮安大地从此结束了"土无寸轨"的历史。之后，全长638公里的新长铁路（新淮铁路及向南延伸至浙江长兴）被列入国家"九五"重点工程。2005年4月，新长铁路全线通车，形成了纵贯江苏全境的国家沿东海线的陆海大通道。

被誉为苏北铁路首倡者的何希敬为兴建沂淮地方铁路，前后十多年吃尽了千辛万苦。他见到了新淮铁路的建成，却没有等到新长铁路的全线通车，更没有看到苏北铁路网的构成。2004年8月8日，何希敬刚刚入住苏州的新居后不久就因长期操劳被癌症夺去了生命。然而，何希敬为振兴地方经济坚持不懈、百折不挠的精神永远值得颂扬。

方秦汉

一代“钢霸”

方秦汉

方秦汉（1925—2014），浙江黄岩人，著名桥梁专家，中国工程院院士，历任大桥工程局勘测设计院工程师、桥梁总体设计负责人、设计组长、高级工程师，中铁大桥局集团有限公司副总工程师等职。

方秦汉于1925年4月20日出生于浙江省黄岩县路头方村，幼时身体瘦弱，父亲原打算让他当店员，但大哥坚持要让小弟念书。1946年2月，方秦汉毕业于黄岩县县立高中。这年7月，西南联大在上海联合招生，他与同学一道来到上海，先后参加了5所大学的考试，最终选择了清华大学，攻读土木工程结构专业。当时，正值中国革命胜利的前夜，方秦汉既认真读书，也关心时事政治，迎来了新中国的诞生。

1950年8月，方秦汉以优异成绩从清华大学毕业，分到铁道部工作。此时，为修建万里长江第一桥——武汉长江大桥，铁道部设计局成立武汉大桥设计组。方秦汉满怀建设新中国的豪情壮志，来到武汉大桥设计组，从此与桥梁结下了不解之缘。

方秦汉在设计组长王序森的指导下工作了4年，学到不少东西。王序森务实严谨的工作作风对方秦汉影响很大，成为方秦汉做人做事的榜样。1954年，武汉长江大桥的总体设计完成后，方秦汉受命担任了湘桂线衡阳湘江大桥设计负责人。方秦汉第一次独当一面工作。他运用所学的知识，将正桥上部结构设计成公路铁路上下分层的连续钢桁梁，公路引桥为装配式钢筋混凝土结构。这在20世纪50年代是比较先进的。

自1956年开始，年轻的方秦汉渐渐被委以重任，在完成衡阳湘江桥的修复设计后，他又主持了贵州乌江桥的设计建造和重庆白沙沱长江大桥的设计工作。这些建桥经验及其在工作中养成的良好品质，为他后来独立设计长江上里程碑式的超大型跨江桥梁做好了理论、实践和意志品质上的储备。

1958 年，我国开始建设南京长江大桥，方秦汉被破格任命为南京长江大桥钢梁设计组组长。作为设计组长，摆在方秦汉面前的首要难题就是桥梁用钢问题。为了研制出抗拉、抗压和抗剪强度都很高而且相对较轻的匀质材料，方秦汉一方面自学钻研钢材资料，另一方面积极与鞍山制钢厂紧密合作。经过反复试验，在大家的共同努力下，南京长江大桥所需的桥梁钢终于研制出来了，它被命名为“争气钢”。在他和团队的努力下，最终实现了单孔跨度 160 米的目标。该桥获得国家科技进步特等奖。

方秦汉（右二）在南京大胜关长江大桥工地

1975 年，方秦汉被任命为九江长江大桥钢梁总设计师。九江大桥是他付出心血最多的一座桥，历经 20 年，可谓一波三折。九江长江大桥的主跨需达到 216 米，远远超过南京桥的 160 米，他面临着又一个新的挑战。方秦汉依托山海关桥梁厂，研制出符合要求的新钢种 15 锰钒氮钢，改进栓焊工艺，利用“耳垂方案”解决风振问题，用创新和实验克服三大技术难点。就在 1990 年，九江桥钢梁设计制造最繁忙的日子里，有人对其设计提出质疑。在国务院有关部门组织的专家委员会上，方秦汉进行了一次次长篇答辩。经反复研究论证，最终证明他的设计是值得信赖的。两年后，九江桥钢梁顺利合龙，并一举取得 12 项技术突破，获得多项大奖。

1996 年，方秦汉担任芜湖长江大桥钢梁设计组组长。他不遗余力推荐国产钢，强调自主研发，指导设计出符合我国桥梁事业长远发展的新钢种“14 锰铌桥梁钢”，提出新的焊接工艺，创造性地设计出符合实际情况的桥梁形式——大跨低塔斜拉桥。经过数千名建设者连续三年半的艰苦奋战，芜湖长江大桥于 2000 年 9 月 30 日建成通车。大桥建成后产生了良好的经济效益和显著的社会效益。该桥获得了中国建筑工程鲁班奖和国家科技进步一等奖。

方秦汉的一生，从事桥梁工程设计 50 多年，参加或主持了数十座大桥的设计和研究，尤以钢梁桥见长。在武汉、南京、九江及芜湖长江大桥钢梁设计和科研中，开发应用了新钢材，大跨度厚板栓焊梁、结合桁梁等新结构及移动式双层吊索、双铰合龙法等新工艺，为中国铁路桥梁实现“高强、轻型、整体、大跨度新结构”技术政策的实现作出了重大贡献。

方秦汉与桥梁钢材打了一辈子交道，因对材料质量和施工质量严格坚持设计标准，被人们称作“钢霸”，这一称号既是他科学严谨工作态度的写实，也是对他精通桥梁钢材的褒奖。2014 年 10 月 14 日，一代“钢霸”方秦汉因病在武汉逝世，享年 90 岁。

王志遂

铁路桥梁抢修的领军人
王志遂

王志遂(1925—2008),江苏苏州人,全国劳动模范,我国铁路桥梁抢修技术专家、战备桥梁器材研制开拓者之一。长期主持、参与和领导铁路军用梁、舟桥、轻型桥墩等多种桥梁抢修器材研制与应用,并发展了浮墩、铁路轮渡等新的抢修手段和技术,在铁路桥梁抢修中发挥了重要作用,为我国铁路桥梁工程保障做出了重要贡献。

王志遂早年就读于南京中央大学理工学院土木工程系,后转入上海交通大学土木工程系,1947 年毕业。1946 年上海高校爆发了反对国民党的学生运动,王志遂积极参加了地下党领导的罢课游行和营救进步学生等革命活动。

1949 年 10 月,王志遂参加革命工作。他参加了粤汉铁路南段新岩下大拱桥抢修,利用英式军用梁和钢塔架器材,仅用了一个多月建成,年底粤汉铁路全线恢复通车。1950 年初,因粤汉铁路复旧工程急需钢梁,他被调到广州桥梁厂工作。当时厂内存有英式军用梁部件万吨左右,王志遂根据现行荷载和所需跨度等要求,检算拼配,绘制装配图,桥梁部件按孔整理配套,及时发往现场,满足了工程需要。

1952 年,王志遂参加中国人民志愿军抗美援朝,抢建西海岸铁路联络线,他承担临时便桥的标准设计和被炸桥梁的抢修方案设计。朝鲜战争停战后,为恢复铁路交通,他参加了清川江、大宁江大桥破损钢梁检定和修复设计,并被派往朝鲜交通省协助制定平壤大同江公路桥的修复方案。

1954 年 10 月,王志遂从朝鲜回国,任中国人民解放军铁道兵工程部工程师，参加抢建黎湛铁路和鹰厦铁路。王志遂参加全线设计复查和现场鉴定工作。烈日盛夏，他徒步 700 多公里，根据现场地形、地质、水文条件，改善桥涵设计多处，加快了施工进度，节约工程投资 150 万元。1956 年王志遂被评为全国先进工作者并在会上作典型发言。

1958 年铁道兵组建科研机构，王志遂被调入参加战备桥梁器材研制工作。1961 年他受命担任铁路舟桥总体方案和梁部结构设计。后任军用结构组组长，研制中等跨度铁路军用梁，经过两年多的拼搏，获得成功。1964 年军用梁经批准设计定型，大批量生产装备部队。铁路舟桥也于 1967 年定型生产。两项成果在以后铁路桥梁抢修和工程建设中得到了广泛应用，均获得 1978 年全国科学大会奖。

王志遂在桥梁抢修现场

1968 年春，王志遂被国家派往越南参加中越铁路抢修技术经验交流会议，会后在援越工程部队考察和帮助桥梁抢修。回国后继续进行多种桥梁抢修器材、简易轮渡、预沉式浮墩研制试验工作。1972 年 7 月，应越南政府要求，王志遂作为铁路专家组成员赴越南协助抢修铁路，并被授予越南民主共和国友谊勋章。

1975 年 8 月，三号台风在豫西南地区形成特大暴雨，京广铁路中断。国务院成立京广铁路水害抢修指挥部，王志遂任施工技术组副组长，他建议在破坏最严重的地段——焦庄至遂平间 26 公里正线一侧先构筑便线通车，第二步进行双线抢修和复原工程。在数万军民共同奋战下，仅用 8 天时间就恢复通车，受到党和人民群众的高度评价。

1976 年 7 月 28 日，唐山丰南突发 7.8 级大地震，铁路中断。国务院、中央军委决定铁道兵和铁道部组成抗震抢修联合指挥部。王志遂仍担任施工技术组副组长。京山线蓟运河大桥墩断台移，破坏严重。他建议抢架铁路舟桥，并受命派驻现场进行指导和协调。经过七天七夜拼搏京山铁路全线恢复通车。这是铁路舟桥研制生产后第一次在实践中得到运用，也是我国铁路历史上首次在浮桥上通行客货列车。

1976 年 12 月，王志遂任原铁道兵科学技术研究所副所长，亲自参加选定大跨度铁路军用梁总体方案，主持进行模型试验和设计、试制工作。1987 年进行拼组、架设、通载试验，获得成功，达到了国际先进水平，荣获 1988 年铁道部科技成果一等奖，1989 年国家科技进步二等奖。

1983 年铁道兵撤编后，王志遂担任铁道建筑研究设计院技术顾问。他对各项研究课题从方案、设计到试验等给予指导和帮助，如高墩抢修、多用途浮箱、上海铁路局的高架浮墩、郑州铁路局的楔形车架轮渡码头等都获得较好效果。他还以古稀高龄撰写了《现代战争和铁路桥梁工程保障》一书，对战争中桥梁抢修技术，特别是在精确制导武器威胁下如何保障大桥，进行经验总结和研究探讨。这是迄今为止唯一论述现代战争特别是高技术战争条件下铁路工程保障的论著。

王志遂于 2008 年 12 月 24 日因病在北京逝世，终年 83 岁。他的光辉业绩镌刻在他亲身参与修建的铁路线上，凝结在他主持、参与和领导研制的铁路军用桥梁器材里，也铭记在铁道兵史册和我国铁路桥梁建设史册中。

韩金宝

车辆检修的能工巧匠

韩金宝

韩金宝(1925—2003),江苏涟水人,全国劳动模范,曾任上海铁路局浦口车辆段列检所副主任、南京东车辆段技术室副主任。

韩金宝于1925年11月18日出生在南京市浦口区小河北的一个贫苦家庭。青少年时代正是国家战乱时期,面对日军入侵和连年灾荒,只读到初小的韩金宝随家人流离颠沛、四处逃难。从13岁开始,为了生计,先后在南京下关和记洋行、煤炭港油库做临时工。1943年10月进入铁路,先是在南京检修区学徒,满师后当上车辆钳工。

1949年中华人民共和国成立,铁路获得新生。韩金宝为社会主义铁路多做贡献的工作热情被激发出来,争当铁路车辆检修的能工巧匠,成为他为之奋斗的人生目标。他在积极参加政治学习,不断提高政治觉悟的同时,自觉以鞍钢著名劳模王崇伦为榜样,努力学习和刻苦钻研修车技术业务,从不计较个人得失,团结身边的工友,互帮互学,很快从一名普通工人成长为思想过硬,技术娴熟,勇于革新并具备一定管理能力的铁路优秀员工。

1954年,正值国家"一五"期间全面推进社会主义工业化之时,担任浦口车辆段列检工长的韩金宝在铁路局组织的有关会议上学习了中长铁路快速修的经验之后,下决心改进传统的车辆检修方法,加快检修速度,提高工作效率。

韩金宝在工作中发现车辆车钩弹簧折损比较多,而且大多数不能在列车上修理更换,必须甩下来修理更换,即使少数能在列车上修理更换的也要由机车拉开空档，这样特别耽误时间，影响效率。怎样才能不甩车、不拉档而使部件得以检修更换呢？他苦苦思索，吃不下饭，睡不好觉。他克服文化低的困难，加班加点，连夜画图，一张又一张。他带着工友一道反复琢磨，终于形成了一套新的作业方法。段里来了一辆待修的故障车，需要更换钩簧。这是跨装车，即两辆车合载一件大型货物，无法甩车。韩金宝他们利用自己设计制作的工具，采用新的作业方法，仅用了以前一半的时间就顺利完成了任务。从此，全段消灭了为弹簧折损而甩车修理的现象。

在此基础上，韩金宝又开始摸索更为困难的不甩车更换弓形制动梁的快速修方法。一天下班后，他带领组里的张学文、吴祥钦、李右华三人跑到浦口站，钻到一辆50吨车子的下面，一边观察一边研究，整整三个小时找不到头绪。他们当中有些人泄气了，韩金宝耐心细致地做好思想工作，带领大家不怕难，不气馁，第二天晚上、第三天晚上接着干，经过连续多日作战，终于找到了办法。他们不花一分钱增加设备，用一个活口扳子和两根小撬棍，只花了短短的15分钟就完成了不甩车更换弓形制动梁的工作任务。

韩金宝刚进入铁路时的留影

这样，韩金宝刻苦钻研技术、大搞技术革新的劲头更足了。在不到一年的时间里，他先后革新研制了多种快速修的工具。连续创造了更换拱形柱大螺丝、更换车辆转向架心盘等六种快速修的方法，从而大大缩短了更换配件的时间、减少了人手，加快了车辆运转，提高了劳动效率540%。韩金宝创造的六种快速修方法不仅在全段广泛应用，而且在全上海局得到大面积的推广。

韩金宝为车辆不甩车、快速修作出了突出贡献。1954 年和 1955 年先后获得上海铁路局和铁道部先进工作者称号，1956 年被授予全国先进生产者称号，1959 年担任浦口车辆段列检所副主任，1978 年担任南京东车辆段技术室主任。

2003 年 3 月 3 日，韩金宝因病去世，终年 78 岁。

铁路路基土工技术主要开拓者

周镜

周镜

周镜(1925—),江苏宜兴人,中国工程院院士。岩土工程专家,铁路路基土工技术主要开拓者之一。曾任铁道研究所(今中国铁道科学研究院)研究员。

1925年12月21日,周镜生于江西省南昌市,籍贯江苏宜兴。1947年毕业于上海交通大学土木工程系,1949年在美国俄亥俄州大学取得硕士学位,后在该州公路局材料研究所工作。周镜的青少年时期,正处于中国被列强欺凌、统治阶层腐败无能的动乱时代。他和当时大多数青少年一样,有着朴素的爱国思想和对统治政权不满的情绪。在美国三年,他看到美国的种族歧视和对有色人种的偏见,更进一步认识到,如果祖国不富强,中国人就永远站不起来,在国外就不会被人尊重。1949年,中华人民共和国刚成立,当时大洋两岸音信不通,交通阻断。到1950年秋,香港短期开放,允许中国留学生过境回国,他抓住这个机会,毅然放弃国外优越的工作环境和生活条件,怀着满腔的热情回国参加经济建设。

周镜夫妇回国后,被安排在铁道研究所(铁道部科学研究院)工作。当时,铁道研究所在唐山。他们住在一间新建的泥顶平房里,冬季寒冷,室内靠生火炉取暖,北墙上一层冰霜,整个冬天都不消融。办公室设在一间仓库房里,与回国前在美国工作的环境相比,不可同日而语,但是他毫无怨言,报到伊始,他就和卢肇钧等人一起积极筹建土工试验室。由于经费紧缺,固结仪加载架是利用废钢轨加工而成的,玻璃器皿等辅助器具也只能一只一个地选购。在大家的共同努力下,很快建成了我国铁路系统的第一个土工试验室，是当时国内最早的几个土工试验室之一。周镜还积极参与铁道部工程地质技术人员培训，编写出版了我国第一本《土工试验》规程，并协助铁路系统各设计院建立了土工试验室。

1978年，周镜（左二）随土木工程学会赴英国考察访问

20世纪50年代，我国启动修建天兰和包兰铁路，通过黄土高原。依照苏联专家的建议和苏联规范，原生黄土边坡用陡坡，黄土类土的边坡用缓坡，施工中出现大量问题。以周镜为组长，唐山铁道学院相关教师和铁道部第一勘测设计院工程师参加，在陕、甘、晋、豫四省，不畏路途艰险，徒步考察了黄土地区的铁路、公路路堑边坡和各类黄土的自然边坡，并在四省的各类黄土层中取原状土样，进行了系统的物理力学性质试验。提出了按黄土结构力学性质确定路堑边坡陡度的原则，取得了良好的效果。在西南山区的铁路建造中，铁道部第二勘测设计院提出了一种新的重力式挡土墙，即衡重式挡墙，但土压力计算方法不够完善。周镜通过用铝棍模拟填料平面问题，用摄影法观测小模型墙后填料滑动过程，观测到衡重式挡墙后填料中滑动网出现第二滑动面的特征，并在较大的砂填料模型中得到验证。在此基础上，他提出了第二滑动面计算衡重式挡墙上墙土压力的方法，解决了我国山

区铁路建设的一个重大技术难题，该研究成果于1963年在《土木工程学报》发表后，被推荐在1964年《中国科学》对外英文版上刊登，引起国内外同行的关注。

20世纪60年代修建贵昆铁路，其中滥坝至水城段30余公里长路基通过喀斯特山间洼地，普遍沉积有饱和软粘土。施工时，该段范围内许多工点发生路基坍滑事故。铁道部为此组成了软土战斗组，负责线路的技术决策，周镜是战斗组副组长之一。通过多种方法，使滥水段的软土路基的处理取得成功，为贵昆铁路按时铺轨作出了贡献。为表彰他的突出成绩，在1966年国庆节，他作为铁路系统的两名科技代表之一，被邀请上天安门城楼与中央领导一起观礼。

改革开放以后，我国恢复了培养研究生的制度。中国铁道科学研究院岩土工程专业被批准为第一批博士点，周镜是第一批博士生导师之一。岩土工程是一门应用科学，要进行深入研究，必须具备较先进的试验设备，当时国内的土工试验设备还停留在50～60年代的水平。他积极筹划引进设备，将原有的试验室改建成具有当时国际先进水平的土工试验室，为培养研究生提供了良好的试验条件，也吸引了大批研究生前来报考。

周镜的工作得到了同行的赞许，在岩土工程界享有崇高的声誉。1985年他被推选为国务院学位委员会第二届学科评议组成员，1988年又被推选为国家科学技术发明奖评审委员会工程组委员。1991年被聘为国务院参事，1993年第一批被授予“詹天佑成就奖”，1994年被评选为第一届中国工程院院士，1996年至2001年任中国工程院主席团成员。

庄
铭
耕

永远走在时间前面

庄铭耕

庄铭耕(1925—1992),江苏川沙(今属上海市)人,全国劳动模范,全国人大代表。建国后,历任铁道部戚墅堰机车车辆厂车间主任、工程师,四川资阳内燃机车厂车间主任、工程师。

1945 年,刚满 20 周岁的庄铭耕进入常州戚墅堰机车车辆厂当车工。建国初期的 1952 年,增产节约运动深入发展,全国铁路开展满载超轴 500 公里运动。庄铭耕积极响应号召,努力掌握技术,并充分利用工厂提供职工钻研技术的机会和条件,学习苏联高速切削法,创造了刀架固定法、无针校正法、记号测量法、快速挑扣法、多刀多刃法、一刀成型法等多种切削技术,大大提高了工效。由于运用先进技术,落后的生产定额不断被打破。庄铭耕 1953 年一年完成两年 8 个月的工作量,成为闻名全国的工业战线生产能手。在庄铭耕的影响下,一大批庄铭耕式的职工在戚机厂出现,全厂掀起学技练武的热潮。这样的大好局面,使该厂在全国铁路工厂工时竞赛对标中项项名列第一,获得全面冠军的称号。1954 年,中央人民政府办公厅来信祝贺戚机厂超额完成第一个五年计划第一年的生产任务,并节约资金 720 亿元(旧币)。庄铭耕的先进操作方法被命名为"庄铭耕工作法",铁道部领导在电话会议上,要求全国铁路工厂学习庄铭耕,还邀请庄铭耕到铁道部所属全国各铁路工厂作技术表演。庄铭耕经常用"大山"这两个字来形容潜力,他认为采用先进技术,创新工作方法,就是挖"潜力大山"。

"不打无准备的仗"这是庄铭耕工作中一贯坚持的观点。每天工作之前,他总是把一切应该做的准备工作都认真地做好,从来不马虎。因为他明白，干活快仅仅是一方面，但更重要的是一定要遵守操作规程。如果在这方面图省事，省了几秒钟，说不定会浪费几小时、几十小时，有时甚至连机器、生命都会受到危害。

庄铭耕在长辛店机车车辆修理工厂进行技术表演

1956 年 1 月 7 日，庄铭耕和乐俊德等 4 名车工，共同向全车间职工提出提前完成五年计划的倡议。庄铭耕特别提出要以 4 年时间完成 7 年工作量。1 月 13 日，中华全国总工会第七届执委会第四次全体会议上，通过了关于动员全国职工迎接党的八大，开展社会主义竞赛，提前完成第一个五年计划的决议。当月，《新华日报》采写了庄铭耕推行先进工作方法、提前完成五年计划的长篇通讯，并发表《树立先进旗帜，开展竞赛活动》的社论。报道中写道："庄铭耕在提前完成五年计划后，又和全国青年社会建设积极分子等 12 名先进工人发出倡议，建议开展保证质量、提前完成五年计划的同工种劳动竞赛。"中共江苏省委、省工会联合会、中共常州市委、市工会联合会给庄铭耕发来贺信。

1956 年 2 月 20 日，江苏省社会主义建设先进生产者代表会议在南京召开，庄铭耕作为常州正式代表参加了会议，庄铭耕爱人唐四妹作为特邀代表也出席会议。会上，庄铭耕代表出席会议的全体代表，宣读了向全省职工发出的“开展先进生产者运动，为全面提早和超额完成国家第一个五年计划”的倡议书。庄铭耕荣获常州市唯一的劳模特等奖。唐四妹获家属奖。庄铭耕回厂后，从皮带车床小组调到旋齿车床小组。2 月 29 日在车制风泵阀座时，庄铭耕改装了一只呆柱螺丝工具，提高产品质量，16 小时完成 34 小时任务。

1956 年 3 月，庄铭耕出席全国先进生产者代表会议，获全国先进生产者称号。当年，庄铭耕荣获铁道部“光荣的铁路工作者”奖章。10 月，参加全国总工会赴苏休养团，受苏联工会中央理事会邀请，去苏联著名疗养地索契休养。12 月，庄铭耕提前 19 天，实现了他年初提出的四年完成七年工作量的保证。

庄铭耕为支援三线建设，1971 年调铁道部资阳内燃机车厂，但他留下的精神财富，影响了一代人。戚墅堰机车车辆公司学习庄铭耕的先进工作法，一直传承到现在。时至今日，各工种岗位还在持续开展“四个一”行动，即“人人提一条合理化建议、搞一项革新、带一个徒弟、攻一项关键。”以员工姓名命名操作法的做法，让他们品尝职业幸福，一直是中车戚墅堰机车车辆公司沿袭至今的优秀传统。

1992 年，为中国机车车辆事业作出突出贡献、具有“大国工匠”风范的庄铭耕因病去世，终年 67 岁。

许庆斌

中国运输经济学科的带头人

许庆斌

许庆斌(1927—),江苏苏州人,运输经济专业博士生导师、教授。历任北京铁道学院运输经济研究所副所长,北方交通大学经济系副主任等职。作为中国铁路教学科研战线上运输经济学科的奠基者和开拓者,在国内外运输经济学界都有很大影响,是国务院批准享受政府特殊津贴的有突出贡献的专家。

1927年11月6日,许庆斌出生在江苏省苏州市一个正直的知识分子家庭。他的父亲颇有旧学根底,并在上海交通大学接受了当时的新式教育,曾留学美国,回国后长期从事铁路、公路的运输管理工作。许庆斌的母亲虽是旧式家庭妇女,但也颇有文化修养。因此,许庆斌从小就接受了正规教育,受到中国传统文化和西方现代文化的熏陶,也目睹了侵华日军的暴行,激发他少年时代的爱国热情。

1945年,许庆斌进入上海交通大学财务管理系学习,并在轰轰烈烈的学生进步运动中得到锻炼,还参加了上海解放时上海军管会的接管工作。

1949年8月,许庆斌被中国交通大学北京管理学院(今北京交通大学)聘为助教。1951年7月,许庆斌被选派赴苏联留学,进入莫斯科运输经济学院(现为莫斯科国立交通大学)学习。1955年6月,许庆斌写成《苏联铁路理财制度》论文,并通过答辩,获得苏联经济科学副博士学位。许庆斌在回国后重返学校(此时已更名北京铁道学院),继续从事运输经济的教学和研究工作。

许庆斌在教书育人方面,特别是对博士生的教育,他的指导思想是两句通俗的语句:认认真真做学问,规规矩矩做人。所以他要求博士生政治思想端正,为人处事正直,学好课程,写好论文。许庆斌指导的研究生不仅学位论文都有一定的创见,而且毕业后在单位中都成为业务骨干。他对博士生的教育还持这样的观点,即"要有持续发展、不断发展的精神,博士学位的授予是一个人一生中非常重要的事情,它只是代表一个人学术发展中的新起点,而不是终点"。许庆斌认为他的学生们是建设和发展运输经济学科的"千里马",而他愿意做一个现代"伯乐"。他认为现代伯乐和现代千里马的关系,应该是平等的学术关系,是师生互动、教学相长的关系。指导者应该鼓励被指导者超过自己,而自己又要不断学习,包括向被指导者学习,共同推动学科的前进。

许庆斌在指导研究生

许庆斌在学科建设方面,参与了原北方交通大学从 1949 年设立经济系,1956 年开办运输经济专业,1973 年重建经济研究室,1978 年恢复经济系以至建成硕士点、博士点、重点学科点的全过程,并在许多关键环节起过关键作用。许庆斌被公认为这个学科的带头人。北方交通大学运输经济学科目前已经成为培养博士生、硕士生、本科生和各类进修生系列的学科,担负着重点研究课题和多种教材的编著任务,是运输经济学界唯一的博士点和重点学科点。许庆斌在校外也为学科建设做出重要贡献。他积极参与了 20 世纪 50 年代后期创办的铁道部科学研究院经济研究所、中国科学院综合运输研究所以及 80 年代初期组建中国社会科学院技术经济研究所的工作,促进了它们的形成和成长,并一直和它们保持着密切的学术联系。

许庆斌在学术方面,高度重视运输在国民经济中的战略地位和对社会主义发展的基础作用。他认为运输经济学作为经济科学的组成部分,应该为发展社会主义经济担负起总结运输实践、指导运输实践的理论任务。他一贯主张在社会主义运输经济中充分承认和研究商品货币关系。他在 20 世纪 50 年代系统地研究了铁路运输业的经济核算制;60 年代着重研究国内运输协作和国际铁路联运中的运价、成本等经济问题；70 年代重点研究了铁路企业管理，并开始探索经济体制、经济结构等问题；80 年代以运输经济体制的改革和运输经济理论的发展为主线，研究运输业的发展规律、经济效益论证、投资体制、承包经营责任制、运输成本和运价。90 年代主要研究了运输经济基础理论。许庆斌主持完成的“铁路经济承包责任制的研究”课题，对铁路全行业承包体制下的投资体制、收入清算、成本管理等方面提出了建设性的、带有超前意识的建议。1991 年底完成的国家哲学社会科学基金项目“社会主义有计划商品经济条件下运输经济理论体系的研究”，科学地总结了运输经济学科发展的规律，从经济学这个大学科发展的角度提出了运输经济学发展的方向。

为表彰许庆斌在教育科研学术等作出的重要贡献，国务院于 1991 年向他颁发了政府特殊津贴奖，铁道系统于 1994 年授予他“火车头”奖章，詹天佑铁道科技发展基金于 1995 年授予他“教学育人奖”。

周
月
有

“钢轨 X 光眼”

周月有

周月有(1928—2002),安徽凤阳人,全国劳动模范。曾任上海铁路局浦镇工务段、蚌埠工务段养路工、巡道工等。

1928 年 2 月 4 日,周月有出生在安徽省凤阳县临淮关汤府村的一个贫苦农民家庭,打懂事起就当起了放牛娃,每年春荒还得外出要饭。1942 年 8 月,年仅 14 岁的周月有迫于生计到当时的浦口铁路管理局临淮关保线区做杂工,一年以后开始当养路工。从这时起,周月有的一生就没有离开过两条钢轨。

1949 年 1 月,为配合淮海战役的胜利,周月有报名参加抢修队,为津浦铁路的恢复和全线通车做出了积极贡献。解放以后,周月有先后在浦镇工务段和蚌埠工务段担任线路工、班长、工长、领工员、主任巡道员。无论是线路工还是巡道工,都是野外作业,不但责任重大,而且非常辛苦,他都是兢兢业业、任劳任怨,认真负责地做好本职工作。作为工长、领工员,他处处严格要求自己,吃苦在前,享受在后。在平时生活中,很注意做好大家的思想工作,解决大家的思想疙瘩,热情帮助生活上有困难的工友,共同完成工作任务。

周月有的先进事迹和奉献精神值得颂扬,而令大家更为叹服的是用手中的小锤检测钢轨的绝活。人们常常把当年的巡道工和后来的探伤工比作“钢轨大夫”。早在半个世纪以前,钢轨检测没有任何仪器,只能是人工检测。1954 年,铁道部向全路推广了沈阳铁路局王跃年人工检测钢轨的先进经验。周月有经过苦心钻研,在学习、借鉴王跃年“一看、二敲、三照、四卸”

经验的基础上，创造了自己独特的检测钢轨的方法。为了熟练掌握手工检查技巧，只要一上线路，他那个 0.5 公斤小锤不离手，仔细敲打每一处钢轨，认真琢磨正常情况和非正常情况下检查锤震动的幅度和声音差异，并对曲线、道岔等线路关键部位细心观察区别，经过长期磨练，终于练成了手工判断钢轨病害的技巧。

周月有用 0.5 公斤的小锤检测钢轨方法和步骤是：右手握锤的端部，松紧自如，举锤高度距轨面约 200 到 250 厘米。第一步，有次序的遍敲钢轨头部，如下锤后锤头回跳 4 到 5 次，同时小锤有微微晃动和离轨倾向，发音清脆，则表明钢轨良好；如小锤不跳或仅跳两下，感觉持锤很稳，音混，一般来说有内伤或劈裂。第二步，用左手中间三指紧贴钢轨顶面，右手持锤击轨后，感觉如脉搏跳动，则为伤轨；如感觉震动较分散，则为好轨。第三步，如用上述两法仍不能检定，则用少量细黄沙置于轨面，再用锤击头部、侧部，如沙跳动则钢轨有伤。同时，还要防止在小锤敲击钢轨时由于某种原因所产生的八种错觉。

周月有在线路上检查钢轨

20 世纪五六十年代，津浦铁路由于路基稳定差、曲线半径小、坡度大，列车对钢轨冲击剧烈，线路病害既多又复杂。周月有利用自己独特的方法多次成功探测出一般人难以察觉到的钢轨病害。自 1955 年到 1960 年的五年里，周月有共检查发现轻重伤钢轨 255 根。在 1959 年一年中，明光领工区在他的领导下，共检查发现了 22 根伤轨。周月有个人在外地检查指导工作时，还发现了 10 根伤轨，其中严重的，如新线 K900＋27 号右股轮下额全部裂纹，三界站站道井的右股轨内竖裂纹长达 2.78 米等。除了小锤检测外，周月有拿手的还有“看光” 检测。“看光”就是用肉眼从钢轨平面的光线来判断钢轨有无裂纹和暗伤的方法。这些有效的方法，使伤轨得以及时发现和更换，确保了铁路运输行车安全。

浦镇工务段多次组织钢轨检测技术交流，请周月有做技术示范，不仅使更多的工人掌握了检测技能，而且现场让看不起用锤检测钢轨病害的人受到教育。短短一年时间，段里掌握这一技能的人从 19 人发展到 94 人，极大地促进了全段的安全生产。接着，管理局工务处还邀请周月有对全局各工务段的技术骨干进行培训，在管理局范围内推广他的先进经验。大家钦佩周月有“诊断”钢轨的技术，称他是“钢轨 X 光眼”。

三十多年来，周月有一直是“老先进”，从 20 世纪 50 年代初管理局的一等奖励，到 70 年代后期退休之前分局、路局的年年先进，特别是 1956 年被评为全国先进生产者，并光荣地出席了全国先进生产者代表会议，受到党和国家领导人的接见。

周月有从小受苦，落下了关节炎的老毛病，年轻时扛一扛就过去了。然而，随着年龄的上升，越来越难以胜任整天沿铁路奔波的工作。1979 年 7 月，周月有因病提前退休。

周月有于 2002 年 5 月 1 日因病去世，终年 74 岁。

张金荣

五年干了十年活
张金荣

张金荣（1928　1999），江苏常州人，全国劳动模范，中车戚墅堰机车有限公司铸造工程师。

1928 年 10 月 23 日傍晚，一个婴儿诞生在常州北门的一个张姓泥瓦匠的家里。这时，夕阳的余晖透过窗户照进茅屋，于是婴儿得名“金荣”，喻意财多而前程美好。可是，在那兵荒马乱的年月，张金荣的诞生并没有给家里带来多少幸运。十岁那年，他那做泥瓦匠的父亲积劳成疾，撒手西去。12 岁的张金荣已开始自己谋生，进上海的勤昌翻砂厂当学徒，三年期满回到常州。1944 年 6 月，张金荣和哥哥张林荣经人介绍进入戚墅堰机车车辆厂翻砂车间。

1949 年 4 月，常州解放。张金荣以极大的热情投入学文化、学技术的热潮，多次被夜校评为优秀学员。张金荣天生有一个接受能力极强且善思而巧思的脑袋，有一双勤劳而灵巧的双手。他做事有条不紊，善于总结经验，常常思考如何能做得更好、更快；同时也善于对失败寻根问源，直到找出问题的原因方肯罢休。他对铸造专业的理解有了一个从实践到理论，再从理论到实践的飞跃。他用自己的心血铸造出优质铸件的同时，也铸造了自己的人格形象。1957 年底，在第一个五年计划里，他以五年干了十年工作量的显著成绩，受到了全市各方面的祝贺。1958 年 10 月，张金荣作为铁道部革新能手，在天安门广场受到了毛泽东、刘少奇等党和国家领导人的接见。1959 年，出席全国社会主义先进集体和先进生产者代表大会。

1961 年 8 月，33 岁的张金荣以 7.5 级铸工的身份，被破格提拔为铸造工程师，当时工人的最高技术等级是八级。

多年来，张金荣在铸造技术上取得了三项重大成就，每一项都与高速奔驰的机车“心脏”——柴油机有关。第一项是运用新材料铸造机车“心脏起搏器”——曲轴。这在20世纪60年代初期具有划时代的意义，戚机厂因此成为国内最早试制并成批生产大功率柴油机的工厂之一。当时张金荣主持编制的球墨铸铁技术条件，至今仍为许多工厂沿用。第二项是运用新技术解决曲轴的铸造缺陷。张金荣将制造汽车、轮船等小功率曲轴运用铁模挂砂制造，大胆移植运用在大功率的柴油机曲轴上，这在国内是没有先例的。他和徒弟苏何林等一起研制铁模挂砂浇注新工艺，1973年获得成功。投入生产20多年来，取得了较好的应用效果。这一成果曾获市、省、全国科技大会奖励。第三项是运用新工艺解决了机车“心脏”主体——柴油机机体的铸造缺陷，并创立了机体主油管直接铸入的新工艺。80年代，他参与对16V280柴油机球铁整铸机体的选材，主持整铸机体的工艺分析及工艺设计工作。在这项工作中，他成功地采用了两项新技术：一是变上注式为底注式，完善了浇注系统，基本上消除了氧化夹杂、气孔、铁豆等缺陷，解决了困扰人们近十年的一个技术难题，为大功率柴油机铸造机体浇注系统的设计提供了经验。二是对直径90毫米、长4 000毫米的主油道孔采取独特的工艺，直接用泥芯铸出。这一独特的工艺优于日本川岛桥磨工业公司东京铸造所与法国热研所协作的PA6-12V280柴油机钢管铸入工艺，有效消除其管道油孔泄油、铁掌脱落移位、钢管熔蚀，甚至浇注时钢管受热膨胀撑破机体，影响关键尺寸等问题，为国内外同行所称道。

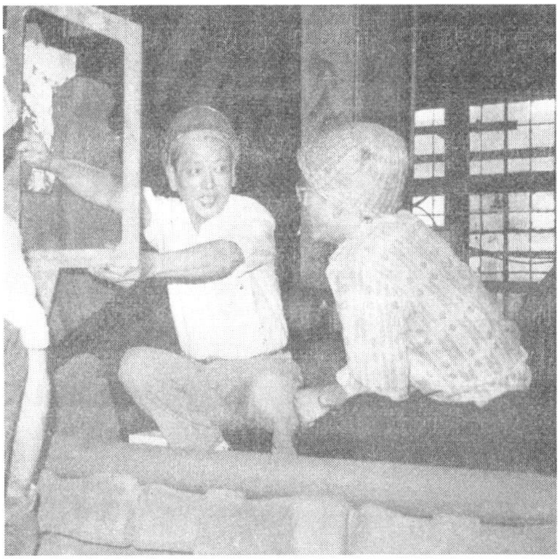

张金荣传授技艺

1988年10月，张金荣退休了。不少乡镇企业聘请他做技术顾问，他都谢绝了。由于长期劳累,积劳成疾,1991 年,他做了心脏去除血栓手术。康复以后,他毫不顾惜自己,又在构思着如何进一步提高铸态球铁机体运行可靠性、耐久性。在生命的最后里程,他继续为铸造企业的金字招牌尽心尽力,他用自己的一生,铸造了自己的人格品质和生命形象。

1999 年 11 月 16 日,张金荣因病逝世,终年 71 岁。

胡宝玲

勇闯生命禁区的“水下尖兵”
胡宝玲

胡宝玲(1928—2008),辽宁锦县人,南京大桥二处一队潜水一班潜水员,在南京长江大桥的建设中,他和他的工友们在极艰难的条件下,多次突破深潜水的“警戒线”,创造和演绎了一个又一个世界潜水史上的新纪录,为南京大桥建设立下了不可磨灭的功勋。

胡宝玲出生于辽宁锦县的一个农民家庭,1948 年参加革命工作,1955 年参加武汉长江大桥建设。1960 年来南京参加南京长江大桥建设,担任潜水员工作。

建设大桥成功地把桥墩立好,就等于建成了一半,而正桥桥墩又是重中之重。南京大桥正桥共有九个桥墩,其中 2 至 3 号墩沉井基底在水下 73 米,4 至 7 号墩沉井基底在水下 65 米左右。水下检查、清障、电焊、切割等大量工作是在 65 米以下进行,而国际公认用普通装置下潜的极限深度是 60 米。超过这一深度,潜水员就会发生程度不同的氮气麻醉、二氧化碳中毒等症状。轻者反应迟钝,重者可出现昏迷,并可能发生各种危险的潜水事故。所以,国际上的通行做法是超过 60 米深度的潜水必须改变呼吸气体,使用氦氧混合气。

面对价格昂贵而紧俏的氦氧供应难题,想到当时国家的经济困难,胡宝玲提出,要发扬大桥建设者“一不怕苦,二不怕死”的精神,宁愿自己多流汗,多担一些风险,也决不给国家增加一份负担。他对工友们说:“水下 60 米,只是划分深潜水的一个分界线,而不是禁区。只要我们经过认真的锻炼和试验,就一定会攻下深潜水关。”潜水员们一致同意胡宝玲的意见,有信心采用普通装置和水下减压法去攻克“警戒线”。胡宝玲和几个骨干在总结以往水下作业经验教训的基础上，将有关设备和操作方法予以改进，把每块15公斤重的铅饼改为18公斤；每只潜水鞋由9公斤改为12公斤；把过去测量尺寸的竹杆，用胶线绑上尺寸标记；把下潜速度由原来的15至20米/分，改为25至30米/分等。经过反复试验，终于克服了超压下潜的困难。1963年初，在7号墩的潜水作业中，胡宝玲率领潜水班十几名同志连续突破了“警戒线”，先后200多人次下到65米深水下作业。后来，在海军医学研究所的帮助指导下，开展深水“吸氧水面减压法”的研究，经过三个月的适应性训练，潜水员们熟练地掌握了吸氧水面减压法的技巧。1964年10月，在6号墩的水下作业中，一举获得成功。胡宝玲和他的工友再次突破潜水极限，下潜69至71米，创造了新的世界奇迹。6号墩如期封底、出水，工效提高2倍。深水采用吸氧水面减压法，从潜水技术到医学保障均达到了世界先进水平。

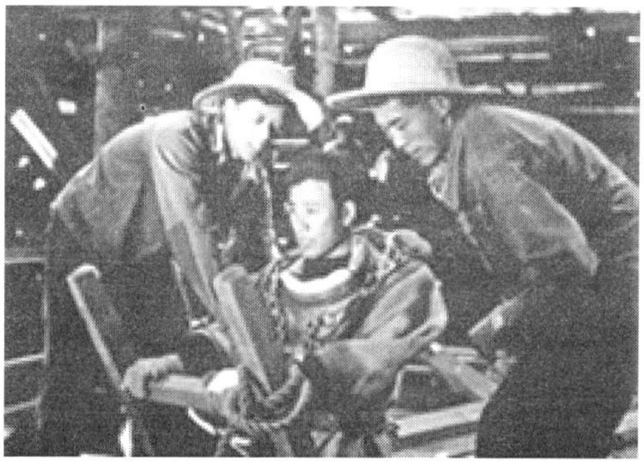
胡宝玲在工友帮助下准备进行潜水作业

胡宝玲还在深水作业中勇攀技术高峰。5号墩沉井钢刃脚落到岩层时，有一个约2米长、20至30厘米宽的漏洞，引起了翻沙。如不堵住，混凝土浇下去，就不能与岩层紧密结合，桥墩就不坚固。还要堵的快，不然砂土还会流入其他井孔，导致安全生产事故。开始用棉絮堵，堵好后一抽水，因压差大棉絮被吸了出来，失败了。有技术人员提出用水玻璃掺混凝土堵，试验也失败了。潜水工们提议用钢板在水下焊接，这一技术在浅水里试验过，成功了。但在60多米深水能行吗？中外潜水作业史上没有先例。胡宝玲第一个下水。在漆黑的江底，他左手摸着焊缝，右手紧握焊钳，以娴熟的技艺，一口气将一包焊条焊完，工作了17分15秒。接着严永富、李清元两位年轻的潜水工相继潜入水底继续工作。水泵再次启动抽水，漏洞被堵住了，深水电焊终于成功了。同样在5号墩水下作业中，胡宝玲还创造了一人次切割一个钢浮筒的最高纪录，并创造了一次深水作业32分钟的最高纪录（规则为20至25分钟）。

胡宝玲是南京大桥建设中涌现出来的生产标兵，是 20 世纪六、七十年代我国工人的优秀代表。1975 和 1978 年当选为第四届、第五届全国人大代表。曾任南京大桥二处政治处主任，1976 年调武汉大桥局工作，先后任大桥局副局长、大桥局工会主席。1993 年 5 月离休，2008 年 10 月病逝。

潘淮生

铁路职教园地的优秀园丁

潘淮生

潘淮生(1929—),江苏南京人,全国劳动模范。历任原南京铁路运输学校(现南京铁道职业技术学院)行车学科教员、高级教师,行车教研组组长。

1929 年 10 月,潘淮生生于江苏省南京市的一个商人家庭。1950 年至 1952 年在中央公安干校学习及工作。1952 年考入北京铁道学院(现北京交通大学)车务系学习,1956 年毕业后分配到原南京铁路运输学校运输专业任教员。

刚刚拿起教鞭那阵子,潘淮生对教书很不在行,对教学的节奏掌握不好,讲课不是快就是慢,不同的教学对象往往用同一种教学模式。为了让自己尽快地成为教学的行家里手,他刻苦学习,一是向书本学,自学教育学、心理学;二是向老教师学,拜他们为师;三是向实践学,在实践中不断总结提高。经过几年的努力,潘淮生逐步形成自己的一套教学方法,包括如何遵循少而精和启发式的教学原则,培养学生积极思维,提高他们分析和解决问题的能力;如何营造和保持生动活泼的课堂气氛,调动学生学习兴趣和积极性;如何做到教师"目中有人",根据不同的教学内容和教学对象"有的放矢、对症下药"等。这样,他的课也越来越受欢迎。潘淮生主要讲授《铁路行车组织》等课程,他针对全日制普通班、站长主任干部班、调度科长班、进京列车长班以及地方铁路班等不同类型的学员,采取不同方式进行教学,受到一致好评。

潘淮生的课受到学生普遍欢迎,其根本原因在于他备课认真,吃透教材,旁征博引,联系实际。他任教的"行车组织"课程,理论性较强,同学们不易理解、记忆，他就将长篇内容条理化，帮助同学在理解的基础上记忆。他在备课时对标题选择也很注意，总是反复分析比较后加以确定。他每次编好教案后，反复考虑讲授方法，包括章节之间、问题之间如何联系，如何讲授学生才易于接受等都做了深入的研究，同时，在讲到什么地方后略有停顿，便于同学记录，都在备课中加以考虑。在课堂教学中，潘淮生注意结合现场实际举例。比如某班的学员大多来自沪宁沿线，就尽量举沪宁线上的运行及各车作业的不同情况，使同学们易于理解，印象深刻。难怪听过潘淮生课的学员都说："听潘老师的课好懂、好记，是一种享受。"

潘淮生（后排左三）参加全国群英会在北京合影

1958 年 11 月初，上海铁路局要求学校参加修建沪宁铁路复线，这对师生来说是一次很好的实践机会。潘淮生被任命为学校建路大队的大队长，他带领 100 多名同学参加南京车站的扩建工程，负责挑土方、卸煤车工作。工作中，潘淮生以身作则、干劲十足，同学们也在他带领下多次创造新纪录，如 26 分钟卸一车等，得到铁路局的多次表扬。

1972 年学校恢复招生后，潘淮生担任行车教研组的组长。他坚持每季度制定一个工作计划和每周开展一次集体备课，坚持集体备课制度，既保证了学科各项工作有步骤的完成，也保证了课堂要求的统一和教学质量的提高。作为教研组组长，潘淮生在学校教学研究、教学管理、学校实验室建设以及培养新教师工作等方面都作出了积极贡献，他多次参与全路运输专业教学计划、教学大纲的制订，参与本校干部班、调度科长班、列车长班等教材的编写，参与实践性教学环节、毕业实习实验及课程设计，在全路同行中有较高的威信和较大的影响力。

在多年的工作实践中，潘淮生以身作则、为人师表，既教书又育人，长期担任班主任，耐心细致地做好学生和学员的思想政治工作。在担任铁道部举办的进京列车长学习班第一期至第七期班主任工作中，他不辞辛劳，关心学员，严格要求，得到“校领导、段领导、列车长”三满意。

30 多年来，潘淮生辛勤耕耘在铁路职业教育的园地里，任劳任怨、默默奉献。他多次被评为学校、铁路局、铁道部和南京市、江苏省优秀教师、先进工作者。1960 年被国务院授予先进工作者荣誉称号，并出席了 1960 年 6 月在北京召开的全国文教群英会。

陈
剑
秋

连续售票12万张无差错

陈剑秋

陈剑秋（1930—），江苏仪征人。全国劳动模范。1951年参加铁路工作，历任济南铁路局徐州站货运员，上海铁路局浦口站客运员、售票员，南京西站售票员、主任售票员、货运员。

1930年1月25日，陈剑秋出生于江苏省仪征县一个工人家庭。1951年在南京市第九中学参加了铁道部组织的招工考试，被录用后到济南铁路局徐州站，主要学习货运核算，并参加了货运员的工作实习。1952年春节后，陈剑秋因家庭原因调入上海铁路局浦口站，学习客运工作；1952年8月改任浦口站售票员。1954年8月，陈剑秋调入南京西站，从事售票工作。1961年至1965年，陈剑秋担任主任售票员。1967年至1979年调入南京西站行李房，从事行包货运工作。

陈剑秋在工作中，特别是负责票务工作时善于学习、思考和总结。建国初期，随着铁路客运量的不断增长，铁路各车站普遍增设窗口或延长售票时间。南京西站、浦口站在市内太平路、鼓楼、升州路增设售票所，但受设备限制和当时条件影响，售票效率普遍很低。1954年，按照铁道部全路售票工作会议规定，铁路客运部门改变售票方式和方法，简化手续，严格售票作业程序，提高了售票效率。

1955年，全路组织学习苏联铁路售票员阿拉金创造的先进工作方法，售票形式开始实现多样化。包括增设专门售票窗口，并分南北方向、快慢车、长短途等不同类别分别售票；在节假日前，深入厂矿企业、大专院校和机关部队等办理预约订票，到时专人送达。同时，增加便民项目，为特殊困难的旅客代订旅馆，代租汽车，代发电报，代接长途电话，代查询地址并照顾上车出站。当时在南京西站票房工作的陈剑秋，通过学习先进售票工作方法，创造了“安全、快速、服务良好”的先进售票经验，“安全”即售票无赔款、无溢收；“快速”即做到“六、七、十”，管内客票六秒售出一张，外局客票七秒售出一张，复杂客票十秒售出一张；“服务良好”即在工作中能体会旅客的心情和困难，主动解释，方便旅客。

为了进一步提高售票效率，陈剑秋在操作程序、辅助工具、服务方法三个主要环节上，将售票程序由 11 道简化为 6 道，使售票平均速度由 22 秒缩短到 7 秒，提高效率 2 倍多。在当时售票票档、轧日机、统计等设备的限制下，陈剑秋创造了连续售票 12 万张无差错的纪录。此后，针对当时售票工具的缺陷，陈剑秋不断革新，如售票五段、统计机、硬币找零计数器、票样标签、日期车次联合签证戳等十多项，经铁道部指定在全国铁路推广使用，特别是在推广她的六项售票作业过程后，全路售票赔溢款大幅度下降。陈剑秋先后获得车间、车站、分局和路局先进生产者等荣誉称号。1959 年陈剑秋被国务院授予全国先进生产者称号，并出席全国群英会。

南京西站票房

1964 年，铁道部客运部门把全国劳模陈剑秋创造的“安全、快速、服务良好”工作法，作为先进售票的典型经验向全路推广，组织铁路客运职工开展大练基本功和“比、学、赶、帮、超”活动。各大车站售票员的业务水平普遍提高，经过考核普遍达到“三熟一画一无”的要求，即熟记本站或所负责发售的客票票价；熟知通过本站各次旅客列车的停站和不停站的站名；熟练地查出全国铁路各站的里程，正确计算票价；在 15 分钟内画出全国铁路示意图；连续万张售票无差错。

1980 年以后，铁路客运部门建立健全售票员岗位责任制，按《应知应会范围》开展练功活动。同时，各主要客运站随着车站的改扩建增加站内售票窗口、售票点和在市内的临时售票点售票。而今，随着计算机设备和互联网网络的运用，车站售票工作发生了巨大变化，进一步缓解了旅客的买票难。而全国劳模陈剑秋在售票工作中爱岗敬业、善于总结、积极革新的精神风范，连续12万张售票无差错的工作纪录，一直为铁路客运职工所推崇和赞誉。

严隽耄

我国机车车辆学科第一位博导
严隽耄

严隽耄(1930—),铁路车辆专家。历任唐山铁道学院(现西南交通大学)教研室副主任、主任,教授、博士生导师,机车车辆研究所所长。长期从事机车车辆动力学研究和教学工作,是中国机车车辆学科第一位博士生导师,培养了大批机车车辆专业技术人才,为机车车辆系统动力学的发展做出了重要贡献。

1930年9月19日,严隽耄出生于江苏省苏州市太湖之滨、莫厘峰下的洞庭东山。其曾祖父、祖父和父亲均为知识分子,对后代要求严格,希望他们从小接受良好教育。严隽耄7岁开始在东山上小学。小学毕业后免试进入了由上海著名的英语教授胡敦夏创办的大同大学附中学习,1945年经严格考试合格后作为插班生进入苏州中学初中部。初中毕业后,由学校保送直接进入苏州中学高中部学习。1949年,他考入中国交通大学唐山工学院(现西南交通大学),由于他喜欢装卸和修理各种机械,因此进入了机械系学习,从此和铁路机车车辆结下了不解之缘。唐山工学院机械系是新成立的系,为了国家建设的需要,1949、1950年入学的该系大学生学制由四年改为三年,提前一年毕业,严隽耄留在了唐山铁道学院(现西南交通大学)铁道车辆教研室任教。1957年,受国家选派到苏联攻读研究生学位。1961年6月,获得博士学位。回国后,严隽耄继续在西南交通大学从事机车车辆学科的教学研究工作。

严隽耄教授50余年的教学生涯,桃李满天下,培养硕士、博士近100名,80%以上已具有正高级职称,其中有国家跨世纪人才和教育部长江学者计划特聘教授(如西南交通大学翟婉明教授等)。严隽耄学风严谨,是著名的“严”老师,但在生活上对学生却非常关心,和蔼可亲。他的教学方法独特,思维清楚、敏捷,特别善于引导学生注重理论与实际相结合,培养既有雄厚理论基础,又有良好实际工作能力的学生。1972年,高校招收工农兵学员,严隽耄自告奋勇编写了《车辆构造基本知识》。为让基础较差的工农兵学员对车辆零部件有直观的认识,他绘制了大量的三维立体图和剖面图,详细描述了各部件结构原理。学生使用后称赞教材图文并茂,是一本难得的好书。1977年恢复高考后,严隽耄补充和丰富了教材的内容,重新编写为《车辆构造》正式出版,后被评为国家优秀教材。1994年以后,随着铁路新技术不断涌现,严隽耄不仅亲自参与技术攻关,时刻关注其变化和进展,而且当教材不能满足教学需要时,他总能适时对其加以修改和补充。鉴于严隽耋教授的杰出贡献,1989年被评为全国教育系统劳动模范,获人民教师奖章,1991年被评为四川省优秀研究生导师,在“科研实战中培养研究生”的教学成果1997年获得国家教学成果一等奖。

严隽耄积极推动机车车辆设计现代化。1984年,严隽耄在美国麻省理工学院做访问学者时,选择的课题是机车车辆仿真研究与开发。他回国后感到了研制机车车辆动力学仿真软件的必要性和紧迫性。在铁道部科技司的支持下,他带领研究人员进行科技攻关,通过理论分析和试验研究,开发了轮轨接触几何关系计算软件,并且根据我国现有机车车辆的轮径和踏面、轨形做出了轮轨关系系统数表,为分析、解决机车车辆动力学性能提供了确切的原始数据。在成功研制轮轨接触几何关系软件的基础上,他主持研制了轮轨关系应用软件,共开发了80多个专用软件,几乎囊括了我国所有的机车车辆。该软件填补了我国机车车辆动力学

在西南交大120周年校庆大会上严隽耄接受学生、中科院院士、该校首席教授翟婉明献花

性能仿真软件的空白，为机车车辆的设计和生产带来了一场变革，已成功应用于我国各类内燃、电力机车以及动车组的设计。该项目 1993 年获铁道部科技进步二等奖，1995 年获得国家教委科技进步一等奖。严隽耄均为第一获奖人。

20 世纪 90 年代以前，我国铁路旅客列车的最高运行速度在 120 公里/小时以下，速度低、技术水平落后，长期制约国民经济的发展，而机车车辆技术落后是其中的重要因素。严隽耄认识到，如不尽快改变这种现状，旅客运输将成为我国经济发展的瓶颈。他身体力行，参加了 160 公里/小时准高速客车、250 公里/小时高速客车等项目攻关，他参与研究的、由长客、四方、浦镇车辆厂研制的准高速客车成为提速客车的主要车型，并获得了铁道部科技进步一等奖。严隽耄还提出立项研制车体可倾式客车——即摆式客车，用于既有线路旅客列车提速，并建立了我国第一个摆式列车主动控制试验台。严隽耄还注重货运车辆的发展，提倡货运车辆走大型、重载化的观点，主持了“减轻轮轨相互作用和优化操纵的研究”、“大型重载货车的研究”等项目研究，为我国铁路货车技术创新作出了贡献。

汪希时

铁路信号技术的创新与开拓者
汪希时

汪希时(1930—)江苏青浦(今属上海市)人,运输自动化专家,铁路信号技术的创新与开拓者。历任北京交通大学(北京铁道学院、北方交通大学)教授、电信系主任、计算中心主任、运输自动化科学技术研究所所长、博士生导师等。

1930年10月15日,汪希时生于江苏省青浦县朱家角镇(今属上海市)的一个小学教师家庭。由于早年丧父,汪希时靠其兄长供养,读完小学、中学,于1949年10月进入北京铁道管理学院(今北方交通大学)电信系学习。由于院系调整以及国家急需人才,1952年12月他以提前半年毕业于哈尔滨铁道学院。1954年秋,汪希时被推荐去苏联列宁格勒铁道工程学院研究生院攻读副博士学位。1958年他以优秀成绩通过了论文答辩,成为国内第一位该学科的副博士。1958年回国后,汪希时以拳拳报国之志投身于铁路教育和科研事业。

20世纪60年代初期,苏联专家撤走,中央从各部调集自己的专家发展尖端技术。1964年,汪希时作为从北京铁道学院唯一选中的专家调第二机械工业部(即核工业部)第二研究设计院,任室主任兼主任工程师。在著名科学家钱学森和钱三强的直接领导下,他组织年青科技人员进行了激光技术在反应堆内的应用,以及将射流技术应用于核废气的高空排放,这些都是具有开创性的科研工作,对祖国建设贡献很大。70年代初期,汪希时利用两年时间深入钻研40多本外文集成电路图书,通过各种实验,最终完成了一本有80万字《TTL集成电路和数字技术》的著作,对推动我国集成电路的理论和技术应用起了很大作用。

1979 年，因学校工作需要，经相关上级组织协调，汪希时又返回北方交通大学任教。1983 年汪希时担任北方交通大学电信系主任。1984 年，接受了建设北方交通大学计算中心，以及和比利时合作创建铁道部科技干部培训中心的重任。他在筹备和建设过程中，自始至终参与大量具体工作，只花了一年时间，计算中心大楼如期建成、干部培训中心按时揭幕，它对提高铁道部科技干部的科学技术水平、提高全校学生的计算机应用能力发挥了重要作用。

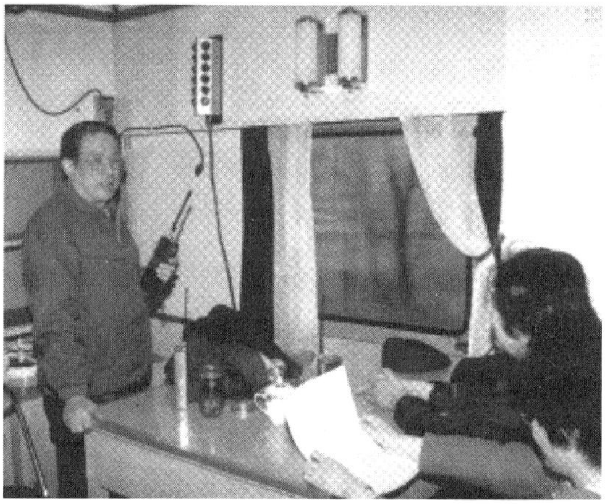

1998 年，汪希时主持研究的通用式机车信号获国家科技进步二等奖

20 世纪 70 年代，我国实施“机车三大件”中遇到最大的问题就是机车信号设备制式不统一，严重地影响到行车安全。汪希时带领科研团队于 1987 年研制成我国第一台用微处理器为核心的机车信号，实现了有两个突破：一是有了通用性能的机车信号；二是第一次将微处理器应用到铁路行车安全控制系统内。1991 年铁道部决定在郑州至武昌间从法国引进高速铁路上使用的信号系统（UT 系统），我国原有机车信号已不适用，汪希时组织开发新一代通用式机车信号，定型为 SJ 型。它的特点是采用数字信号处理技术，具有非常好的抗电气化干扰性和故障—安全性，体积小，易于安装、调整和维护，获得现场人员极大欢迎。SJ 型数字化通用式机车信号 1996 年获铁道部科技进步一等奖，1998 年获国家科技进步二等奖。

1991 年，汪希时受铁道部委托主持“八五”国家科技攻关课题“列车超速防护系统研究”，1995 年完成了生产样机，定型为“LCF 型列车超速防护系统”。该系统实现了速度-距离模式曲线列车控制方式，是一种技术先进、运输效率高的列车控制方式。在此基础上，为满足高速铁路的需要，汪希时又组织青年教师开展高速列车运行控制系统的研究，研制了“三取二”结构高可靠高安全的“LCF-200 型高速铁路列车运行控制系统车载设备”，该系统于 2000 年 5 月通过铁道部的技术审查。汪希时主持的列车超速防护系统重大课题的研究，为我国列车运行控制系统装备水平的提高做出了重要贡献。

1963 年，汪希时开始无线自动闭塞研究，后由于调离学校而中断。1979 年汪希时返校后，对移动自动闭塞系统进行了理论探索和资料准备。1993 年 2 月，他上书给时任国务院副总理的朱镕基，建议铁道部进行此项研究。铁道部召开 50 余名专家及司局领导参加的论证会，给予充分肯定。汪希时对移动自动闭塞系统（MAS）研究进行了两方面工作：一方面组织人员进行 MAS 系统的软件仿真开发，另一方面寻求国际合作。他和瑞典 ABB 公司、DARANA 大学和瑞典国铁开展科研合作。汪希时先后派出过 10 多名青年教师分 4 批去瑞典，同时在北京和瑞典召开过 3 次双边的国际学术会议并出论文集。1998 年开始，铁道部设于北方交通大学的“运输自动化与通信”部级开放实验室正式立项，并购买开发软件包进行实际工作。移动自动闭塞系统是引导铁路交通系统进入智能化，构成智能铁路交通关键的一步，汪希时做了大量开创性的工作。

半个多世纪以来，汪希时一直坚持走在本学科的技术前沿，从晶体管到集成电路再到计算机应用，从铁路信号的一般控制到创造闭环控制以至到智能控制，始终孜孜以求地学习、开发和传播新技术。他还积极参与中外学术活动，努力培育青年一代，为中国铁路运输自动化做出了重大贡献。

施仲衡

中国城市轨道交通第一人

施仲衡

施仲衡(1930—),江苏南通人,中国工程院院士。现任中国城市轨道交通协会顾问兼专家委员会主任、住房和城乡建设部质量安全专家委员会主任、中国国际工程咨询公司专家委员会顾问、北京市轨道交通建设指挥部专家委员会主任委员、北京城建设计发展集团股份有限公司首席顾问、中国地铁工程咨询公司总工程师,北京交通大学城市轨道交通研究中心主任、轨道交通控制与安全国家重点实验室学术委员会主任。

1930 年 11 月 18 日,施仲衡在上海出生,童年在苏州度过。父亲施纯丞是章太炎的关门弟子,在国学方面颇有造诣,毕生从事教育工作。1937 年抗日战争爆发,年仅 7 岁的施仲衡跟随父亲逃难,母亲在饥贫中早逝,兄弟被迫分离。国家积贫羸弱、百姓家破人亡的世象,让施仲衡尤其渴望国泰民安的生活,也谨遵父命更加刻苦地读书。施仲衡文弱,但成绩极好。1950 年施仲衡高中毕业,他报考的三所大学陆续寄来录取通知书,最后他根据舅舅陈昌言(南京长江大桥总工程师)的建议,选择了中国交通大学唐山工学院(后改称唐山铁道学院,今西南交通大学)桥隧系,自此与交通大学和城市轨道交通事业结缘。建国之初,百废待兴。由于急需建设人才,国家决定高校学生提前一年毕业。1953 年 7 月,施仲衡毕业后留校任教。一年以后,他通过国家留苏选拔考试,于 1955 年 11 月赴苏联莫斯科铁道学院攻读地下铁道专业,成为我国第一位派往苏联学习地铁专业的研究生。1959 年,施仲衡学成获副博士学位回国,到当时的唐山铁道学院任教,担任隧道及地下铁道教研室副主任。

1965年，北京地下铁道工程开工，施仲衡调任北京地下铁道公司科学研究所所长，参加国内首条地铁的建设，主持地铁的重大科研项目。施仲衡遵循当时毛主席专为北京地铁题写的“精心设计，精心施工”的教导，一丝不苟地从事专业技术工作。鉴于北京首条地铁是以战备为主兼顾交通工程，起初确定为“深埋”方案。施仲衡深入调研了北京地下水文和工程地质条件，认为深埋存在着一系列难以解决的技术难题。他力排众议，一再坚持向上反映，直至逐级上报到中央军委。最后决策机关采纳了施仲衡的意见，将“深埋”方案更改为“浅埋加防护”的方案。施仲衡主持完成了浅埋地铁车站关键性技术的试验研究。

施仲衡在北京交通大学名师讲坛上

文化大革命后，施仲衡调到北京城建设计研究院工作，1983年任北京城建设计研究院总工程师、教授级高级工程师，主持北京地铁复八线的规划和初步设计。施仲衡在地铁施工的盾构研究中，提出极限平衡原理设计切口环法，研制了我国第一台压缩砼衬砌盾构。施仲衡还先后主持了多个国家级科研项目，取得了一系列重大成果。如：主持原国家计委重点科技项目“局部气压盾构的研制”；主持我国地铁与轻轨项目的评估，在优化技术方案、统一建设标准、控制建设规模和投资等方面，为原国家计委提供决策依据；主持国家中长期科学和技术发展规划课题“大城市综合交通发展战略与关键技术”和国家科技支撑计划课题“新型城市轨道交通技术”的研究，在我国城轨交通发展中产生了重大影响

随着中国城市轨道交通事业的发展，施仲衡应邀担任上海、重庆、南京、广州、成都等城市地铁建设的顾问。上海地铁1号线是国内首次采用可行性研究方法开展前期工作的工程，施仲衡主持可研评估时，组织专家们精心研究、深入评审，本着高度负责的精神，提出了十大问题，要求业主补充完善相关工作。上海地铁公司据此做了两个月的深化工作，提出了翔实的补充报

告，再经第二次评审，施仲衡为首的专家组才正式出具了评估报告书。重庆跨座式单轨交通三大关键之一的PC梁设计制造，施仲衡经过科学分析，提出要做静载荷和动载荷疲劳试验，并要求在铁路桥梁200万次疲劳试验的基础上提高到300万次的强度，结果在250万次时发生裂缝，以此重新设计并加强配筋，确保了安全性。施仲衡就是以这样执着的科学态度，在“精心”二字上谱写着自己的业绩。

同时，施仲衡还坚持不懈地推动科学技术的教育和应用，主编了本科生地下铁道教材，成为国内相关院校最早采用的试用教材；主编了《地铁设计规范》《地下铁道设计与施工》等专著；创办了《都市快轨交通》杂志，被确定为中国科技论文统计源期刊（中国科技核心期刊）；领衔建立了一些城市的轨道交通院士专家工作站，成为当地推进城市轨道交通技术进步的重要力量。

2000年11月，施仲衡接受原北方交通大学的聘请担任该校教授、博士生导师和城市轨道交通研究中心主任，开展学科建设、人才培养和科学研究等工作，已培养31名博士和博士后。他严格要求学生做研究时注重联系实际，研究解决现实工作中存在的问题，鼓励他们去做原创性的研究工作。其中不少人已经崭露头角，成为支撑中国地铁事业的重要力量。

缪耀珊

我国铁路牵引供电系统的开拓者 缪耀珊

缪耀珊(1931—2010),江苏常熟人,铁道电气化供电技术专家,曾任铁道部第三设计院工程师、电气化工程局电化处主任工程师、电气化设计院教授级高级工程师等。中国第一条电气化铁路牵引供电系统主要设计者,第一条重载铁路一期电气化工程的总体设计负责人。在牵引供电系统的供电方式和理论计算方法上做过许多开拓性的工作,为我国电气化铁道供电技术的发展做出了重要贡献。

1931 年 1 月 10 日缪耀珊生于上海市,1949 年毕业于上海市立市北中学。1953 年毕业于唐山铁道学院(现西南交通大学)电力铁道供电专业。1954 年被选送至铁道部干部学校俄文班进修,结业后到兰州铁道部第一设计院任苏联电气化铁道供电专家奥尔洛夫的技术翻译,同时向苏联专家学习供电设计技术。

1956 年 10 月,缪耀珊调天津铁道部第三设计院,担任我国第一条电气化铁路宝凤段牵引供电系统设计项目负责人。他首次提出将宝凤段三个牵引变电所的进线相序实行轮换的设想,解决了设计中的一个重大技术关键,避免了交流电气化铁道的负序电流对相对薄弱的电力系统造成严重的危害。1964 年至 1965 年间,缪耀珊担任部颁科研专题“交流电气化铁道牵引供电系统设计导则和计算方法”项目负责人,首次为我国制订了统一的设计方法和标准。1966 年至 1976 年间先后担任国家重点工程广(元)成(都)、凤(州)广(元)、阳(平关)安(康)等线铁路电气化工程的牵引供电系统设计项目负责人。

缪耀珊1979年参加铁道部技术考察组赴日本，考察新干线的牵引供电技术及防干扰措施，重点学习和参观了先进的AT(自耦变压器)供电方式。回国后，铁道部决定在新建的京秦电气化铁路牵引供电系统设计中采用日本新干线的AT供电技术。缪耀珊结合掌握的日本新干线技术资料，潜心研究，用一年多时间自行开发出了AT供电系统模拟计算软件。经过不断完善和补充，该软件已发展成为包括牵引供电系统全部电气计算在内的综合计算软件，对加快设计进度，提高设计质量起到很好的作用。与此同时，缪耀珊对AT网络进行了大量分析计算，导出了简化的分析计算公式和图解方法，使网络中的电流、电压分布更直观、更形象化。

20世纪90年代后期，缪耀珊在工作中

针对电气化铁路对沿线平行架设的通信明线干扰严重，通话质量差的情况，铁道部设立“防止电气化铁路对通信线干扰影响研究”的重点科研课题。缪耀珊与铁道科学院项目负责人一起组织技术人员科研攻关，并与上海电缆厂共同研制成功大截面连铸连轧电气化铁道专用同轴电缆，与保定铁道变压器厂共同研制成功低磁通密度吸流变压器等设备。在取得大量试验数据的基础上，提出了防干扰措施的基本结构、防护效果、适用范围和计算方法，从而为交流电气化铁路的发展排除了一个重大障碍。该专题曾获铁道部科技进步奖。

1984年至1989年，缪耀珊担任我国第一条重载单元列车电气化铁路——大秦线一期工程的电气化总体设计负责人。在采用AT方式时，需在变电所的牵引网馈线出口处另外设置AT变压器。缪耀珊提出的“十字交叉”结线，采用了一个一次对称绕组和两个联结组不同的二次角形绕组，构成交叉结线，使二次绕组有了公共连结点，便于抽出与钢轨相连。这样，就可以利用主变压器的二次绕组取代牵引变电所馈线出口处的AT变压器。

每个牵引变电所至少可以省去4台大容量AT变压器，经济效益十分显著。这一方式获得了国家发明专利。

为了解决好修建重载单元列车电气化铁路中的重大技术关键，原国家计委专门建立了国家“六五”十大科技攻关项目之一的“重载铁路成套技术研究”科研专题。缪耀珊担任其中子项目“AT供电方式设计方法和设备研制”的负责人，组织专业技术人员并直接参与合力攻关。他领衔制定了大秦电气化铁路AT牵引供电系统的设计原则、技术条件和标准，总结完善了AT供电计算方法，对AT设备国产化的技术标准进行了周密的调查研究，并与国内有实力的厂家共同研制成功30余项新技术、新设备、新材料，全部、及时地用于大秦一期工程，使我国在引进该项目复杂技术不到10年的短时间内，实现了关键成套设备的国产化。大秦电气化铁路一期工程获1991年国家优质工程设计金奖和1994年全国最佳工程设计特别奖。

缪耀珊曾分别于1982年和1984年两次代表中国出席在法国巴黎和苏联罗斯托夫召开的联合国亚太经社会“铁路电气化研讨会”，在会上宣读了《中国铁路电气化及发展远景》报告。缪耀珊1993年退休后，仍担任中铁电气化勘测设计研究院的技术顾问。

2010年3月1日，缪耀珊因病去世，终年79岁。

吴培元

勇于创新的机辆制动技术专家

吴培元

吴培元(1931—),江苏苏州人,铁路机车车辆制动技术专家。全国优秀科技工作者,全国五一劳动奖章获得者,中国铁道科学研究院原机车车辆研究所研究员。

吴培元,1931年5月23日生于江苏省苏州市,幼年父亲早故,家境困难。由于学习成绩优异,学校减免了昂贵的学费,才完成了中学学业。1950年,吴培元考入交通大学唐山工学院(1952年更名为唐山铁道学院)机械系。1954年毕业分配到铁道研究所大连分所制动室工作,翌年随制动室迁北京,转入铁道研究所机辆所(后改院机辆所),仍然从事机车车辆制动技术领域的试验研究工作。

1954年9月铁道部在大连召开制动会议,苏联专家认为MT3—135制动机性能优良,比M—320阀缓解快,推荐给我国作为新型制动机的发展方向。会议决定:将哈尔滨铁路局的60辆罐车改装MT3—135阀,在大连北站进行专列试验及与K阀混编的静置试验。试验发现MT3—135阀与K阀共同工作时两者不能协调一致,吴培元作为专题代理组长,及时请示领导,中止现场试验。返京后,吴培元又组织组装了简易实验装置进行试验,证实两者确实不能协调一致。最后,铁道部决定中止引进,避免了重大决策失误及人力物力浪费。吴培元经过此事,深刻认识到科学实验才是检验真理的唯一标准、科学决策的重要依据,必须根据国情决定本国方案。

我国铁路在引进国外制动机和发展货车电空阀中整整徘徊了8年。1962年,铁道部决定自行研制空气制动机,由铁道科学研究院与齐齐哈尔车辆厂承担设计及试验任务，并由吴培元主持此课题。在研制过程中，吴培元发现保压不良，他立即与齐齐哈尔厂技术人员反复研究实验，果断决定放弃原方案，并冲破层层阻力，力主改用联锁性能优良的“模板滑阀”方案，取得了满意结果，避免了苏联在制动机发展中所走弯路。直到现在120阀仍采用此结构。1966年，吴培元主持研究的我国第一台自行设计的103/104阀诞生，在全路新造客车上全面推广，解决了当时旅客列车紧急制动的问题，104阀在20世纪60～70年代深受现场欢迎。与此同时，103阀在部分货车装用直至今日。

退休后的吴培元还关心着铁路建设

1983年，我国决定修建大同—秦皇岛运煤专用线，设计目标为运量1亿吨，并将开行万吨车。吴培元随原国家计委、经委代表团去美、澳考察重载及制动技术，又随铁道部代表团赴考察美WABCO及NYAB制动机公司。1986年至1987年间，吴培元带领课题组负责筹建150辆货车制动试验台和－50℃冷冻实验室。1988年3月至5月完成了为期80天的ABDW阀专列、混编试验，又进行了一个月的DB-60阀专列、混编试验。在试验中发现上述两种阀在我国使用过程中会出现三个重大问题。铁道部决定“中止引进”，并责成铁道科学研究院与眉山车辆厂自行研制适合国内使用新阀。吴培元代表课题组立下军令状，“三年内完成研制任务”。课题组吸取各国先进制动机的成功经验，结合我国国情进行了100辆车样块方案试验，取得了令人满意的结果。1989年5月，铁道部科技司会同有关各局通过了120阀设计任务书审定。经过3年的室内外、平道、坡道高寒与高温地区等一系列试验，全组在他的带领下，拼搏奋战，研制成功了120阀，并于1993年6月通过了铁道部部级鉴定，主要技术指标均达到世界先进水平。1995年开始全路推广，现已成为我国主型货车制动机，为铁路重载运输服务。

自参加工作以来，吴培元一直奋战在科研第一线，对机车车辆制动技术的研究、试验有着极其丰富的经验。1988 年“3·24”事故震惊中外，当时新闻发布会对外宣布事故为制动机失灵造成。为慎重起见，国务院重派 11 人组成国家调查组赴现场进行限期 10 天的调查。吴培元担任残骸组的组长，他带领调查组成员尊重科学、坚持真理，克服事故现场已被破坏等一系列困难，夜以继日地逐一调查、取证。在公安部门痕迹专家密切配合下，终于取得了过硬物证，确认了此次事故非制动机失灵造成，而是司机操作过失所致。

几十年如一日，吴培元始终牢记老院长茅以升“博闻强记、多思多记、勤于实践、勇于创新”的教诲，为中国铁路机车事业的发展做出了卓越的贡献。

曹春元

桥梁制造技术难关的攻坚者

曹春元

曹春元(1931—),江苏常熟人,全国劳动模范,桥梁工程技术专家、教授级高级工程师。先后担任铁道部大桥局第四工程有限公司技术员、工程师、主管工程师、副总工程师、总工程师,铁道部大桥局副总工程师。

1931年10月29日曹春元出生于江苏省常熟县谢家桥。家乡的纯朴民风,给少年时代的曹春元以丰富的文化滋养。河网密布的谢家桥镇,坐落着永安桥、退寇桥、万福桥等历史悠久的各式古桥,使曹春元从小对桥梁产生了浓厚的兴趣。7岁开始,曹春元在家乡的谢桥小学、城区琴南小学、县立初中、常熟省立高中,先后完成小学和中学阶段的学习。高中毕业后,他怀着建设桥梁的志向考入上海同济大学桥梁系,1953年毕业后,一直从事桥梁工程建设。

20世纪70年代,在九江长江大桥建设中,曹春元担任大桥局五处水中墩的技术主管。他提出的双壁钢围堰整体拆除、整体安装的施工新工艺,使九江大桥九江岸的5个水中墩提前半年完成,节约了上百万元的投资。在国家"七五"重点工程长东黄河大桥基础施工中,为了在一个枯水期建成8个水中墩,他将4个水中墩由浮运钢沉井基础改为筑岛沉井基础。这项改革,不仅节省了大量的劳力,而且节省投资300万元,并且加快了施工进度,提前3个月建成了水中墩。在武汉江汉一桥的拓建工程中,4个水中墩要同时开工,并要保证江面有60米宽的通航水道和原桥面的正常行车,常规的施工方案难以同时满足这些要求。曹春元通过调查,构思了一个又一个的方案。经过优化,果断提出在老桥墩上悬挂工作平台的施工方案。这在大桥局是首创，不仅保证了水陆交通的正常，而且水中4个墩同时开工，缩短工期45天，并节约了8条水上施工大型船舶，降低造价30万元。浙江飞云江大桥河槽中五孔为25片62米预应力砼简支梁，这种梁当时是国内第一次采用，每片长62米多，重达220度吨，不仅制造技术复杂，而且国内尚无架设这种巨型砼梁的设备。曹春元经过反复细致调查研究，大胆提出利用大桥局已有的架设40米梁额300吨架桥机，安装吊索架，加长机臂，改装为架设62米梁架桥机的方案(这一方案在国内是首次采用，属创新项目)。曹春元同其他同志一起研究，找出问题，积极改进，解决了许多复杂的技术问题，攻克了62米简支梁的架设难关，使架梁工程得以顺利完成。潮州韩江公路桥的多孔连续混凝土梁，是第一次采用的底部为曲线的新型预制梁、钢筋密，张拉孔道多，制梁工艺相当复杂，难度很大。为攻克难关，曹春元白天深入工地与技术人员研究制梁工艺，晚上亲自验算有关数据，编写制梁技术措施，攻克了这一新型桥梁的制造技术难关。

2017年1月，曹春元(中)与前来慰问的大桥局领导合影

曹春元先后主持或参与组织了我国十几座特大桥梁建设的技术工作。对重大施工方案的技术决策，他总是本着“安全、先进、实用、节约”的原则，精心构思，审慎筹划，开拓创新，为中国桥梁建设做出了积极贡献。1999年，曹春元荣获第四届詹天佑成就奖。

与大江大河的不解之缘

陈新

陈新

陈新(1932—2011),江苏无锡人,中国工程院院士,中国工程设计大师,全国人大代表。曾任铁道部大桥工程局高级工程师、副总工程师兼勘测设计院高级技术顾问。

1932年1月12日陈新于出生在江苏省无锡市,1949年进入上海同济大学,1953年毕业。作为新中国培养的第一代大学生,陈新满怀投身社会主义建设的激情,来到新组建的铁道部大桥工程局。

在修建武汉长江大桥的日子里,初出茅庐的陈新显露出不凡的才华。工作不久,他就担任了大桥设计处青年设计组组长。他和设计组的同志一起,完成了正桥钢板桩围堰基础设计和水上大型施工机具的设计,成功实施了"管柱钻孔深水基础"的新方法。1956年,武汉长江大桥钢梁架通了,他被评为"武汉市青年社会主义建设积极分子"。

1959年,在苏联撤走专家,对我国实行技术、物资封锁的情况下,南京长江大桥开始修建。陈新被派到南京长江桥工地,一干就整整十年。南京长江桥江面宽阔,地质情况复杂,陈新和大家一道,采用钢板桩围堰管柱基础等多种方法,设计了一套先进的水上基础施工设施,解决了在深水及厚覆盖层条件下的基础施工问题,圆满完成了该桥基础施工设计。基础设计完成后,他又主动请战,参加了上部结构钢梁设计。

1972年,陈新被派到九江长江大桥工地负责施工组织设计工作。九江长江大桥施工碰到了预想不到的难题:正桥6#、7#墩由于岩面较高,若采用以往的基础施工方案,覆盖层有可能被冲光,施工将极其困难。担任正桥基础施工设计组组长的陈新认为，已经确定的基础方案，虽然经过武汉长江大桥、南京长江大桥等深水基础施工的检验，但存在着施工工艺复杂，防水性能差，洪水期不能施工，工期长等弊端。他主动与有关专家反复研讨，考察了桥址的水文地质条件，果断大胆地提出了“双壁钢围堰大直径钻孔基础”这一新的施工方案。这一方案被批准采纳，陈新非常激动。他与大家一道连续奋战几十天，确保“新方案”一次试验成功！随后他在该桥 3＃、5＃、6＃墩也相继采用了“新方案”。“双壁钢围堰”新方案除具有结构合理，减少施工工序，用料省，造价低，安全可靠等优点外，最重要的是，不受水位高低限制，可以常年施工，打破了深水基础洪水季节不能施工的惯例。这项设计先后获得铁道部优秀设计一等奖、全国科学大会奖、全国优秀设计金质奖。

1979 年，陈新作为中国专家组成员，飞赴赞比亚抢修坦赞铁路。凭着责任感、自信心，他果断提出抢修方案，仅用 20 多天，就在被炸毁的坦赞铁路上最大的桥梁谦比西桥旁边建成了铁路便桥，接通了赞比亚南北大动脉。

1987 年，钱塘江二桥开工。在靠近入海口的强涌潮江段建桥，国际上尚无先例。怎样克服恶劣的自然条件，陈新与设计人员一起提出了多个设计方案。评审会上，因工程造价等原因，通过了多跨预应力混凝土连续梁方案。而他偏爱的斜拉桥方案未被通过。他虽感遗憾，但他仍然愉快地按照组织决定，全身心地投入到方案的实施工作上。他认真调研了钱塘江涌潮的特点及对江中基础的破坏效应，制定出相应措施。经过反复研究，采用钢护筒定位平台，外设钢壳防水围堰钻孔基础，使基础结构尽量避免潮头的直接冲击，快速形成抵抗巨大外力的结构体系。在上部结构中，为改善行车及养护条件，正桥十八跨 1340 米梁全部连续，中间无伸缩缝，梁体采用了单箱单室截面及大吨位群锚体系，并解决了列车水平制动力分配、梁体施工方案及合拢方式、支座形式和两端伸缩装置等技术问题。1991 年

陈新审查桥梁设计图纸

12 月，钱塘江第二大桥胜利建成了。这座公路铁路并行桥的 1340 米预应力混凝土连续梁长度居世界之冠，并创造了在强涌潮区建桥的奇迹，先后获得铁道部科技进步一等奖、国家科技进步一等奖，陈新均名列获奖者之首。

1995 年，陈新开始从事监理工作。在一般人看来，一名设计大师、工程院院士从事监理工作，似乎是大材小用。然而，陈新认为我国的工程监理起步较晚，尤其是大型桥梁工程需要规范的工程监理，只有一流的工程监理才能保证一流的工程质量。几年来，他带领一批懂设计、精通施工的监理人员，参与了江阴长江大桥和南京长江二桥、润杨长江大桥等的工程监理。2001 年，中铁大桥勘测设计院监理公司被江苏省政府授予“南京长江第二大桥建设有功单位”，润扬长江大桥监理站 C1 标监理组获得江苏省交通工程建设“十佳监理组”，陈新院士被江苏省政府授予“南京长江第二大桥建设功臣”。

陈新先后当选湖北省第七届人大代表、第八届人大常委会委员、第九届全国人大代表。他始终不忘一个人民代表的神圣职责和使命，积极参政议政，先后提出教育、科技、经济等多方面的意见和建议，受到政府和有关部门的重视。

2011 年 6 月 26 日，一生与大江大河结下不解之缘的我国著名桥梁工程专家陈新，因病医治无效，在无锡逝世，享年 80 岁。

袁保宗

铁道信号与信息处理专家
袁保宗

袁保宗(1932—),江苏吴江人,信号与信息处理专家,北京交通大学资深教授。长期致力于信息和信号处理方面的教学和科学研究,为信息科学领域培养了大批高级人才,为我国信息技术发展做出了重要贡献。

1932年7月11日袁保宗出生于江苏省吴江县(现吴江市)黎里镇。家中兄姊4人中他最小,学习也最好。在江南水乡渐渐长大的他,听到许多从大城市上学读书回到家乡的兄长谈论外面的世界以及大学生活,特别是许多物理、化学的科学实验,使他萌生了要走出小小的黎里镇的念头,立志多读书,读好书,上大学,当一名工程师和科学家。1945年,袁保宗在镇里读完小学后考上了吴江中学。1950年高中毕业,他考上北京铁道学院(后改名北方交通大学,现北京交通大学),离开家乡来到北京攻读电信系电信专业。1953年,袁保宗提前一年毕业并留校担任电信系助教。

1956年,袁保宗被选派为留苏研究生,赴苏联列宁格勒铁道学院电信系学习。学习期间,他从师于苏联无线电科学的奠基人,著名老科学家李斯托夫教授,学习信息论及其应用。在当时,这是一门新兴科学,他从信息论的学术思想中看到了自己一生将为之奋斗的目标及方向。他的研究论文是《分析和综合电话系统(声码器)的性能分析》,他的实验就是让电子机器学会像人的嘴巴一样,能发声讲话,从而达到压缩电话频带的目的。这是一项长期的研究任务,他立志回国后继续为之努力。

1960年,获得副博士学位的袁保宗回到原北方交通大学电信系任教。他决心把学到的信息理论武装国内大学,致力于信息论教材的编写和实验的筹备。1961年，在北方交通大学开出了国内最早的信息论基础课程。同时自己动手，在实验室中开出了用于提高信道有效性和可靠性的信息论科学实验。他带领毕业设计学生，利用半导体三极管研制声码器，并于1963年在高教部（现教育部）组织的高校科研成果展览会上，展出了国内第一台谐和式声码器。

北京交通大学为袁保宗教授从教六十年暨八十寿辰举行庆典

1973年，袁保宗接受北京军区委托的保密电话研究任务，与部队的科技人员合作，研究、试制成功“7311”数字电话保密机，解决了部队急需的模拟电台通信的话音保密问题。1978年起他被任命为电信系副主任。同年，在校领导的支持下，经铁道部批准，创建了北方交通大学第一个科学研究所——信息科学研究所，他担任了该所的所长，这也是当时国内第一个以信息科学命名的研究所。20多年来，他先后承担了国家级、部委级重大、重点研究项目20余项。他在国内率先完成了语音增强技术，语音识别和理解，语音合成和语句生成等研究，建立了国内最早的计算机三维物体识别和计算机视觉系统。

20世纪90年代起，袁保宗作为国家自然科学基金重大项目的负责人，提出了智能视听信息处理系统的结构模型——“圆”模型，以及视听信息互相转换和相互融合的新概念，完成了计算机具有声、像、图、文功能的智能视听信息处理系统。在已有的研究基础上，又通过国家“863”计划和国家自然科学基金的支持，完成了国内首台具有13个自由度的“机器人头-眼系统”，并集成于具有跟踪、注视能力的计算机主动视觉系统之中。20世纪90年代中期，他又将系统扩充到远程网络，完成了国内自主产权的交互式会议电视系统，并在铁路现场获得应用。20世纪90年代后期，该系统又扩充成“多功能感知机”的研究，实现了把双眼立体视觉发展为人脸识别及人脸三维合成，立体三维图像的远程传输及重建，创建了三维远程模拟环境的虚拟现实系统。

在完成科研工作的同时，袁保宗致力于新一代人才的培养工作。他在1982年被选派到美国辛辛那提大学和匹茨堡大学的电机计算机系，进行高级访问学者的进修，为培养国内博士研究生作好了充分的准备。1984年他开始招收博士研究生。他于1994年接收了第一位外籍(法国)博士后研究人员，1995年培养了第一名外籍博士生。他的学生分布在世界五大洲，大都成为信息科学领域中强有力的生力军。1991年以后，袁保宗还先后担任了北交大研究生院(筹)院长和电子信息工程学院院长等职。

50多年来，袁保宗在教学和研究第一线辛勤耕耘，在教学方法，培养研究生，学校的学位点建设和科学研究方面均取得了丰硕的成果。袁保宗1978年获得全国科学大会奖，1985年起，任国务院学位委员会第二、三、四届委员，1986年起被聘为国家自然科学基金委员会评审委员。在国家高技术计划(“863”计划)研究方面，他多次被聘为信息获取，智能机器人，智能计算机，通信等领域的专家组换届评审委员。他参与筹建中国通信学会，担任该会的会士及学术委员会副主任。他还担任信号处理学会的理事长。他一直担任美国电子电气工程师学会(IEEE)北京分部的计算机分会和信号处理分会主席，他曾多次主持国际信号处理学术大会、国际现代传输和交换新技术会议(ISTST’96)，以自己学术影响来推动中国信号处理技术走向世界前列。

秦淞君

我国隧道工程技术的重要贡献者

秦淞君

秦淞君(1932—2017),江苏无锡人,铁路隧道工程技术专家。长期从事隧道设计和技术管理。曾任铁道部专业设计院副总工程师、铁道部基建总局副总工程师、铁道部工程总公司副总工程师等职,为我国隧道工程技术发展做出了重要贡献。

1932年8月9日秦淞君出生于上海市。中学时代入读重庆巴蜀初中,1951年从重庆南开中学毕业后考入交通大学唐山工学院(现西南交通大学)土木工程系,1955年9月毕业,分配到铁道部设计总局定型设计事务所,在大型科隧道组工作。1957年合并组建成铁道部专业设计院,在标准设计处隧道科工作。1956年9月至1958年1月被派往唐山铁道学院进修学习,由苏联专家讲授山岭隧道、地下铁道、水底隧道等课程。之后,秦淞君一直工作在隧道设计岗位上工作近28年。1983年冬调铁道部基建总局,从事以隧道为主的技术管理工作。

秦淞君在铁道部专业设计院工作期间,主要从事隧道设计研究,有许多创新。20世纪50年代末,秦淞君通过实践和攻关研究提出双跨连拱四线隧道衬砌结构方案,应用成功。双连拱隧道衬砌要解决大面积混凝土的开裂,围岩稳定和渗透漏水等问题,秦淞君主持提出的采用多种复合层和防渗用新材料方案,对防渗漏、防开裂和增强稳定性有良好的效果,是大断面隧道衬砌技术的一大进步。

宝成铁路通车之初,为解决按苏联模式设计修建的明洞大量开裂问题,秦淞君与国内土力学专家共同研究一年多,提出一套能反映客观实际情况的明洞回填和山体土压力计算公式，一直沿用至今。70年代初，秦淞君组织完成了一批国家重点科技项目，其中“喷锚支护受力特性试验研究”，获1978年全国科技大会奖，“喷锚支护质量检验标准”课题成果于1980年纳入铁道部所编的规范系列。由他主持与北京铁路局合作，把隧道设计理念和方法引用于地道桥设计，在市政工程中广泛应用，他编著的《框架式地道桥》一书，于1979年由人民铁道出版社出版，拓宽了隧道与地下工程专业技术领域。他主持并参加了衬砌标准设计修改提高工作，与昆明铁路局合作主持完成了“喷锚技术延伸应用于加固裂损衬砌”，并提出相关的技术条件和设计要点，为喷锚技术在新的领域应用提供了设计依据，经鉴定后在全路推广。在标准设计工作中他主持完成了《单线电气化隧道标准设计》，于80年代中期获铁道部标准设计一等奖；主持提出的《喷锚加固裂损衬砌技术条件和设计要点》，1979年获铁道部科技进步奖。

秦淞君参加隧道工程项目专家评审会

20世纪80年代初，国内第一次修建长度大于10公里以上的大瑶山隧道。位于隧道腹部的9号区域性大断层宽465米，围岩破碎、水量大、水压高，为能胜利穿越，保证工期。铁道部邀请地矿、水电等单位及路内专家，于1985年12月下旬到现场对设计施工方案进行复审。秦淞君主持制定了穿越9号区域性断层的指导性文件，主要包括指导思想、地质工作、施工对策、技术攻关及工程费用等内容，上报国务院后，国务院主要领导审阅批示，其中主管的领导于1986年初还亲自听取一次汇报。施工过程中，秦淞君时刻掌握情况，经常到第一线与有关人员研究预测可能出现的问题。在上半断面贯通以后，鉴于问题的复杂性，针对几个集中出水点，注浆加固围岩和断层地段加强衬砌强度等，于1987年6月，他又主持制定了解决问题的指导性原则。1990年隧道建成通车后不久，铁道部为进一步治理9号断层岩溶涌水涌砂问题，他又参与了攻关，在各单位人员努力下，历时一年半，在查明涌水变化规律等成果基础上，确定了治理方案。至此，大瑶山隧道修建技术科技进步成果整理上报国家，获得国家科技进步特等奖。秦淞君也受到了国家科委的奖励。

大秦铁路军都山隧道是20世纪80年代修建长度在大瑶山隧道后的第二座隧道，地质结构复杂多变。1987年初开挖还遇到了少见的泥石涌流淹埋坑道，全隧道施工进度落后于预计进度。为解决本隧道围岩多变造成的困难，秦淞君组织施工部门与中国科学院地质所合作，要求把试验研究与生产结合起来，尽量减少对生产作业的干扰。预报工作在常规地质素描基础上，采用了在凿岩机钻孔时测定其转速的转速测定仪，必要时再辅以声波测试手段，使预报较好地指导了以后的施工。1990年铁道部科技司批准设立"隧道工作面前方不良地质预报"课题，至今该技术已经在很多隧道工程中作为工序之一得到广泛采用。

秦淞君在铁路隧道同行中，颇有声誉，是公认的隧道专家。1994年退休后，至1997年任中国铁路工程总公司技术顾问。铁道部和各工程部门经常邀请他到现场帮助进行技术攻关和解决技术难题，或帮助审查技术方案，评审设计规范和进行工程评优等。他参加了《中国铁路隧道史》的编写和参与了隧道掘进机技术的引进和推广应用，专心致志地为隧道及地下工程技术进步贡献力量。

2017年1月15日，秦淞君与世长辞，享年85岁。

赵燠南

东风 4 机车研发的领头人

赵燠南

赵燠南(1933—),江苏江阴人,机车设计制造专家。曾任大连机车车辆厂设计科工程师,车间副主任、主任,厂副总工程师、总工程师,教授级高级工程师。参与第一代东风型内燃机车柴油机部件设计,主持研发了东风 4 系列我国铁路干线内燃机车,是我国机车和柴油机理论研究的学术带头人,为我国电传动内燃机车的研制做出了重要贡献。

1933 年 4 月 19 日赵燠南生于江苏省江阴县(今江阴市),5 岁起随父母在上海读书,先后就读于育才中学、沪新中学、大同大学。1953 年毕业于上海交通大学运输起重机械系。后分配到青岛四方机车车辆厂实习,在设计科和生产车间各个主要工段结合专业进行了比较系统的实践。

从 1954 年开始,赵燠南在 40 多年的工作生涯里,一直在大连机车车辆厂从事专业技术工作。在设计科工作期间,赵燠南先后参加工厂设计制造的"ㄇㄎ1"、"和平型"、"建设型"、"人民型"等蒸汽机车锅炉附件设计,为中国自己设计制造第一台蒸汽机车做出了贡献。还参加了"10L207E"、"CV41"、"10L207EZ"柴油机、"WZE90X"涡轮增压器和"自由活塞"的设计与制造等多个关键项目,为中国铁路牵引动力革命,由蒸汽机车转向内燃机车,特别是为中国第一代电传动内燃机车的研制做出了重要贡献。

20 世纪 80 年代,赵燠南作为大连机车车辆厂总工程师,带领全厂工程技术人员夯实了设计、工艺、计量检测、理化检验、质量检查、全面质量管理、档案情报等各项技术基础工作,并遵循"生产一代、试制一代、研究一代"的原则致力于东风 4 系列内燃机车的开发研制工作。东风 4 系列内燃机车,作为中国铁路运输干线的主型机车，以其优良的技术性能，耐久可靠的运行质量，赢得了广大用户的广泛赞誉。东风4系列内燃机车产量占全国机车总产量的50%，机车遍布全国各地铁路，配装在东风4系列内燃机车上的240柴油机已发展成为有2缸、4缸、6缸、8缸、12缸、16缸以及立式、V型等不同系列的产品，为中国铁路运输事业做出了重大的贡献。

赵爅南为中国中速柴油机的开发研制和完善，呕心沥血，投入了毕生的精力。为掌握第一手资料，他亲赴机务段走访、驻段服务，为考察机车柴油机性能，亲赴大同—秦皇岛，北疆—海拉尔以及高原、南疆试验；亲自主持柴油机近4千小时台架试验，并亲自撰写试验报告，积累了丰富的实践经验和技术资料。为工厂培养了一大批技术人才，并成为工厂的技术骨干和中坚力量。为了缩短柴油机的磨合时间，在他的主持领导下，采用铁谱仪观测柴油机磨合试验过程中润滑油中磨粒大小和数量的变化来确定磨合期的完成，大大缩短了柴油机磨合试验时间，有效地节省了人力、物力，为工厂及社会创造了效益，“缩短柴油机磨合时间的研究”荣获铁道部1996年科技进步三等奖。组织研制了“秦山30万千瓦核电站16V240ZDA型应急发电用柴油机组”，并获得1991年度大连市科技进步一等奖。

赵爅南(中)回顾原大连机车厂艰苦创业的岁月

赵爅南领导主持研制了东风4C型内燃机车。与东风4B型内燃机车相比，东风4C型内燃机车的经济性和耐久可靠性等方面有了很大提高，燃油消耗率降低3%，装车功率提高9%，大修期延长40%，且结构紧凑、维修方便，主要经济指标接近当时世界先进水平，使中国大功率机车向当代世界水平靠近了一大步。“东风4C型内燃机车”1995年荣获国家科技进步二等奖。他组织试制了16V240ZJD型和16V240ZJE型柴油机，在这两种成功机型的基础上，开发和生产的东风4D型内燃机车，达到20世纪80年代国际先进水平，并成为中国铁路前4次大提速的主型机车，为中国铁路大提速做出了贡献。他组织研制的“东风 5 型内燃机车”1987 年 7 月获国家科学技术进步奖。他组织领导的“东风 4 内燃机车转向架构架振动时效工艺”，采用了国外振动时效新工艺，应用在内燃机车转向架构架上，解决了大型焊接构件焊后退火需要大型退火窑、费工费能源、有时工件还会变形等技术难题。经装车试验证明效果良好，取得了很大的经济效益。

赵燠南先后撰写了《东风 4 系列内燃机车的开发过程及其发展前景》、《16V240ZJE 柴油机的开发与主要参数的确定》《240/275 系列柴油机的开发和发展》等 34 篇有价值的学术论文，翻译德、英外文技术资料 19 篇。1997 年获第三届詹天佑铁道科学技术奖——成就奖。

邱世昱

著名铁路货车技术专家

邱世昱

邱世昱(1933—),江苏昆山人,铁路货车技术专家,先后任齐齐哈尔车辆工厂设计科技术员、工程师、副科长,工厂副总工程师、总工程师等职务,主持开发设计超300吨D30型双联平车等多种长大货车以及煤炭运输主要车辆,为我国铁路货运装备现代化做出了重要贡献。

1933年11月4日邱世昱出生于江苏省昆山市,1939年进入昆山培本小学读书,1945年进入江苏省昆山中学读书。1952年考入唐山铁道学院,1954年毕业后分配到武昌车辆工厂,次年因铁路货车行业发展需要调入齐齐哈尔车辆工厂,自此,这位姑苏学子把毕生精力献给了铁路车辆事业,也把自己留在祖国东北的白山黑水间。

邱世昱在从事铁路货车产品开发设计期间,主管设计了多种铁路车辆,满足了不同时期铁路运输的需要。1958年开发设计出我国第一辆载重能力超百吨的长大货车D22型载重120吨平车,解决了铁路建设急需的25米长钢轨等货物运输问题;1959年开发设计出我国第一辆钳夹式货车、第一辆载重能力超200吨的长大货车D20型280t钳夹式货车,解决了大型变压器等设备运输问题;参与了“铁路货车上翻车机卸货时敞车与翻车机间相互作用的研究分析”等大量货车基础课题研究工作,并在其中发挥重要作用。

20世纪70年代初,为提高粮食产量,国家花巨资引进13套现代化大型化肥设备,设备在我国口岸交货,国内运输由我方负责。这些设备中有的单件重达370吨,远远超过当时我国铁路车辆的运载能力。邱世昱临危受命,承担起开发设计载重能力为370吨的特大货物运输车的重任。要完成新型大车的设计任务，必须在车体结构上有重大突破。经过一个个不眠之夜，一种全新结构的“双联平车”在邱世昱的脑海里形成——设计两节结构完全相同的车辆，把货物跨装于两节车辆之间，利用货物自身的强大刚度进行运输。当时我国只有强度较低的普通碳素钢，这与车辆自重的严格限制形成了矛盾。邱世昱深入研究各种钢材的性能，设计了多种车体结构，对车辆强度、刚度、转向架动力学性能、车辆曲线通过性能等一系列问题进行深入分析计算，反复优化结构、优化设计，终于完成了符合进口设备要求，符合铁路沿线情况的双联平车工作图。在整个试制、试验及长途试运行过程中，邱世昱废寝忘食，及时分析试验中的数据，及时处理试制中的问题，确保了我国第一辆载重能力超 300 吨的长大货车 D30 型 370 吨双联平车，解决了进口大型设备运输急需。

1991 年邱世昱（右二）参加机车车辆维修国际研讨会

邱世昱主持开发设计煤炭运输主要车辆——C63A 型敞车是邱世昱在铁路货车研制中的另一重要贡献。“七五”期间，为加速晋煤外运，国家开始重点工程项目大秦线的建设，急需一种性能优越的新型车辆，其各方面性能要与大秦线的各种现代化设施匹配，不摘车钩上翻车机作业，车辆强度、走行部分动力学性能、耐大气腐蚀性能等要达到特殊要求。邱世昱迎难而上，与设计人员一道，广泛查阅国外资料，分析大秦线先进设备的功能特点，领导设计人员突破传统的设计观念，大胆进行技术创新，提出了 11 项新技术、新工艺，提出了高水平的设计建议书和方案图纸。在样车研制中，邱世昱针对新技术多、零部件多、技术复杂、工艺准备量大等特点，对结构复杂的零部件提前下图安排生产，缩短了产品研发、样车试制周期。样车经过动力学等各项试验检测，达到设计要求，满足了大秦线现代化铁路对车辆的要求，为大秦线的开通赢得了宝贵时间。

邱世昱担任工厂总工程师领导职务后，大力抓产品开发和技术创新，主持开发了 C63A 型运煤专用敞车、N1601 型 160 吨定长臂式铁路起重机等多种产品，满足了国内外铁路市场需求。邱世昱积极推进企业技术改造，主持了 8 条国际先进水平生产线的引进、安装、调试及投产，使企业的铸造、机械加工及组装、型钢板材预处理等技术水平实现了全面跨越。同时，邱世昱坚持全心全意地为科技人员办实事、解难题，当一些科技人员心存感激带着礼物看他时，他总是在诚恳的谈心后让来人把礼物带回。在事业、集体和个人得失面前，他几十年如一日的足迹展现了一名纯朴知识分子平凡而高尚的情怀。

黄自山

干一行，爱一行，钻一行

黄自山

黄自山(1934　2000)，江苏六合人，全国劳动模范。1958年参加工作，先后在原浦镇车辆工厂(现中车浦镇车辆有限公司)干过搬运工、镗工、车工、铣工等工作。

1934年3月黄自山出生于江苏省六合县的一个贫苦农民家庭。青少年时期，黄自山一直靠打短工维持生计。20世纪50年代初，他被同乡介绍到位于南京江北浦镇的铁路车辆厂干临时工。1958年起，黄自山作为搬运工开始了在浦镇车辆工厂的正式工作。过了一段时间，他看到厂里的一些技术工人，像车工、铣工等在机床边熟练操作，非常羡慕。但是，他的文化程度低，只有高小肄业。为了实现自己的目标，黄自山就起早贪黑学文化、学技术，不懂就查字典、查机械加工书籍，向有经验老师傅学习。在生产的第一线，他重活脏活抢着干，有一次曾连续两个月吃住在厂里不回家。由于黄自山肯吃苦、爱钻研，而且干一行、爱一行、钻一行，他的技术水平突飞猛进，很快干上了镗工、车工、铣工等技术性很强的工种。

20世纪60年代中期，全厂掀起了生产新高潮。轴箱作业区的轴瓦加工任务很重、人员缺乏，车间领导调来黄自山协助做好轴瓦生产工作。轴瓦加工对他来说是生疏的活，但他有决心攻克这个堡垒。技术上不懂之处，他虚心向老师傅学习，边学边练。轴瓦加工的定额是每班生产32块，过去很少有人达到这个定额，都喊定额紧。黄自山技术熟练之后，决心闯过这个拦路虎。他总是在班前做好准备工作，尽量缩短辅助工作的时间，充分利用上班的480分钟时间。第三天他就突破定额，达到班产33块，接着又提高到班产

36 块、40 块。后来，他找到了窍门，改进了操作方法，创造了班产 51 块的新纪录。对于自己日产量的不断提高，黄自山很高兴，但同事们的产量上不来，他又发愁。这时，黄自山决定将自己的技术成果分享给班里的同事。于是，黄自山在工余时把自己的操作技巧和工作体会一点一点地传授给大家，整个生产小组的生产进度直线上升，连过去叫的最厉害的同事都赶上来了，有一次竟然创造了班产 56 块的更高纪录。由于黄自山的带头，这项难以完成的“硬骨头”，只用了三个月左右就超额完成了。

1970 年代起，厂里兴起了技术革新活动，黄自山积极响应。他在工作中发现换枕时，原生产工艺需二刀二道工序过于复杂，通过多次不辞辛苦地钻研摸索，把二道工序改为双刀一次完成，不仅工效提高了一倍，产品质量也得到保证。几年间，黄自山一共完成了弹簧支柱、风动夹具等 42 项技术革新和合理化建议。黄自山在生产中还时时处处注意节约，地上掉一个螺丝、一团棉纱，他都会收集起来，加以利用。仅 1973 年一年，黄自山就利用工余时间，捡拾废旧木材 1 500 公斤、废旧铜铁 8 150 公斤。1980 年代，黄自山平均每年生产超工时 1 000～1 400 小时，产品合格率均在 99%以上。

浦镇车辆工厂客车车顶翻转机

黄自山在工作中的“老黄牛”精神得到了广大职工的热情赞誉，而更好的口碑则来自于他生活上艰苦朴素，热情助人。黄自山坚持“学雷锋做好事”，几十年如一日，从不计较个人得失。同组的搬运工魏学友家里十分困难，鞋子破得不像样子，黄自山就将自己的一双皮鞋送给他，另外还特地为他做了一双新布鞋。黄自山每逢上早班，总要提前一个小时去，他说这样可以把上夜班的同事早点替换下来，他们整夜不能睡觉很辛苦，让早点回家休息。看到有的同事带病坚持上班，黄自山主动替班，让同事好好休息。黄自山做的好事数不胜数，每年暑期利用工余时间给工友做清凉饮料，节假日为群众修鞋补伞，到工厂医院为病人打开水、倒便盆……。

黄自山就是这样的一个人，他时刻以毛泽东《纪念白求恩》中所说的“一个高尚的人，一个纯粹的人，一个有道德的人，一个脱离了低级趣味的人，一个有益于人民的人”为目标，持之以恒地热情对待工作、对待同事，受到了广泛赞誉。黄自山连续当选为第四、五、六届全国人民代表大会代表。1977 年荣获“全国劳动模范”称号，并出席全国工业学大庆会议。

2000 年 6 月，黄自山不幸因病去世，终年 66 岁。

施雨农

铁路计算机网络和应用专家

施雨农

施雨农(1934—),江苏海门人,计算机网络和应用专家,曾任北方交通大学电子工程系主任、铁道部电子计算技术中心主任等。参与筹建铁路院校第一个计算机专业,主持国家重点攻关项目“铁路运营管理信息系统”的规划、设计和建设工作,建成国内第一个大型计算机网络系统,被国家科委定为改革开放十年来重大科技成果,为铁路行业计算机应用系统的建设做出了重要贡献。

1934 年 4 月 6 日施雨农出生于江苏省启东县大生镇,小学和中学阶段在上海度过,1949 年 7 月毕业于上海市立杨浦区中心小学,1955 年 7 月毕业于上海市市东中学(原上海市立缉规中学)。在中学学习期间品学兼优、全面发展,曾任校学生会主席。1954 年 1 月当选上海市榆林区第一届人民代表大会代表,同年 7 月又当选上海市第一届人民代表大会代表,9 月加入中国共产党。1955 年 8 月,施雨农考入北京铁道学院(现北京交通大学)铁道运输系,1960 年 8 月毕业并留校任教。1965 年起,参加了利用电子计算机编制铁道部和北京铁路局月度运输计划的软件开发、铁道部至上海铁路局远程计算机联网的软件开发工作。1970 年起,先后参加了北京铁路局南仓编组站综合自动化软件的开发,铁路专用电子计算机(BTD-1 型)的设计和研制工作,后者曾获得全路科技大会奖。

1977 年,施雨农参与北方交通大学(现北京交通大学)电子工程系的筹建。该系开设了全国铁路院校的第一个计算机专业,施雨农承担了“计算机网络软件”这门全新课程的教学任务。当时国内没有现成的教材可供参考,他先后收集、翻译和分析了美国 IBM 公司的二进制同步通信规程和系统网络体系结构、美国 DEC 公司的 DECNET 网络软件和数字网络体系结构，国际标准化组织颁布并作为国际标准推荐的高级数据链接通信规程和国际电报电话咨询委员会作为国际标准推荐的 X.25 七层开放模型等，从字符型规程到比特型规程，从报文交换到报文分组交换，从国际流行的规程到具有前瞻性的网络协议。施雨农通过刻苦钻研，自编了这门课程的教材。

施雨农(左)与外国专家交流工作

1978 年，施雨农先后考察了欧洲大型计算机生产厂商英国 ICL 公司，英国皇家物理实验室的 NPL 网络中心，以及牛津、剑桥、伦敦、曼彻斯特和爱丁堡等著名大学的计算机系和计算中心；1979 年 10 月至 1980 年 5 月，又去日本学习、考察，为北方交通大学新专业的创建积累资料、吸取经验。1980 年 8 月，施雨农任北方交通大学电子工程系主任，并承担了计算机网络软件的教学任务，翻译了美国 DEC 公司的《RSX/IASDECENT 用户指南》，编写了计算机网络软件教材。1984 年 2 月与兄弟院校专家共同编写了《计算机网络》作为铁路高校计算机专业的通用教材。

1984 年 5 月，施雨农调任铁道部电子计算技术中心主任，主持国家重点攻关项目“铁路运营管理信息系统”的规划、设计和建设工作。该系统规模大，有 500 多台中小型电子计算机，2 万多台 PC 机；技术复杂，要建立覆盖全路的大型计算机网络，实现 7×24 实时运行；应用系统多种多样，包括铁路运输调度、货运管理、计划统计和财务管理等。施雨农带领中心技术人员，在铁道部的正确领导、业务司局的密切配合下，仅用了短短两年多的时间，建成了铁道部至 12 个铁路局、62 个分局的国内第一个实时计算机网络。为各级铁路运输和管理部门迅速及时地提供了准确完整的数据，初步解决了用传统方法难以解决的车流预确报问题。该项目 1986 年获全国计算机应用成果一等奖，1992 年又获得由国家科委、财政部等联合颁发的“七五”优秀信息系统奖，施雨农本人获有突出贡献的优秀信息系统组织者奖。

“七五”和“八五”期间，铁道部又先后建成了郑州北、丰台西、徐州北、南京东和南翔等近 30 个主要编组站编解作业综合自动化系统，对提高编组站编解作业能力、缓和运量与运能的矛盾发挥了重要的作用。其中，“铁路运营管理信息系统”和“郑州北编组站综合自动化系统”1989 年被国家科委评为改革开放十年来重大科技成果；“七五”国家科技攻关项目“郑州北编组站综合自动化系统”1991 年获国家科技进步一等奖，施雨农个人也同时获奖；“八五”国家科技攻关项目“上海铁路局货车实时信息系统”荣获铁道部科技进步一等奖和国家科技进步三等奖，施雨农获铁道部科技进步一等奖。

施雨农 1994 年 7 月退休后，仍积极参与电子技术领域的咨询和学术活动。1995 年 7 月，他应国家科委聘请，任中韩信息产业合作委员会中方会长。同年又当选 DEC 计算机亚洲用户协会副理事长，更广泛地开展国际和地区间的技术交流。1996 年当选中国计算机用户协会常务副理事长。1999 年 11 月又担任国家信息化办公室重大工程专家组组长。2000 年 2 月任第 21 届世界大学生运动会组委会技术部专家顾问组组长。2003 年后，又先后被中央组织部、国家水利部、国家采购中心等单位聘任为专家顾问组成员，他还是国务院部、委信息中心主任联席会议的召集人，热心政府与行业间的信息技术交流。

周振远

铁路建设者的楷模
周振远

周振远(1935—2004),江苏无锡人。铁道工程专家。曾任铁道兵第8师作战科技术员、工程师,39团总工程师,司令部作战处技术科科长,工程指挥部副总工程师;铁道部基建总局副局长,建设司副司长、司长,副总工程师等职。长期从事铁路工程建设与管理,为铁路建设做出了重要贡献。

周振远,1957年毕业于上海同济大学路桥系桥梁隧道专业,同年9月服从国家分配到中国人民解放军铁道兵部队。他在铁道兵第8师机关从事战备工作期间,参加了南京军区范围抢修预案的编制,主持设计了淮河大桥的抢修方案。1964年,铁路建设的重心移向祖国西部,周振远作为铁道兵第8师工程师参加了成昆线黄瓜园至一平浪段126公里的建设,他编制了全师管段的施工组织设计,利用万能杆件、日式军用梁、工字梁等现场可使用的材料,用一个月的时间设计了11种16米至32米桥跨的临时结构45孔,其中有许多创新技术,对按时完成任务起到了重要作用。

在铁道兵司令部工作期间,周振远参加铁道部组织的工作组,考察滇藏和川藏铁路,参与编写考察报告的施工组织部分。这一时期他还参加了青藏线哈格段、南疆线吐库段调整设计规模审查,参与组织了沙通线的竣工验收,处理了包括400余孔预应力混凝土梁纵向裂纹等一系列技术难题。1982年至1983年,周振远主持研制了中小跨度先张预应力混凝土梁。该项成果通过评议鉴定迅速投产,供应兖石、大秦等多条铁路使用。该项成果1983年、1984年分获铁道兵、铁道部科技进步奖。在这段时间,他通过对国内外调研考察选购了铁路双线隧道施工设备,实现钻、装、运、衬砌与混凝土作业机械化，并在千米以上长隧道全面推广新奥法施工，从而使铁路隧道施工上了一个新台阶。

1985 年底，周振远担任铁道部基建总局副局长兼任衡广复线建设指挥部副指挥长。衡广复线工程技术复杂、难度大，任务艰巨，周振远根据实际情况重点抓好了工程计划和决策，指挥、监督和协调，技术攻关三方面工作。他组织编写了全线施工组织设计，合理实施平行、交叉施工，切实解决运输与施工之间的矛盾，对指导全线施工起到了很好的作用；在大瑶山隧道治水中，电力接触网、通信、信号和电力施工遇到了前所未有的困难，他及时做出了先铺轨后治水的决策，赢得了“四电”施工的宝贵时间，也确保了治水方案的最优化，保证了治水效果。

周振远主持建设的衡广复线通车

在组织指挥上，周振远坚持施工、运输两不误的原则，抓住重点、难点和控制区段，集中力量打“歼灭战”。通过先开通控制区段，提高运输能力，为施工提供更多的封锁时间，从而形成良性循环，加快了施工进度。他还主持了一系列技术攻关项目，主要有：主持审定清风亭隧道隧底溶洞的处理方案、涟源段软土路基设计方案、鸡坑改线方案；组织完善了轨枕板铺设工艺；主持了大瑶山隧道九号断层的处理和治水攻关会议，牵头制定出解决措施并组织实施。衡广复线于 1988 年 12 月 16 日全线开通，比原计划提前了 36 天，被国务院领导称赞为营业线改造的范例，为营业线进行复线改造提供了宝贵经验，而周振远个人也因在衡广复线建设中做出的突出成绩受到了铁道部的表彰。

1989 年以后，先后任铁道部建设司副司长、司长，铁道部副总工程师兼建设司司长。在此期间，参与组织了“八五”铁路大发展时期的大量铁路工程建设，努力推进社会主义市场经济条件下铁路工程建设项目改革，使这一时期铁路建设基本做到了有序、可控、规范、高效。1997 年至 1998 年作为铁道部代表常驻尼日利亚，指导、协调中国土木工程公司承担的该国 3000 多公里铁路修复工程。

周振远是修建进藏铁路的积极支持者和倡导者，2001 年 5 月，周振远担任铁道部进藏铁路建设专家咨询组组长。当时他确诊直肠癌已两年多，并做过两次手术，身体的虚弱挡不住他对青藏铁路的情感和对工作的执着，他认真负责积极努力，全身心地为青藏铁路建设出谋划策。即使在住院卧床期间，依旧牵挂青藏铁路的建设情况。

2004 年 8 月 25 日，周振远不幸病逝。从大学毕业到病逝的 48 年间，周振远有 21 年施工一线的磨炼，有 27 年军旅生涯的锻炼，还有 20 年奋战在铁路基本建设管理战线。他勇于创新，肯于钻研，对技术精益求精，为铁路建设事业做出突出贡献，为铁路建设者树立了光辉榜样。

钱清泉

铁道电气化自动化工程的领军人

钱清泉

钱清泉(1936—),江苏丹阳人。我国著名铁道电气化与自动化专家,中国工程院院士,西南交通大学教授、博士生导师。担任国家轨道交通电气化与自动化工程技术研究中心主任、轨道交通国家实验室(筹)技术委员会副主任、高速铁路系统试验国家工程实验室技术委员会副主任以及深圳中国工程院院士活动基地主任等职。

钱清泉,1936 年 5 月 7 日出生于江苏省丹阳市,1956 年江苏省丹阳中学高中毕业,考入唐山铁道学院电机系,1960 年还没有毕业就提前留校作预备教师兼助教;当预备教师时,他把电气化铁路远距离控制列为自己科研方向。经过长期不懈努力,钱清泉开拓了“铁道微机监控与综合自动化”的研究方向,主持研制成功了一套中国电气化铁道多微机运动监控系统,并实现产业化,创造了巨大的经济效益和社会效益。

钱清泉首次提出采用冗余备用流动群方式的环状通道结构,有效地解决了通讯的可靠性这一重大技术难题;提出控制中心采用局域网加双机冗余备用方式,极大地提高了控制中心系统的可靠性;提出并研制成功的多级防雷、防高压、防强电磁场干扰以及 RTU 地线浮空、外壳屏蔽等技术设备,大大提高了 RTU 的可靠性。这些研究成果成功地应用于 DWY 系列微机远动监控系统。所谓远动,就是利用运动装置对电气化铁路沿线的变电所、分区亭等所有供电设备,实施远距离的集中监视和控制,替代原来沿用的速度慢、领导强度的,易发生错误的人工供电电话调度方式,实现无人值守,确保运输安全,提高运输效益。

国家建设京秦线，这是第一条引进国外技术的电气化铁路，仅进口供电远动装置就花去了600万美元。铁道部的一位领导找到钱清泉，希望尽快拿出我国自己的微机远动装置。想起去日本验收引进的设备时，日本同行“中国没有8到10年搞不出来”的预言和对中国专业人员的技术封锁。钱清泉暗下决心一定要以最快的速度研制出我国自己的供电远动装置。

钱清泉（前）在铁科院机车研究所指导工作

从1984年开始，钱清泉带领他的团队夜以继日地工作。他们依靠从日本带回来的那些资料研究攻关。大家经常干到后半夜，春节也只休息两天。就这样干到1986年，终于做出了电气化铁路远动装置的样机，打破了当时拥有先进技术的日本人的预言。样机当年通过鉴定，随后与成都铁路局合作，在西南地区的铁路线上使用了他们研制的电气化铁路的远动装置。科学成果有了，还必须推进产业化，体现其实际价值。钱清泉没有停步，他们边研究、边到现场调试，仅用两年多的时间，走过了从技术开发到工程化的全过程，引领我国铁道电气化设备走上了国产化的道路。

1991年川黔线电气化工程进行国际招标，钱清泉主研的“DWY系列微机远动监控系统”以性能好、价格合理的优势，击败日本、英国等多家国内外竞争对手，一举中标，打破了国外同类产品对中国市场的垄断。之后，“DWY系列微机远动监控系统”被国家科委批准为《国家级科技成果重点推广计划》项目，陆续获得大秦、兰武、石太、湘黔、丰淮、侯月、阳安、外福、株水、襄渝等省部级重点工程项目，并在鹰夏、郑武、京郑、宝中焦枝、成昆、南昆、西安安康、武广、朔黄等国际招标项目中连连中标，获得科研经费近2亿元，其中国际中标经费2 000多万美元，为国家节约了大量外汇。远动技术的研究到这时才算是走完了“引进—消化—吸收—产业化”这条道路。到20世纪90年代初期和中期，中国电气化铁路供电设备的70%至80%实现了产业化。

远动技术的产业化，也促进了教学和科研，培养了一支年青的科研队伍。钱清泉带领科研人员围绕“微机远动监控系统与综合自动化”这一研究方向，主持研制了国内首创的“牵引供电仿真培训系统”，该系统部分指标达到国际水平。在他的领导和关心下，DWC—01 型变电站电气试验车、WGW—62GA 型牵引供电系统微机故障点测距装置、牵引变电所主变压器的微机保护装置相继研制成功，并形成高科技产品，在电气化铁道中得到广泛应用，在国际投标中击败诸多强劲对手而中标，成为中国铁路市场的主导产品。

钱清泉为“牵引动力实验室”这一大型国家重点实验室的成立和建设也发挥了重要作用。他参与了沈志云教授精心组织和筹建的“牵引动力国家重点实验室”，经过不断改进、不断完善其研究与实验设备系统，目前已经成为我国发展高速、重载试验和培养高级人才的基地。2003 年和 2008 年被评为优秀国家重点实验室。

钱清泉在电气化智能监控系统与综合自动化研究领域取得了丰硕成果，出版专著三部和教材多部，在国内外发表学术论文百余篇，培养了一批中青年优秀人才和数十名博士生，获得十多项国家、省部级科技进步奖。1997 年当选为中国工程院院士。

铁路环境保护领域的先行者

贾国荃

贾国荃

贾国荃(1937—),江苏苏州人,我国铁路环境保护专业主要创始人之一。中国铁道科学研究院原铁道建筑研究所研究员,中国铁道科学研究院节能环保劳卫研究所技术顾问。

贾国荃,1937年9月出生于江苏省苏州市。1958年考入南京大学,1963年毕业后分配到中国铁道科学研究院工作,从此扎根铁路近五十载,为我国铁路环保事业作出了突出贡献。

蒸汽机车锅炉内水处理问题是贾国荃早期研究的主要领域。1982年至1985年,他与课题组研究了各类新型有机泥垢调节剂对水中主要成垢离子的阻垢性能、用量依据、使用条件等关键技术,并将复合配方在不同水质类型的蒸汽机车上进行了验证试验,成功研制出减缓锅炉水垢增长速度调节剂。研究成果在全路推广后,每年节省机车用煤约16万吨,并在国内低压锅炉上推广应用。1985年至1987年,贾国荃的课题组研制成功“T871蒸汽机车锅炉消沫剂”,在适用水质、消沫剂的有效时间和使用方法均优于国内其他消沫剂。机车锅炉使用T871消沫剂后可大幅度提高锅炉水含盐量,降低机车放水率5%左右。在高、中硬度水质交路约1 500台机车上使用,每年节煤约6～8万吨。随着铁路机车的内燃化,贾国荃跟紧铁路运输现场的需求,开展了“内燃机车废气净化研究”课题的研究,他带领课题组先后在大连化物所、铁道科学研究院进行室内实验,又在川黔线和成昆线的长大隧道内进行了现场试验,经机车隧道现场数十次的试验表明:课题研制的催化剂能消除废气中50%的氮氧化物,石油添加剂对废气中油烟的净化率为50%～

60%，达到当时国内外先进水平。

贾国荃在研究哈大线的环保事宜

贾国荃凭借几十年科学研究养成的敏锐观察力，早在1986年就判定环境保护将是今后我国重点发展的事业。为此，他带领科研人员开创了铁路环境评价专业技术领域，而漳泉铁路正是开了铁路环评的先河。漳泉铁路西起福建省漳平市，东到福建省泉州市惠安县肖厝镇。1981年，漳泉线初步设计通过铁道部鉴定，但由于泉州市部分知名人士及市政、风景区等职能部门，极力反对泉州城区铁路方案（北线方案），并提出了新北线方案，直到1989年初两方案之争仍然针锋相对，铁路开工遥遥无期。最后，争论双方同意委托评价单位进行环境影响评价来确定。贾国荃接受委托后，组织力量从各主要环境要素进行全面调查、测试，到有关历史名城进行深入调查比较，并第一次在环评中采用了录像，结合现场模拟实验，提出了北线局部改线方案和新北线移站方案以及如何与当地景观协调的措施。泉州市政府在国家环保局对报告书终审批复后，召集市政府、市委、市人大、市政协、市纪委五套班子的成员审阅了漳泉线环境影响报告书，并观看了录像，最后采纳报告书提出的北线局部改线方案，结束了泉州市各界对该线城区铁路选线方案近10年之久的争论。1995年10月，漳泉铁路经过数年纷争终于全线贯通，从而结束了闽南泉州一带无铁路的历史。

京沪高速铁路是我国投资规模大、技术水平高的一项工程。从1990年开始论证到2008年全线开工，前后长达18个春夏秋冬。如此巨大的工程，环境保护工作当然十分重要。贾国荃是"京沪高速铁路重大技术经济问题前期研究"环境保护分报告撰写人，他从国内外铁路对环境的影响情况，分析高速铁路建成后对沿线环境可能影响的类型、范围、强度，提出防护对策与投资估算。该课题1998年获国家科技进步二等奖。

贾国荃主持的“高速铁路环境影响预评价研究”课题于2003年1月通过铁道部审查，该课题针对噪声、振动、电磁辐射等主要环境问题，在充分收集、分析国外资料基础上，结合国内历年进行的准高速、高速试验，提出不同速度下高速铁路噪声、振动、电磁辐射的源强值与建议值，以及影响源强值的各项因素和相互关系，并据此对拟建高速铁路主要环境问题的防护原则进行了探讨，为铁道部、原国家环保总局等行政主管部门提供决策依据，为高速铁路建设环境影响评价提供技术支持。

一分耕耘、一份收获。正是由于贾国荃的不懈努力，我国铁路环保专业经历了从无到有，从发展到壮大的历程；正是在他的言传身教下，一批能挑重担、敢于创新的年轻技术骨干，成长为新形势下铁路环保事业的中坚力量。多年来，贾国荃被分别授予铁道部优秀知识分子奖章、“国家有突出贡献中青年专家”称号、原国家环保总局“环境保护杰出成就”奖，享受国务院特殊津贴。

范广荣

铁路大提速的先行者
范广荣

范广荣(1941—),江苏苏州人,全国劳动模范,曾任中车戚墅堰机车有限公司副总工程师、高级工程师。

1941年5月25日范广荣出生于江苏省苏州市。1968年6月,27岁的范广荣在北京铁道学院(现北京交通大学)研究生毕业,踌躇满志地来到戚墅堰机车车辆厂(现中车戚墅堰机车有限公司)。40多年来,范广荣一直在这里与铁路内燃机车打交道。1991年被评为全国铁路优秀知识分子;1993年当选第八届全国人大代表;1995年被授予"全国劳动模范"称号;1997年获第三届詹天佑人才奖。

1976年正是百废待举的时代,提高铁路运输能力成为国家建设与发展中十分紧迫的任务。这时,我国铁路运输牵引动力仍以蒸汽机车为主,少量的内燃机车功率偏小,技术水平落后。时代在迫切地呼唤大功率内燃机车的诞生。一个决定我国第一代大功率内燃机命运的论证会当年在戚机厂召开,范广荣在会上从内燃机车的性能、设计讲到大马力研制的可行性,道出了自己谋虑已久的真知灼见,赢得了众多与会者的共鸣。

1980年3月,戚墅堰机车有限公司东风8型内燃机车的试制进入关键阶段,这可是4 500马力的大功率机车。范广荣充满着激情,每天都像上足发条的陀螺。白天基本不休息,晚间经常加班熬夜,直累得眼花臂酸腿无力。两次差点出事,一次晚上加班,从办公室出来一头撞到排球网上,眼镜丢了;一次熬了整整一个通宵,早晨骑车上班,自行车被公交车压坏,所幸的是有惊无险。乘客责怪司机,"我赔不起时间",范广荣一笑了之。1984年11

月20日，第一台东风8型内燃机车隆重出厂，为之倾注了数年心血的范广荣舒心地笑了。

范广荣在工作中

1990年7月，根据广深线开行准高速列车的需要，戚墅堰机车有限公司受命加快研制更大功率的东风11型内燃机车，这是国家“八五”重点科技攻关项目。上级要求，首台样车要在1992年底前问世。为了使东风11型机车使用的16v280ZJA型柴油机符合设计要求，范广荣广泛收集和研究国内的6L207、12V180柴油机和国外的PA4—186、PA4—200等中速大功率柴油机的资料，科学吸收，为我所用。通过试验，方广荣摸清了曲轴平衡性大小对柴油机性能的影响，这一成果应用于16V280柴油机后，解决了碾瓦问题，并减少了震动。他进一步拓展视野，积极参与同外单位的技术合作，完成了曲轴平面和三维光弹试验，摸清应力分布，设计出双圆弧角，并运用到16V280柴油机上，取得了理想效果。方广荣与铁科院合作主持了16V280柴油机机体、曲轴等十大关键零部件静强度测试，解决了加载方法和用油密封等关键问题。方广荣主持机车、柴油机CAD技术的推广和应用，组织引进了美国I—DEAS软件和工程工作站，大大加快了新产品设计速度，提高了设计质量。

1993年10月，东风11—0002号机车在广州至昌平线上进行15万公里考核试运行，机车驱动轴承盖上六只紧固螺栓突然断了四只。范广荣立即赴现场“急诊”。电焊工一人工作不便，范广荣与他并肩作业。由于车体与空心轴紧紧对峙，中间不过一人的间距，范广荣只能半跪着，任凭额头紧贴车体，臀部“亲吻”空心轴，两天的活一天就完成了。东风11型机车从设计到试用仅用了十个月时间，这在发达国家也属罕见。

1994 年 12 月 22 日，广深准高速铁路开通，由戚机厂研制的东风 11—0003 号机车牵引十辆豪华国产客车仅用 67 分钟就走完了以往需要两小时的路程，时速达 165 公里/小时。这一开中国高铁先河之举，戚机厂和范广荣功不可没。

1997 年 4 月 1 日，中国铁路第一次大提速拉开序幕。范广荣不仅是见证者，更是机车设计试制的亲历者、参与者和先行者。在随后的中国铁路前五次大提速中，戚墅堰机车有限公司研制的东风 11、东风 11G 和东风 8B 先后成为担纲牵引主力的主型客、货运内燃机车，先后获得国家科技攻关奖和国家科技进步一等奖。

2001 年，范广荣光荣退休，但他始终没有离开心爱的内燃机车设计制造岗位。如今，这位 70 多岁的全国劳模依然在戚墅堰机车有限公司发挥余热。每天，范广荣还是与“孙子辈”的科研人员一起研究、探讨，以实际行动践行当初立下的“为中国铁路事业奋斗终生”誓言。

马德明

“天下第一钩”

马德明

马德明(1942—),江苏徐州人。全国劳动模范。历任济南铁路局徐州北机务段司炉、副司机、司机、司机长。

马德明,1942 年 3 月 20 日出生于江苏省徐州市的一个普通铁路工人家庭。由于家中兄弟姊妹多,家境贫寒,他在徐州西阁小学毕业后,为了给家庭分忧,他早早地参加工作,在徐州机务段当工人。他边工作边学习,踏踏实实,任劳任怨,一步一个脚印,从学徒工到司炉、再到副司机,1966 年 8 月晋升为司机,1978 年 12 月担任司机长。

马德明在 40 多年的工作生涯中,牢固树立为人民服务的宗旨,在平凡的工作岗位上,任劳任怨,无私奉献,出满勤,干满点,严格作业标准化,先后防止各类事故 400 余件,实现安全行车 37 年。在机车保养方面,带领班组职工抓好机车质量保养,同时做到每天坚持提前半小时到段,工作中脏活累活抢在前,年年圆满完成各项生产任务和经济技术指标。在班组工作方面,马德明以身作则,关心同志,身体力行,用行动带动全组职工搞好安全生产,班组连续多年被评为先进集体。然而,马德明经常为了大家而忘了小家,他家住蚌埠,工作在徐州,两地分居,家庭负担重,但多年来始终坚持跑好车、保安全,把全部精力用到运输生产上,即使在母亲摔伤、岳父病故的情况下,他也是利用休班处理完家务,及时赶回工作岗位。

在段里,马德明被同事们亲切地称为“标准作业带头人,安全生产先行官”。在长期的工作实践中,他总结出“四勤”机车质量工作法:勤检,就是在值乘中,做到停车就检查,及时掌握机车运用过程中的质量状态,发现苗头和问题，及早采取措施进行处理；勤看，就是利用机车临修、小辅修等时机，亲临修车现场，多看技术人员和检修工人如何判断和排除机车故障，提高自己处理故障的技能，勤修，就是不论故障是否会立即影响机车质量，已经发现，坚决及时地排除，不留“小尾巴”，勤报，就是对自己无法排除的故障、隐患，提前报活，联系修理，决不让机车带病出库。“四勤”法，不但使他对机车质量状态了如指掌，夯实了机车质量基础，而且提高了自身处理机车故障的能力。

马德明干了 36 年的司机竟有 32 年跑的是解结列车。这种列车在沿途车站随时有甩车挂车作业，马德明驾驶的机车要担当调车机车，甩甩挂挂是最容易发生事故的。他居然常在河边走，就是不湿鞋！其中的奥秘究竟在哪里？这就是他总结出的“四多”安全作业法。即“多看一眼”：运行中，对前方线路情况、信号机的显示方式等多确认一次，做到看清、看对、看准，决不盲目运行。“多问一句”：加强与车站联系，熟知行车命令，明确调度要求，对各种安全信息相互提醒，做到服从调度指挥不走样。“多鸣一声”：在列车交会、进出站、道口、桥梁等关键时间、关键地点勤鸣笛、鸣长笛，做到鸣笛警示一声不漏。“多想一点”：根据不同季节、不同天气、不同车次、不同时间做好安全预想，对可能出现的影响行车安全的因素一一镇定应急对策，做到临危不惧，处置果断。有了这“四多”安全作业法，人们就不奇怪马德明为什么被称为“天下第一钩”了。

马德明与时任铁道部部长韩杼滨合影

马德明 1988 年被铁道部授予“安全司机标兵”称号，1989 年被济南铁路局授予“劳动模范”称号，并荣获铁总颁发的火车头奖章。1995 年，马德明在全国劳动模范和先进工作者表彰大人会上被授予全国劳动模范称号。

李炳华

“彭城铁路徐虎”

李炳华

李炳华(1941—),江苏徐州人,全国劳动模范。上海铁路局(原济南铁路局)徐州铁路建筑段管道工。

1941年12月1日李炳华出生于江苏省徐州市,1964年参加工作,1980年由山东泰安调入徐州铁路建筑段任管道工。“宁可自己千辛万苦,不愿用户一时为难”是李炳华的口头禅,更是他几十年如一日,任劳任怨、无私奉献的真实写照。李炳华多次获得山东省“优秀共产党员”和济南铁路局“优秀共产党员标兵”称号,1989年荣获全国劳动模范称号。

春夏秋冬,一年四季,在原徐州铁路分局管辖的南部宿舍区里,人们经常可以看到李炳华忙碌的身影。多少年来,他的脸上总是挂着微笑,肩上总是背着一个装满工具的帆布包,不知疲倦地穿梭在高楼和矮屋、大街与小巷之间,为用户掏阴沟、挖水道、换龙头、修厕所,仿佛一根上足了劲的发条,不知疲倦地工作着。

徐州铁峰5号楼三单元102室有一位独守老人,她双目失明,行动不便,儿女又都远在外地。李炳华自从帮她修过水管后,就时常惦记着这位老大娘。即使没有工作上的事情处理,他也会隔三岔五的到家看看,帮忙打扫卫生、收拾房间。这已经成为了李炳华的日常习惯。有一次,天气骤变,风雨大作。“不知大娘家的阳台有没有进水”,想到这里,李炳华坐不住了,披上雨衣蹬上自行车就往大娘家赶去。果不其然,雨水已经倒灌进大娘家北面的阳台了,墙角堆砌的煤球已经被雨水打湿。李炳华二话没说,就把煤球就往厨房搬。黑黑的煤粉和着雨水黏在了他的衣服上、手臂上。搬好煤球，李炳华又一盆盆地端来自来水将脏污的阳台冲洗干净。

不管是工作时间还是节假日，李炳华的工具包总是随身携带。1984 年 6 月的一个下午，邻居捎信给李炳华，附近有一名用户家中水管断裂。他迅速赶到那位用户家，积水已经达到 10 多厘米。原来是水管的三通坏了，赶上周末，工区料库没人，无法取用。看着白白流淌的自来水，李炳华心中着急，连忙回家将自家的三通拆下，又返回用户家中更换。一切忙清后天已经黑了，李炳华骑车回家，儿子竟然坐在门前睡着了。原来是风把门带上，孩子没有钥匙，在院子里玩耍之后进不去屋了。

2006 年李炳华正式退休，他婉言谢绝了段里赠送的退休礼物和工友精心准备的欢送聚餐。同时，他向组织提出了一个特殊要求，把跟随了他 26 年的工具包留下，这是他对服务工作的留恋，更是为了继续为居民服务、为社会做善事。退休后的李炳华，为邻里住户的服务却从未停歇。小区邻里谁家的水管堵塞、漏水还是习惯于敲上他家的门。每次，他总是二话不说，拎上工具包就走。2014 年 7 月的一个中午，铁工 7 号楼一住户家中下水道堵塞，臭水四溢。得知后，年近七旬的李炳华放下碗筷随即赶去。他一看就知道是化粪池堵塞，叫来帮手，把水泥盖板掀开，原来是一个塑料球堵在了管道排水口，试着用竹竿又捣又戳，反而越来越堵。大家一筹莫展，李炳华直接趴在化粪池的边上，伸手把球给掏了出来。顿时，堵塞的粪便污水喷到李炳华的脸上、身上，在场的邻居们既过意不去又十分感动，连忙帮着擦洗。他却推开大家，“没事没事，我回去再洗，通了就好!”朴实的话语给在场的每一位邻居传递了一名老共

李炳华工作在铁路小区

产党员的奉献精神和高尚品质!

20 世纪 80 年代前后，上海的水电维修工徐虎在平凡岗位上，以“辛苦我一人，方便千万家”的崇高精神和优秀事迹扬名全国。默默无闻地奔走在徐州铁路千家万户之中、积极主动地为居民排忧解难的李炳华，被誉为彭城铁路“徐虎”。

李慧娟

铁路窗口的服务明星

李慧娟

李慧娟(1947—),辽宁义县人。全国劳动模范。曾任上海铁路局南京站服务员、客运值班员、总务科管理员等。

1947年12月李慧娟出生于辽宁省义县的一个满族家庭。从1978年起在南京站母婴候车室任服务员。三十年来,她千方百计为旅客排忧解难,摸索出了一整套科学的、受到旅客欢迎的优质服务方法,被旅客誉为“老人的拐杖,盲人的眼睛,孩子们的好阿姨,病残人的好护理员”。她多次被评为局先进生产者,江苏省“三八红旗手”,路局服务明星,部、局优秀共产党员。1987年被江苏省总工会授予“立功奖章”,1988年荣获江苏省劳动模范称号和铁道部颁发的“火车头奖章”,1989年10月被评为全国劳动模范。

李慧娟工作的对象主要是年老体弱者和一些带小朋友的旅客,比较杂乱、烦琐。面对“检不完的票、扫不完的地、送不完的车、受不完的气”,李慧娟时时处处以雷锋为榜样,坚持做到“三勤两不怕”,即眼勤、嘴勤、腿勤和不怕苦、不怕累,热情周到地为旅客服务。1987年春节前的一个夜晚,歙县人民医院一位女医生剖腹产才10天,在公婆等家人陪同下来到车站候车。李慧娟主动把产妇、孩子和婆婆接到车站旅社休息,并煮稀饭送去,然后为她们一行改签了更方便的156次列车对号票,直到把一家人顺利送上车,才忙定歇下来。一年冬天,一位患有腰椎病的盲人旅客满脸愁容地来到候车室,坐也不是,站也不行,只能半躺在担架上。听说他一天没吃饭,身上又没钱,李惠娟给他买来了饭菜,又给了他些钱在路上用。此时,这位旅客的脸上“多云转晴”,十分感动地说:“我虽然看不见,但是你们就是我心中的女雷锋啊!”

李慧娟在工作实践中深切地体会到,服务工作是一门综合艺术,服务质量的提升无止境。她克服文化程度不高的困难,刻苦自学,努力掌握社会学、心理学、文学、法学等与服务工作有关的知识。她还买来收录机和英语磁带,利用业余时间学习英语,掌握英语日常用语,以适应改革开放需要。她处处做有心人,把车站发送列车的时刻表、车站各趟列车车厢的顺序号、车站周围的道路商店旅社甚至南京的主要机关学校景点等都一一熟记在心,不仅使旅客在站台上少跑冤枉路,顺利上下车,而且还帮助旅客出站以后便捷地到达要去的地方。

李慧娟在候车室表演快板书

分内的事李慧娟毫不含糊,有些在常人看来是分外的事,只要对社会有利,她也做得很出色。1984 年 11 月的一天,李慧娟刚接班,看到一个身着新军装、但没有领章帽徽的年轻小伙子,坐在角落里心神不定。“这小伙子一定有事”。李慧娟前去询问,小伙子低着头说,“回家……”。李慧娟像母亲一样嘘寒问暖,小伙子终于和盘托出。他姓郑,是刚入伍的新兵,因为受不了新兵连的艰苦,产生了想回家的念头。从部队驻地徐州跑到了南京,一时不知如何是好。李慧娟待小伙子情绪稳定后,批评了他遇到困难就想退缩的思想,又谈了当兵对青年成长的种种好处,一番话说得小伙子心里亮堂了许多。小郑表示愿意重新回到部队接受训练。李慧娟通过电话与部队取得联系,部队派人 5 个多小时后赶到车站。李慧娟郑重地提出,她已经帮助小伙子认识到自己的错误,希望回到部队后给他一个改过的机会。部队来人请示上级后答应了李慧娟的请求。部队首长还夸赞李慧娟善于做思想政治工作,称她为编外“政委”。小郑回到部队后,严格要求自己,刻苦参加训练,得到了部队的嘉奖。小伙子每年都给李慧娟写信,汇报他在部队的工作学习情况。李慧娟回信热情鼓励他,还给他寄书寄物。小伙子终于成长为一名优秀的解放军战士。

几十年来,李慧娟一直以“向雷锋学习,做旅客的贴心人和知心朋友”为座右铭，她不仅自己学雷锋、做雷锋，还带领周围的职工一道开展“学雷锋，见行动”的活动。他组织员工自发成立了“学雷锋班组”，提出“上夜班的每天早来 1 小时，下夜班的晚走 1 小时”，利用业余时间帮助旅客免费运送行李、送站上车、购买车票和缝补衣物，一时传为佳话。

退休后的李惠娟每每回想起在车站为旅客服务的岁月，总会无限感慨，那是她一生中最甜美和幸福的记忆。正是有像李慧娟这样的一批又一批模范职工的传帮带，南京站的学雷锋活动半个多世纪来绵延不断、持续发展，如今的“158”学雷锋服务站被中宣部授予“时代楷模”称号，成为影响全路、闻名全国的优秀集体。

卢义明

汗洒货场无怨悔

卢义明

卢义明(1948—),江苏邗江人,全国劳动模范。上海铁路局原南京西站(现并入南京站)货运服务员、值班员、货运车间副主任。

卢义明,1948年1月出生于江苏省邗江县的一个农民家庭。1965年考入南京铁路运输学校运输专业,1968年毕业后分配到原蚌埠铁路分局蚌埠站工作。1972年调入原南京铁路分局浦口站任调车员,1976年调入南京西站任货运员、值班员、货运车间副主任。卢义明从事铁路货运工作三十年,在平凡的岗位上做出了不平凡的业绩,连续17年被评为上海铁路局先进个人、标兵;连续8年蝉联铁道部优秀货运员、安全标兵、路风标杆称号;1988年至1993年,先后被评为江苏省劳模、铁道部劳模,荣获全国总工会“五一劳动奖章”和铁道部“火车头奖章”;1995年4月,荣获全国劳动模范称号,并赴京出席表彰大会。

卢义明在工作中忠于职守,无私奉献。卢义明从事货运工作以来,经他手发送货物少说有上百万件,从没有一件是破包散箱上车的。他随身携带一个“便民箱”,装有铁钉、铁锤、麻绳以及针头线脑等,遇到破包散箱就及时修补。一次,卢义明发现250件由江苏靖江发往济南的货物纸箱大都破散了,里面装的鞋子不少散落在地,他便一箱一箱整理、修补和重新打包,连续干了六七个小时,回到家天已漆黑。南京西站的货场是个老货场,有些仓库已很陈旧。一天下午,突然狂风大作,暴雨倾盆,几十个仓库的门边、天窗口的货物受到大雨侵袭。卢义明迅速爬上货堆,将怕湿的货物一件件向里移。由于包装箱受潮变软,他一脚踏空,竟从两米多高的货堆上掉了下来,腰部碰在一块托盘上。卢义明强忍着剧痛，坚持把所有怕湿货物都被转移到安全地带。有的仓库货位太挤，雨又来得太急，他索性抄起扫帚，守在库房门口。雨不停地下，他就不停地扫，有人形容他就像汽车挡风玻璃上的雨刮器。卢义明白天在班上这样干，晚上回到家后，遇到天气突变，不管多晚，他都要从家中赶到车站，三十年如一日。

卢义明在工作中始终紧绷安全这根弦，一环不松，一扣不让，一丝不苟。他坚持做到“四多”，即多看一眼、多走一步、多问一声、多查一遍，确保货物运输的安全。一次，卢义明在货场巡视，忽闻异味，便循着气味来到一个正待装车的集装箱前。有人说里面装的是涂料，难免有异味，但他坚持开箱检查，结果查出这批重达 1.5 吨的涂料是一级易燃易炸液体，按规定不予运送，从而避免了一起可能发生的货物列车重大火灾爆炸事故。1995 年 7 月的一天，一列货物列车装载两车木头，已编入 3609 次小运转。卢义明在调车场检查发现，敞车上部装载两侧分别超出机车车辆界线 300～400 毫米，而且未采取任何加固措施，随时都有坠落的危险，严重危及行车安全。他及时和站调联系，利用本务机将这两节车辆甩下整理，确保了安全。多年来，卢义明忠于职守，严格把关，防止了数十起整车货物装载超限、偏载、倾斜、篷布苫盖不良等事故隐患，为运输安全作出了贡献。

卢义明在站台上为旅客服务

卢义明一以贯之地从严要求自己，拒腐蚀、永不沾。身为货运值班员、车间副主任，他从不以职权之便捞取半点好处。在商品经济大潮下，运能运量的矛盾日益突出。不少货主为了运货方便或者争取更多的车皮，常给车站货运人员送钱送礼。对此，卢义明一概拒绝。“能运的不送礼一样运，不能运的重金收买也不行”是他的口头禅。多少年来，他拒收货主的现金、高档烟酒以及其他各类礼品价值上万元，拒绝吃请 200 多次。然而，当货主遇到困难时他总是热情相帮，有的货主运费不够，他经常慷慨解囊，多年来代垫运费四五千元，也有垫付出去未收回的，他均淡然处之。

卢义明在工作中坚持优质服务，助人为乐。当货主提不到货的时候，卢义明总是想方设法帮助查找，把“死”“货”救“活”，物归其主。一次，江南光学仪器厂托运一个装有电子扫描仪的集装箱到外地，对方半年未收到货。工厂收不到货款，十分焦急。卢义明为了客户的利益，在长达半年的资料里查找这张货票。他查了一个又一个资料库，打开了一包又一包票据，整整查了一天，连午饭都忘了吃，终于找到了那张货票，查出了装车车号日期，挂运车次，从而为货主挽回了80多万元的经济损失。一次，鼓楼医院两位女护士提货时发现40公斤的器械无法带走，卢义明下班后用自行车推行十几里帮她们送至医院。两位护士在电台为他点歌《我们是朋友》表达敬意。卢义明为货主加固捆绑包袋、为老弱病残货主上门送货、为货主加班服务，他的事迹远近闻名，凡接触过他的人都称赞他是“活雷锋”。

三十多年如一日，卢义明以货场为家、视货主为亲人，倾其汗水和心血而默默奉献，无怨无悔。

殷军

除夕夜总在职工中间

殷军

殷军(1948—),江苏南京人,全国劳动模范。历任上海铁路局南京站装卸员、货运员、团委书记,原南京铁路分局团委书记,常州站党委书记,南京东站党委书记,南京东站站长兼党委副书记。

1948年8月24日殷军出生于南京的一个铁路工人家庭,由于兄弟姊妹多,生活困难,为了早日为父母分忧,1964年初中毕业时放弃读高中考大学的机会,选择报考了南京铁路运输学校。1967年进入南京火车站工作。以后,组织安排又到了其他铁路单位。

从1986年开始,殷军担任南京东站的主要负责人。南京东站是华东地区最大的复线电气化铁路驼峰编组站、货运站、枢纽站,国家十五大铁路路网性编组站之一,被誉为华东地区最大的铁路列车加工厂。作为这个大站的领航者,殷军二十二年如一日,一心扑在工作上,开拓创新,用心经营,勤廉兼优,心系职工,情系货主,回报社会,用他的言行和精神带动了车站的发展,赢得了地方政府和职工货主的好评。

“身正不令而行,身不正令而不行”。殷军时常告诫自己,党风好不好,关键在领导,要求别人做到的,自己首先要做到。他把手中的权力看作是责任,在处理同班子成员的关系上,他给自己“约法三章”:感情上融洽,尽责不争权;工作上支持,补台不拆台;制度上约束,用权不越权。

他经常深入一线,指导车站的安全生产和运输畅通,即使下班回家,夜里也要打电话到车站调度中心询问生产情况;每逢防寒除雪、防暑降温、施工把关、抢险救灾时,他都会和干部职工一起奋战在第一线,饿了就吃盒快餐面，于是在上海铁路局有了“处级扳道员”、“面条书记”的美谈。

殷军常说：“干部的观念要不断改变以适应新形势，但关心职工不能变，这是思想政治工作的最好方式。”在他的关心下，南京东站实施了职工住房小康工程，结婚后的职工基本上都住进了75平方米以上的新房；站里还先后花大力气改造了单身职工宿舍、车站职工食堂、各车间（站）办公场所，为所有一线岗点安装了空调、太阳能热水器等。有职工问他：“殷站长，你这个一站之长，还什么事都管？”他回答：“我就管小事和大事，中间的我不管，大事关系到全站的利益，小事关系到你们的生产生活，我不管放不下心啊！”凡是有干部职工重病住院，他都要前去探望，给予关心帮助，每年春节前夕，他都要到伤残职工和老职工家去慰问。自古道：“忠孝不能两全”，他常常是顾了“大家”冷了“小家”。二十年来，有十九个除夕是和职工一起度过的，唯一的那次因父亲去世，他匆匆的奔丧完后于大年初一赶到车站和职工一起度春节。2004年“4·18”提速调图的关键时期，妻子突然生病住院，待他从施工现场赶到医院，看到病床上的妻子时，泪水只能悄悄地往心里流。

殷军在工作中

“忠于职守、乐于奉献、同甘共苦、共同负责”这是东站精神，这十六字在南京东站口口相传20载，激励着一代又一代的东站人为之奋发拼搏。曾经有人问为什么选择这十六字作为东站精神呢？殷军说：“这十六字话虽然朴实简单，但却是我们东站人真实的写照，东站人内心都有一团火，一团坚忍不拔、努力拼搏的火，他们用实干来表达东站的声音。”正是以这种精神，殷军率先垂范，紧紧地把东站人的心聚在一起。1998年长江流域持续的强降雨，编组场内到处是水，且越积越深，但是东站人不畏艰险，全站干部职工奋战在抗洪抢险一线，舍弃休息时间，连续几天几夜坚守车站，以水情就是命令，确保了铁路运输的畅通，靠着十六字东站精神，终于度过了汛期。这些年来，这十六字深深的扎根在每一个东站人的心里，且薪火相传。

2005年，殷军荣获全国劳动模范称号。如今，老站长殷军已经退休多年了。然而，每当东站取得一个新的成绩，每个东站人有一点新的进步，人们总会记起殷军带领大家共同凝炼和践行的东站精神。

刘国庆

与共和国同龄的技术能手

刘国庆

刘国庆(1949—),江苏常州人,中共党员,中车戚墅堰机车有限公司车工,全国技术能手,全国劳动模范。

刘国庆出生在江苏省常州市郊的一个普通工人家庭。小时候,刘国庆的家就在沪宁线铁路旁不远的简陋平房里。他是听着蒸汽机车嘹亮的汽笛和隆隆的轰鸣声长大的。刘国庆的父亲是个“老戚厂”,20 个世纪 30 年代,戚机厂的前身吴淞机厂迁至戚墅堰时,他就进厂当了工人。1969 年,20 岁的刘国庆技校毕业,进厂当了一名车床工,专门加工连杆、曲轴,这是机车走行部位的重要配件。

1986 年戚墅堰机车有限公司为扩大内燃机车修造能力,从日本引进了 80 年代先进的自动机床——MC65 加工中心。这台洋设备有六个工作台,60 多个刀架,100 多个按钮,198 个功能代码。乍看有点令人眼花缭乱。摸着崭新的设备,刘国庆暗暗下了决心,一定要让它乖乖听我的使唤。他找来《MC65 加工中心操作法》《编程手册》,一笔一划对照着在日本学习时的记录,一点点琢磨分析,好几次在饭桌上吃着吃着就走神了,妻子称他是被“洋机器”迷了魂。正是凭着这股痴迷,他弄懂了计算机语言,掌握了加工中心的操作方法。领导夸奖他“学得真快”,车间的老师傅说:“这台好设备交给刘国庆我们都放心。”

有一次,工人在加工内燃机车缸头上的横臂导杆孔时,发现缸头严重拉毛,且孔径超差,产品质量陡然间亮起了红灯。在公司帮助调试的日本技术人员一时也查不出机器上的问题出在哪,反而说是我们的国产缸头质量有问题。虽未喝过“洋墨水”，但对加工中心的性能心中有谱的刘国庆，一心要为蒙冤的国产材料“平反”。他仔细观察和分析了拉毛现象，发现问题出在加工中心计算机的编程上。刘国庆调整了编程，问题迎刃而解。日本的工程技术人员不得不翘起大拇指：“中国工人了不起。”

就这样，刘国庆刻苦学习，努力丰富自己的知识，提高自己的技能，对车间里的几十种型号的车床性能，他如数家珍。在承担加工中心操作的五年时间里——他总结了“技术革新合理化、操作步骤程序化、刀具量具定量化和编排工序科学化”的“四化工作法”；他完成了夹具、刀具等 30 多项改革项目；他加工的主产品缸套定额从两小时 45 分压缩到 40 分钟，仍然保持优质高产的纪录。1989 年，他凭着过硬的技能，通过了高难度的理论和实作考试，成为戚墅堰机车有限公司首批“工人技师”。

刘国庆在工作中

1991 年，戚墅堰机车有限公司新造机车大量扩能，作为“心脏”部件的柴油机曲轴生产开始吃紧。刘国庆看在眼里，急在心里。他主动放弃了已驾轻就熟的缸头加工中心的工作，主动要求调到车间里生产最紧张、产品精度要求最高的曲轴生产线负责 240、280 曲轴的精加工。为了使曲轴能按节点完成，他翻阅了大量技术资料。针对 280 曲轴生产中出现的主轴颈 R10 粗糙度超差的惯性质量问题，他从改进刀具入手，经过多次试验，以 G6 硬质合金刀取代焊钢刀，并进行切削速度、切削量、切削深度等技术参数的最佳调试，终于解决了难题。经他加工的曲轴产品全部符合图纸要求，被列为免检产品，这可是戚墅堰公司万余名职工中为数很少的人才享有的殊荣。

1996 年 4 月 1 日，中国铁路开始全面提速。随着沪宁线上“先行”号准高速列车的一声长鸣，中国铁路运输史写下了崭新的一页。牵引“先行”号准高速列车的是戚墅堰机车有限公司生产的东风 11 型内燃机车。人们没有忘记刘国庆在研制东风 11 型内燃机车中做出的贡献。那是 1993 年 6 月，东风 11 型机车齿芯在试制中连出废品。如何确保齿芯质量，刘国庆接下了这批硬任务。为解决加工中齿芯变形大的问题，刘国庆苦思冥想多时，仍然不得要领。吃晚饭时，面对热气腾腾的饭碗，他脑海里突然冒出个“热胀冷缩”来，顿有所悟。于是，他采取两次夹装，粗车和半精车选择在早晨八点到晚上十点进行，精车则留到次日早上六时左右加工，因为早晨气温相对较低，工件变形小。他按自定的工作时间表苦干了一个星期，使该批齿芯按期保质流转到了下道工序，为加快试制进度扫清了障碍。

为了公司，为了工作，刘国庆不知牺牲了多少休息时间和个人利益。对自己，刘国庆不停地自我加压、挖潜，以创造最大的价值。而对待妻儿老父，不得已的“苛刻”之后，他被深深的内疚困扰着。老父亲和妻子患病住院，他实在没时间陪，平常就更不用说了。他说：“什么时候我干不动了，我要好好地陪家人玩一玩，逛逛街。”

刘国庆赢得了许多荣誉，但他没有被声名所累，总是那样一往情深地钟爱车床，钟爱摇手柄，以一个共产党员、劳动模范的责任和义务，为国家为人民创造物质和精神上的财富。

吴瑞桐

平凡岗位上的不平凡业绩

吴瑞桐

吴瑞桐(1950—)，江苏徐州人，全国劳动模范。历任上海铁路局徐州北站制动员、制动长、调车指导等职。

1950 年 11 月 7 日吴瑞桐出生于江苏省徐州市的一个普通工人家庭。7 岁开始在徐州市青年路小学、徐州市第六中学读书。1970 年高中毕业，去丰县沙河乡、铜山县夹河乡等地插队劳动。1975 年 9 月进入铁路工作。在 30 多年的工作生涯中，吴瑞桐始终坚定理想信念，爱岗敬业、无私奉献、助人为乐，在平凡的岗位上做出了不平凡的业绩。他先后获得车站、铁路分局、铁路局先进生产者和优秀共产党员，济南铁路局特等劳模，山东省劳动模范等称号。2000 年 5 月 1 日，吴瑞桐获得全国劳动模范称号，在表彰大会上受到了国家领导人的亲切接见。

20 世纪 70 年代的铁路现场，设备简陋，户外作业条件艰苦。干活靠人力下铁鞋制动，作业联系靠手语、旗语和灯语传递信息。吴瑞桐根据自己的工作经验，总结出“三勤工作法”。一是“口勤”，这是做好安全生产的第一关。在每一次班前会上，吴瑞桐仔细交代安全事项，讲述安全经验和教训。同时，他还自编了一些安全顺口溜，如：“确保安全无诀窍，两纪一化最重要”、“简化作业痛快一阵子，酿成事故痛苦一辈子”等，朗朗上口，易传易记，深受一线职工的喜爱。二是“脑勤”，这是提高职工安全意识的制胜绝招。吴瑞桐结合自己安全生产和防止各类事故的体会，收集、整理，自费制作了 8 块“珍惜生命、勿忘安全”的图片展板，在全站巡回展览。来自一线血的教训，使职工们进一步明白了“只有安全第一进脑门，幸福才会进家门”的道理。三是“腿勤”,这是确保安全生产的又一法宝。作为班组长,吴瑞桐的休息时间都用在了反复检查工作上。大家都说,吴瑞桐是个闲不住的人,他不是查看线路情况、就是检查铁鞋是否归位。夜班瞭望条件差时,他就趁着列车预备作业的空闲,到各股道查看停留车的位置。那时候有一个夜班,当时调车作业计划是12道空线放40辆重车。由于有雾能见度低,为了摸清情况,吴瑞桐跑了300多米去核查线路,结果在中间发现股道内有停留车。调车长听到汇报后,看着显示没有车辆的测距仪,吓出了一身冷汗。就是凭着这样的一种执着的精神,吴瑞桐防止了各类事故300余起。

吴瑞桐支放钢轨铁鞋

吴瑞桐曾经担任徐州北站运转二车间丁班铁鞋制动组的组长。班组有职工12人,是编组站列车解体作业的重要团队。这里,条件艰苦,责任重大,工作中稍有疏忽,就会酿成行车和人身安全事故。如何使在文化程度、责任意识、工作能力存在较大差异的班组成员能够人心相聚、目标一致地愉快工作,吴瑞桐作为一名班组长,始终以最高的标准要求自己,树立良好形象,他给自己立了规矩:“要求同志们做到的,自己首先做到;要求大家不做的,自己坚决不做;面对各种利益时,把同志们放在前面,把自己放在后面。”工作中,吴瑞桐决不做老好人,他批评人向来严厉,找错误也很精准,班组里没人不服他,大家都叫他“铁面包公”。同时,他也很有亲和力、是班组里的主心骨,大家遇到问题和纠纷也都愿意找他说道,让他评出个一二三来。

吴瑞桐受到了同事们的拥戴,不仅仅是因为他严谨认真的工作态度和不偏不倚的办事原则,还因为他具有高尚的人格和无私奉献的精神。青工小王,平时我行我素,违章违纪是常事。有一次他违反作业纪律,吴瑞桐不留情面的批评,小王不接受,还有言语顶撞。不久,当吴瑞桐得知小王家中急需用钱时，马上拿出身上仅有的300元钱借给小王。这笔钱在当时相当于铁路职工近一个月的工资。小王对吴瑞桐的这一举动十分感动，从而转变了工作态度。

退休后的吴瑞桐虽然走下了一线岗位，却没有卸下身上的责任担子，2010年退休后，他与信号员董士强签订了以老带青的包保合同。小董是从齐齐哈尔运校毕业到站的新职工，老吴不但把自己几十年的安全经验逐一传授，还给小董讲北站发展史和如何做人等。小董老家远在黑龙江，徐州无亲无故。每逢过年过节，老吴都把小董叫到家里一起过。小董逢人便说：吴师傅就像父亲一样，工作上传授经验指导教育；生活上关心帮助细心照顾；我只有加倍努力的工作，才能回报他对我的爱。目前，小董已被提拔为运转二车间团支部书记，而年过六旬的吴瑞桐还是一如既往的爱岗敬业、恪尽职守，默默地在岗位上奉献着。

陆村宝

心中只有“火车头”
陆村宝

陆村宝(1953—),江苏常熟人,上海铁路局南京东机务段司机,全国劳动模范。

1953年8月12日陆村宝出生于江苏省苏州市常熟市董浜乡的农民家庭。1970年高中毕业后在乡里中学担任了两年教师。1973年进入苏州铁路司机学校读书。1975年毕业到上海铁路局原南京机务段工作。陆村宝在学校学的是内燃机车乘务专业,到单位后干的却是蒸汽机车乘务。尽管专业不对口,但陆村宝一心扑在机车上,不怕苦不怕脏,专心钻研蒸汽机车业务,同学中他第一批考上了司机。

20世纪80年代,机务段的值乘车型换为东风4型内燃机车,陆村宝作为东风4—266机车青年包乘组的司机长,带领6个小伙子不分昼夜地埋头工作。无论是机车保养、自检自修,还是学习技术业务、执行作业标准化,他都带头学、带头干。在他的带领下,青年包乘组取得了安全第一,保养第一,节能第一的好成绩。六年功夫,青年包乘组先后8个副司机考上了司机,而且都和陆村宝一样,练就了一身“硬功夫”,成为段里的骨干。1996年东机引进美国ND5机车,陆村宝刻苦钻研,摸索出了ND5机车简明故障处理20条和ND5机车平稳牵引军用、特运操作方法,在全段推广。

“学业务不留一个盲点,检车不留一个故障点,开车不留一个缺点。”这是陆村宝常常用来度量自己的一把尺子。那年春运中的一个雨雪夜,陆村宝在蚌埠接车,地沟里的下水道被冰雪堵住了,地沟下不去,机车走行部电机怎么检查?陆村宝早有准备,他从乘务包里拿出一双备用工作鞋,卷起裤管就下了地沟。检查机车底部6台电机虽只十来分钟时间，可陆村宝的双脚已冻得够呛。他说："脚虽冻一点，但车子跑起来心里就踏实了。"

陆村宝不但检查机车特别细致，而且判断机车故障特别"神奇"。1997年6月，他驾驶列车运行到三界站，他利用避让客车停车的4分钟作途中检查，听到增压器有一丝异音。出站信号灯亮了，车开还是不开？陆村宝憋住呼吸，侧着耳朵，用手锤作导听器进一步作了"确诊"。增压器轴承出毛病了，陆村宝立即用无线电向车站调度请求救援。副司机担心地说："师傅，就算增压器发生故障，那跟我们也没有多大关系；但若是回段解体没发现故障，那就要定我们的责任机破，起码一台彩电没了！"陆村宝说："这增压器几百度的高温，上万转的转速，一旦出现故障轴承就会裂损，碎片进入蜗轮，后果不堪设想！报废一台增压器几十万元，你想过没有！"机车回段后，果然发现增压器轴承故障，大家都夸陆村宝判断机车故障功夫："简直神了！"

1998年夏天，南京东机务段要承担一趟一级特运任务。大家一致认为担当司机非陆村宝莫属。这次承运的长圆形庞然大物重达两百多吨，用两组超级载重平板车前后托着，运输要求极高。陆村宝整整用了一天的工夫，对途中可能出现的情况作了周密的预想。午夜列车正点出发。这时天下起了蒙蒙小雨，车轮与钢轨间犹如涂抹了一层润滑油，极易发生空转，再加上列车前重后轻、操纵难度很大，稍不小心，就会造成列车冲动。挂在列车尾部的特运指挥车上，领导和专家们紧紧地盯着各种监测仪。陆村宝心不慌，手不乱，两眼紧盯着前方，每一个动作都干脆利落。特运专列平稳向前运行，难关、险段一个一个地被甩在了后面。这时指挥车上发来指令："前方进入长大下坡道，调速务必防止冲动！"过了张八岭，列车进入宁蚌线起伏最大的坡道地段。大家都为陆村宝捏了一把汗。列车在下坡，速度表指针在升高，"注意超速！"副司机开始警

陆村宝在工作中

惕叫唤。四位、三位……操纵手柄还没回到零，陆村宝就在即将移动大闸把的瞬间将小闸稍稍压了一下，一阵急促的排风声之后，速度表指针停止上升。“调速平稳，符合要求。”添乘的专家和机务领导都悄悄竖起了大拇指。如果没有过硬的功夫，这种情况下的调速冲动是不可避免的，轻则造成货物移动，重则后果不可设想。和这次一样，陆村宝二十年来执行过 50 多次专特运任务，次次都是安全、平稳，顺利完成任务。

从 20 多岁的毛头小伙到两鬓白发，陆村宝在南京机务段度过了近三十年的大车生涯。由于他工作认真负责，累计防止各类行车事故和路外伤亡事故 100 多起。担任司机以来，陆村宝已驾驶列车安全运行了 107 万公里，相当于绕地球 27 圈。2000 年陆村宝光荣出席了全国劳动模范表彰大会，受到党和国家领导人的亲切接见。

黄柱国

用心走好安全“钢丝”

黄柱国

黄柱国(1955—),安徽凤台人,全国劳动模范。上海铁路局南京东机务段司机长。

1955年1月黄柱国出生于安徽省凤台县,1974年3月在凤台县一中完成高中阶段的学习后,到凤台县青年林场参加劳动。1976年9月入金华铁路司机学校学习,1978年毕业进入上海铁路局原蚌埠机务段工作。1984年黄柱国的工作发生了重大转折。这一年,他考上了司机。同时,一种从未有过的对安全高度负责的责任感,使他感到手中的闸把重如千斤。

“我感觉司机的工作就像走钢丝,走得好,安全与你为伴,走不好,事故接连不断。”对机务行车安全有着独到认识的黄柱国认为,火车司机要想确保行车安全,不能仅满足于思想上重视安全,还要扎实学好业务技能,掌握“走钢丝”的本领。

为了练就过硬技术,黄柱国把学习业务作为自觉追求。机车上,他向专业学校毕业的年轻司机学习机车基础理论知识;公寓里,他向有着丰富行车经验的老师傅请教“安全经”;夜凉如水的夜晚,他独坐灯下,认真研究分析机车故障的典型案例。多年的持之以恒,使黄柱国养成了“三个一定要”的学习习惯,即:“不管是在家中还是在公寓,一定要排除干扰,将精力用在业务学习上;不管是自己还是其他机班遇到的故障,一定要搞清故障发生的原因,掌握处理办法;不管是司机还是副司机,谁的业务精,就一定要抛开面子虚心请教。”

刻苦钻研、逐步升华,最终拓展了黄柱国业务技能的新境界。黄柱国总结出的“防止电器和制动系统故障的措施”，结束了机车组“警铃响、冒冷汗，红灯亮、胡乱窜”的被动局面；摸索出的“带载调速，带载制动，带载停车”的专特运列车操纵法，被职工们誉为“黄氏操纵法”，作为操纵专特运机车的典型经验被推广。黄柱国还根据担当区段的地理和气候特点，摸索出一套有效防止行车和人身伤亡事故的行车办法：遭遇风雨，加强了望防突变；关键区段，列车交会多鸣笛；途经道口，早回手柄降速度……

黄柱国在驾驶机车

2004 年 7 月 6 日凌晨，京沪线高家营至三铺间，天空雷声隆隆，暴雨阵阵。值乘 23015 次货物列车的黄柱国，密切注视着列车运行前方，精心操纵列车运行。3 时 04 分，列车在接近三铺进站信号机 500 米左右时，一个炸雷突然袭击了前方进站信号机，致使信号突然熄灭。面对突发故障，黄柱国毫不犹豫，立即实施紧急停车，迫使牵引重量达 5 076 吨的重载列车在距信号机 167 米处停了下来，一起冒进信号的险性事故被防止了。3 时 24 分，经过抢修的三铺站进站信号机重新开放，细心的黄柱国操纵列车低速运行，在接近信号机只有 20 余米时，进站信号机又一次遭受雷电袭击熄灭灯光，早有防备的黄柱国立即停车，使列车在距进站信号 15 米处停了下来。“半个小时两次防止列车冒进的险性事故！”大家庆幸黄柱国的“好运”，更敬佩黄柱国胆大心细的精神和驾轻就熟的技术。

入路之初，黄柱国的几任师傅，都是当时机务段的先进模范人物。师傅的言传身教，不仅培养了他以大局为重的责任感，还帮助他养成了兢兢业业对待工作的习惯。如今，当黄柱国也成为职工心中公认的“师傅”时，他又开始像当年他的师傅一样，团结职工顾全大局，努力确保运输畅通。2004 年 3 月，“4.18”提速调图前期的准备工作已进入倒计时阶段。京沪线由于大面积施工，造成乘务员普遍超劳，部分职工有了埋怨情绪。黄柱国与其他党员一道，向支部作出了“党员超劳不换班，一个党员一面旗”的承诺。这一期间，他充分发挥车载无线电话的作用，组织身边的党员利用无线电话相互通报行车动态、共同应对机车故障。如今，这种被职工们称为“车机小联控”的安全联控模式，已在车队推广。

提起黄柱国，他身边的职工都有一个共同的感受，就是“能吃亏”。作为专特运司机长，黄柱国每月担当几趟专特运任务是常有的事。每跑一次专特运，就会影响到机班固定跑车的趟数，这对于以跑车趟数拿计件工资的乘务员来说，意味着工资收入的减少。同班副司机李家俊说：“与黄师傅搭班，每月工资少拿一二百元是常事，黄师傅是司机，少拿的就更多了。”黄柱国从未因此而抱怨。李家俊深有感触地说：“没有比较就不会有发现，从黄师傅身上，我感到做人是需要一点精神的。”

2002年11月17日，正准备回安徽凤台老家探望病危老母的黄柱国接到车队领导电话，原本负责牵引“大件”列车的司机，因事请假，希望他能够顶替一个班。此时，家人已打来电话，老母亲病情危急，催促他赶快回家。在两难的抉择中，黄柱国选择了工作。次日上午，完成任务的黄柱国立即拨通了老家的电话，得到的却是母亲已经病逝的噩耗。黄柱国的泪水潸然而下，他以最快的速度赶回老家，在母亲的遗像前长跪不起。

缪昌文

让高铁列车开起来更顺畅

缪昌文

缪昌文(1957—),江苏姜堰人,建筑材料专家,中国工程院院士。现任东南大学教授,江苏省建筑科学研究院有限公司董事长,高性能土木工程材料国家重点实验室主任兼首席科学家,江苏省科协副主席。

1957年8月19日缪昌文出生于江苏省姜堰市大伦镇的一个小乡村,母亲和祖母都是地地道道的农民,但父亲和祖父都是读书人,祖父是当地有名的私塾先生,父亲也是个教书匠。在缪昌文很小的时候,祖父就教他《论语》《大学》《三字经》等儒家经典,并常拿《论语》中的一句名言"磨而不磷,涅而不缁"教育他要时刻做一名正直、诚实的人。父亲也继承了祖父的家训,对缪昌文要求很严。由于深受祖父和父亲的影响,缪昌文自小就养成了爱读书的习惯,学习成绩也一直名列前茅。更重要的是,祖父和父亲的言行深深地影响了缪昌文,让他在以后人生的道路上,能长期保持一颗谦虚、谨慎而又朴实感恩的心灵。1977年末,全国恢复高考。已经念完高中的缪昌文,在经受农村艰苦生活的三年磨炼后,依靠自己比较扎实的高中基础,考入南京工学院(现东南大学),幸运地成为恢复高考后的第一批大学生。

缪昌文大学毕业之时,正值国家科技人才青黄不接的特殊时期,他被分配到中国水科院。两年后,他调到江苏省建科院工作。凭借出色的表现,缪昌文被选派到丹麦进修。在丹麦的一年,缪昌文整天泡在封闭的实验室里,获得了相当于在国内四年的工作成效。虽然备尝艰辛,更无暇顾及心爱的妻子和女儿,但研究和创新的能力得到了很大提高。丹麦的同行看中了缪昌文深厚的潜力,邀请他留在丹麦工作。缪昌文没有丝毫心动,如期回到了江苏省建科院。

从进入南京工学院(现东南大学)土木工程系开始,缪昌文便与建筑材料结下了不解之缘。其中他最熟悉,打了 20 多年交道的便是看似寻常但并不简单的混凝土。混凝土最大的通病是容易开裂,从 1982 年至 2006 年,缪昌文潜心于混凝土外加剂的研究,从模仿到制造并向自主研发领域突进。他带领自己的科研团队不断追求卓越,逐步使科研成果得到国际学术界的认可。1993 年,他在国内外首次用烧结法生产过去被公认只能采用熔融法生产的材料一举成功,仅此一项生产成本就下降了 80%。之后,他又研发出新产品“JK 系列混凝土快速修补剂”。该项成果能将修补水泥路由几十天缩短到只要 4 到 6 小时就可通车,其中许多技术参数已超过日本、美国的最新产品,被国内混凝土学术界公认为具备国际先进水平。1996 年,缪昌文率先采用反应性高分子材料与萘系减水剂复合,获得了优异水泥水化放热曲线。这个具有重大创新意义的发明,大大减少了混凝土水泥水化早期产生的裂缝,成为大体积混凝土温控的重要手段。1999 年,缪昌文采用接枝共聚的方法发明了我国第一代接枝共聚物混凝土外加剂,当时这类研究在国际学术领域才刚刚起步。2000 年,缪昌文带领科研团队发明了最新一代节能、环保型高性能混凝土外加剂,首次将两性聚电解质结构引入外加剂的分子结构设计中,打破了国外专家学者认为共聚物不能与缩聚物混合使用的禁区。

缪昌文在全国人大会议上

2004 年,缪昌文参与了三峡大坝三期工程的建设,实现了从 2006 年完工至今,600 万立方米大体积混凝土未发现裂缝,被称为世界建坝史上的奇迹。2007 年建成的苏通大桥是当时世界上最长的斜拉索桥,缪昌文将混凝土一次性泵压到 306 米高空,并解决了 268 米超长 T 型箱梁预应力张拉前不开裂,以及 4 万多立方米大体积承台无裂缝等高端技术难题。在世界最长的高速铁路项目——京沪高铁的建设中,为将高铁平整度差异控制在1毫米以内,缪昌文带领他的科研团队帮助解决了砂浆填料的技术难题,使高铁列车开起来更顺畅。东大材料学院的研究团队不仅攻克了混凝土行业的“癌症”,还深入进行了严酷和复杂环境下材料的应用研究。地处大西北的兰新铁路,天干风大,混凝土失水太快,一边浇一边就开裂了,缪昌文团队发明了一种材料,边浇边喷,在混凝土表面形成了一层肉眼看不到的分子膜,解决了长期困扰西部工程建设的缺水开裂隐患。多年来,缪昌文参与了多个领域的数百个工程,如大胜关大桥、南京地铁工程,江苏的润扬大桥、泰州大桥等,众多科研成果的转化取得了成功。

缪昌文参与的工程遍布大江南北,他根据各地不同的气候、环境条件,不断实现材料的创新。缪昌文深有感触地说:“我国的建筑水平现在已经是世界级的,所以碰到的难题也是世界级的,是挑战也是机遇,‘逼’得我们必须实现学术水平的世界级,也因此提高了国际上的学术地位。”如今,缪昌文已跻身国际材料与结构试验研究联合会(RILEM)管理与决策委员会,担任了多个国际学术组织的重要职务。缪昌文先后荣获“江苏省留学回国先进个人”“江苏省劳动模范”“南京市十大科技功臣”“江苏省十大创新创业人才奖”等荣誉。

楚永萍

给车辆装上“飞毛腿”的人

楚永萍

楚永萍(1958—),陕西高陵人,全国劳动模范。中车南京浦镇车辆有限公司副总工程师、教授级高级工程师、中车首席技术专家,轨道车辆重大核心部件——转向架系统研发领域的领军人物。

1958年8月楚永萍出生于新疆库尔勒市焉耆县。父亲早年随王震部队进疆,从事风餐露宿的勘探设计工作。父辈“以苦为乐”的精神,对楚永萍兄妹产生很大的影响,他们在艰苦环境中得到磨炼,取得优秀的学习成绩,恢复高考后兄妹四人均先后考上大学。作为77级的大学生,楚永萍1982年从原兰州铁道学院机械系车辆专业毕业,进入中车南京浦镇车辆有限公司(时称铁道部南京浦镇车辆厂)从事技术员工作,除了画图,楚永萍整天和一线工人打成一片,工人师傅们不怕吃苦、兢兢业业的工作态度使她深受教育。1990年8月,楚永萍调入浦镇公司产品开发部,成为一名转向架设计师。此时正值公司承担双层空调客车的研制任务,在设计209PK型转向架的过程中,楚永萍首次采用了盘形制动方式。最终,这种双层客车成为铁路首列成功安装、使用轴盘制动的车辆。209PK型转向架性能优良,为中国铁路客车运行时速从120公里提高到160公里奠定了基础。

1997年,楚永萍参与了由铁道部科技司主持的国家级项目“二动一拖”时速200公里动力分散型电动车组的研发。在研制动力型转向架和非动力型转向架的过程中,她攻克了一系列难关。由她研制的转向架在西南交通大学的滚动试验台上通过了时速350公里的滚动试验。这个项目的成功让楚永萍信心倍增,随后她又一鼓作气,主持完成了时速160公里内燃摆式动车组转向架和新一代提速客车用无摇枕转向架的设计工作。

在成功研制时速200公里动力分散型电动车组的基础上，楚永萍大胆创新，先后主持开发了PW200K、PW200型系列无摇枕客车转向架，并把目光转向PMZ—1、PKZ—1型非准轨客车转向架的研制工作中。其中PMZ—1、PKZ—1型非准轨客车转向架填补了国内空白。随后，她又主持开发出"一动六拖""两动九拖"和"时速160公里内燃摆式列车"转向架，这些型号的转向架已成功装车应用。

楚永萍利用和国际大公司进行技术合作的机会，带领公司技术人员全面学习国际先进的设计和制造理念，掌握国际先进的制造标准，并将这些理念和标准引入制造实践中。她带领设计人员，白天研究图纸，晚上挑灯夜战，仅用3个月时间就完成了地铁转向架的自主生产工作。楚永萍明白，此时转向架的核心技术还不属于自己，必须走自主研发道路。从2002年开始，在她的带领下，公司转向架设计部开始建立自主研发平台。从更新设计软件、提升设计手段到培育骨干人才，楚永萍倾注了全部的心血。设计平台建成后，她又将工作重点放在转向架试验验证上。在转化AM96和CL242型转向架制造技术过程中，她和欧洲相关试验室建立了联系，将构架送到欧洲进行疲劳强度和动力学试验，实现了与国际接轨。

楚永萍（中）的科研团队

在成功引进、消化AM96和CL242型转向架制造技术的基础上，楚永萍于2008年主持研发出5000型和5100型城际列车高速转向架。与此同时，楚永萍参与了铁道部时速250公里动车组高速转向架及应用的研发工作，该项目获得2009年度国家科技进步一等奖，楚永萍作为项目主要承担者之一受到表彰。

2013年，楚永萍受中国铁路总公司有关部门的委托，主持编制了10册铁路客车转向架的图集，对25型客车转向架在结构上进行了系统全面的梳理，并对弹簧、牵引拉杆等互换性要求较高的零部件进行了规格化统型，规范了铁路客车转向架的检修运用管理。

伴随着城市轨道交通产业飞速发展，楚永萍又积极投身城市轨道交通和海外轨道交通项目的研发，取得了非凡业绩。在城市轨道交通项目中，她通过引进消化，在自主设计平台上进行再创新，研制出具有自主知识产权的A型地铁转向架。她针对B型地铁运用需求和市场分析，研发出PW120E型转向架，为地铁列车的较高速度提供了产品平台，并成功运用到南京机场线、宁天城际、东莞R2线、南京四号线等项目中。在海外项目中，她精心组织，完成了浦镇公司首个地铁出口项目孟买地铁一号线转向架的相关设计、计算和工艺开发，开展了焊接工艺验证，完成了动、拖车构架试制工作，得到业主的肯定。她根据马来西亚线路和运用环境，运用现有成熟结构和无摇枕转向架平台，完成120km/h马来西亚内燃米轨动车组拖车转向架的设计工作，保证了该项目按时交付。

楚永萍十分注重科研人才的培养和技术队伍建设，运用各种有效的激励机制，稳步壮大研发队伍。在她的努力和精心培养下，把一个只有8人的研发部门，打造成一支有60多名科研骨干组成的掌握国际国内先进技术和能满足中国轨道交通产业发展的优秀团队。

楚永萍勇于探索，不断创新，以科学求实的态度对待设计工作，三十年如一日，出色完成了转向架设计各个攻关项目，被称为给车辆装上“飞毛腿”的人。

王
玉
泽

我国高速铁路设计的开拓者之一

王玉泽

王玉泽(1960—),江苏丹阳人,中铁第四勘察设计院集团有限公司总工程师,教授级高工,中国工程勘察设计大师。他带领技术团队组织实施了国家“九五”科技攻关项目,主持完成十多项前沿科研课题,成果广泛应用于高速铁路和客运专线的研究设计,为中国铁路技术自主创新做出了突出贡献。

1960 年 5 月 8 日王玉泽出生于江苏省镇江市丹阳县访仙镇晓光村,在村里上了小学,先后在竹林中学和访仙中学上了初中、高中。1978 年,王玉泽考上了西南交通大学铁道工程专业,是村里的第一位大学生。1982 年大学毕业后,王玉泽被分配到中铁第四勘测设计院工作,历任专业设计负责人、总体设计负责人、设计室副主任、处副总工程师、院副总工程师、总工程师等职。

多年来,王玉泽先后参加与主持了广茂铁路、京九铁路商阜段、金温铁路、皖赣线火宣段等铁路的勘测设计工作,1993 年 9 月担任京沪高速铁路沪宁段总体设计负责人。

高速铁路是涉及多门类、多学科的高技术系统工程,存在着一系列棘手的难点、热点、重点技术问题。在铁道部的领导下,王玉泽和其他科研技术人员一起,超前开展了高速铁路科技攻关和标准研究与编制工作,对高速铁路运输组织模式、列车开行方案、设计速度与设计参数的匹配、路基及轨道的设计参数、主要技术标准的选择等进行了多方案研究和技术经济比较,提出了适合我国高速铁路的设计参数与标准,填补了国内高速铁路研究的空白。

在满足旅客舒适，列车运行安全等条件下，高速铁路线路选线设计的各种参数是高速铁路设计的基础。王玉泽主持完成了“高速铁路线路站场实用设计参数的研究”，在此基础上，他参与主持完成了“京沪高速铁路设计暂行规定（下册）”以及国家“九五”科技攻关项目“京沪高速铁路试验段综合实施方案的研究”、“高速铁路建筑限界的研究”等多项科技攻关研究。这些研究成果对铁道部颁布的“客运专线设计暂行规定”奠定了基础，对目前中国铁路客运专线设计起到了指导作用。

无砟轨道设计与铺设是高速铁路的关键技术，与传统的有砟轨道相比，有使用寿命长，线路平顺，运输、承载能力高，节约用地等无法比拟的优越性，但它也对设计施工提出更高要求。在京沪高速铁路设计中，王玉泽就主持了对区域地面沉降、高架车站无砟轨道铺设技术进行专题研究，提出京沪高速铺设无砟轨道专题项目《赣龙铁路隧道内板式无砟轨道的试验研究》课题的方案研究、板式轨道的研制及在赣龙铁路枫树排隧道内的现场铺设，目前已建成通车运营。他还组织了武广、郑西等客运专线无砟轨道的结构型式进行专题研究比选，为选型决策奠定建议。王玉泽积极推进客运专线无砟轨道设计技术创新，主持完成了部科技攻关了基础。

2005 年，王玉泽被任命为铁道第四勘察设计院总工程师，他主持制定了《铁四院十一五技术发展规划》，把中国铁路的关键技术作为科研发展的主攻方向。王玉泽带领铁四院技术人员学习规范，更新理念，提升技术，使一条条集现代科技、环保、节能为一体的现代化铁路在他们手中成为现实。铁路客站是旅客最为集中，最能体现铁路现代化的地方。王玉泽和四院设计人员按照“功能性、系统性、先进性、文化性、经济性”的设计原则，精心打造中国铁路现代化的品牌，他们结合中国国情，

王玉泽介绍自己所带团队取得的科技成果

站在世界铁路建设的前沿，潜心研究，“铁路新型客站工程关键技术研究与应用”获中国铁道学会科学技术一等奖。南京站、泰州站、扬州站以及新广州站、新武汉站已成为我国第三代铁路客站的典型代表和优秀范例。

30 多年来，无论工作岗位发生怎样的变化，王玉泽扎实的工作作风、知难而进的顽强斗志、公而忘私的思想品格始终不变。京沪高速途经他的家乡，当接到勘测任务时，他想终于有机会回家看看了，心里不由感到兴奋与激动。然而，一到勘测现场，便忙得抽不开身。虽一次次乘车路过家乡，却只能过家门而不入。有一次，他再次乘车路过家乡的村庄时，远远看见一位老人站在村口路边招手拦车，等汽车开近，王玉泽才看清楚是自己的父亲。父子相逢，有说不尽的欢喜与感慨。晚饭后，父母想留他在家多住几日，但为了早日完成勘测任务，他婉言谢绝了父母的挽留，又踏上了征途。

今天，世人在惊讶中国铁路飞速发展的时候，人们不应忘记是京沪高速的设计研究为今天中国铁路客运专线的建设奠定了坚实的基础，作为中国高速铁路设计的开拓者之一，王玉泽功不可没。

胡建龙

他的认真让所有人竖起大拇指
胡建龙

胡建龙（1960—），江苏徐州人，全国劳动模范，上海铁路局徐州机务段机车乘务员。

1960年6月1日胡建龙出生在江苏徐州的一个铁路工人家庭，父亲是解放初期参加铁路工作的一名老火车司机。胡建龙1980年12月进入铁路工作，开始在徐州工务一段任铺路工。缘于对火车司机这一岗位的热爱，父亲在1982年退休时向组织提出要求，把在工务段工作两年的胡建龙调到了机务段，将“火车司机”这个沉重而又神圣的接力棒传递给了儿子。

胡建龙调入徐州机务段以后，老父亲经常鼓励他：“要做个心理、技术双过硬的客车司机不易，要珍惜、感恩，更要担负起安全的重任，工作中你的眼里只能有前方，但你的心中一定要装着身后车厢里千百名旅客的安全和幸福。”老一辈铁路工人的光荣传统激励着胡建龙怀着一颗感恩之心，一路前行。

1990年，徐州机务段告别了蒸汽机车，胡建龙也走上了崭新的DF4型内燃机车。为了帮助机车乘务员尽快适应新车型，单位派胡建龙等人参加铁路局机车乘务员转型培训。胡建龙非常珍惜这次难得的机会，全身心地投入到学习培训中去。面对有一千余个字母符号标注的内燃机电器、线路，文化水平不高的胡建龙拿到课本犹捧“天书”。他克服困难，用汉字和拼音做上标记，方便记忆。为了争分夺秒，不耽误学习，三个月的培训时间他只回过两次家。功夫不负有心人。结业时，胡建龙的学习成绩在全班名列前茅。不过，他心里清楚，当好一名内燃机车司机必须长期历练，这短短的三个月学到的只能算是九牛一毛。于是，他暗下决心，要边干边学，做一名技术过硬的称职司机。仅仅半年时间，胡建龙便记下了机车上所有线路的位置，在他脑子里已经形成了一张活的机车电路图。面对机车故障，他练就了手到“病除”的本领。1992 年，胡建龙一次通过了司机升职考试。第二年就被任命为机车包乘组司机长。靠着过硬的技术，30 年来，胡建龙紧急处理十余起机车故障，确保客运列车一路安全畅行。

胡建龙在检修机车

因为经常在夜间值乘，始终保持旺盛的精神状态，开好车、开放心车，是对每一个机车司机的基本要求和严峻考验。胡建龙为了练好“家里睡得香、公寓睡得好”这个硬功夫，确保开车时有充沛的精力和良好的精神状态，严格执行强休制度。每当值乘夜班时，他白天“雷打不动”在家睡觉，并且比规定时间提前一小时到段上强休。值乘中，他严格执行作业标准，一丝一毫不走样，确保旅客列车趟趟平安正点。那一年的“燕莎”台风，深夜一场暴风雨突袭江苏大地，倾盆大雨打在以规定速度前行的机车前窗玻璃上，机车刮雨器速度跟不上雨水的速度，严重影响了机车乘务员的视线。胡建龙操纵机车牵引 2527 次客车运行在徐州至连云港间，根据以往的暴风雨天的经验，他意识到可能会发生被刮倒的大树侵入线路等异常情况。于是，胡建龙集中精力，瞪大双眼，手握闸把，紧盯前方，随时做好应急准备。一路上，他遇到了三棵倒伏的大树挡道，由于停车及时，防止了事故的发生。像这样的情况胡建龙多次遇到。30 年来，他牵引铁路旅客列车安全运行 6 000 余趟次，排除险情 70 余起，避免了任何行车事故的发生。

成功的男人身后一定有一个支持他的妻子。胡建龙的妻子陈萍是“家庭安全员”和“编外叫班员”，为了保证了他能“放心”休息，有充沛精力值乘，外出工作的妻子每天专门设定闹钟，按时打电话“叫班”。记得有一年暑运期间，80 多岁的老父亲不小心摔坏了腿，住进了医院。这时，胡建龙正出乘在南京，家人怕影响他的工作，没敢在电话里告诉他。当他回到家得知这个消息后，立刻赶到了医院。40 多岁的汉子趴在老人的病床前，愧疚的像个犯了错的孩子。之后，这位铁打的汉子又全身心投入到工作中去了。胡建龙常讲："如果没有家人的支持和付出，我也无法一心一意在岗位上奉献。"

带着父亲的嘱托，胡建龙在火车司机的岗位上，一干就是 30 多年。由于对事业的执着和认真，胡建龙连续安全行车 28 年，行车里程达 100 余万公里，先后获得山东省"富民兴鲁"奖章、山东省劳动模范、中华全国铁路总工会"火车头"奖章。2005 年，胡建龙荣获全国劳动模范称号。

2015 年胡建龙退休了，面对奉献了几十年的铁路岗位，他眼中含着的泪花，是不舍，是牵挂，更是对铁路事业的热爱！但是他那认认真真、兢兢业业、默默奉献的精神，却铸就了劳模之魂，影响和鞭策后来者一路奋进，一路前行。

丁荣军

为列车设计中国"芯"的带头人

丁荣军

丁荣军(1961—),江苏宜兴人,工学博士,教授级高级工程师,中国工程院院士,全国劳动模范,轨道交通牵引电传动和网络控制专家。现任中车株洲电力机车研究所有限公司执行董事、总经理。

1961 年 11 月丁荣军出生于江苏宜兴农村,幼时家境清贫,上中学时,每天下午放学后,都要去农田里干活。因母亲多病,丁荣军小时候的梦想是做一名医生,长大后,却读了西南交通大学电力机车专业,而他上大学前甚至都没有见过火车。1984 年夏天,丁荣军本科毕业,当年老师一句话,触动了踏实的丁荣军,他放弃了当年全系唯一的进京名额,来到地处偏僻的铁道部株洲电力机车研究所(以下简称株洲所)。以做一名优秀的工程师为人生梦想的他,从最普通、最基层的技术见习生干起,这一干,就是 30 年。

20 世纪 80 年代初期,株洲所率先自断"皇粮"进入市场,为推动科研与市场相结合,所有技术人员都要深入到机务段跟司机跑车,现场解决技术问题。从 1984 年到 1988 年,丁荣军在偏远山区的陕西勉县勉西机务段独自一人跟车跑了 4 年。白天,他跟着机车司机在狭窄低矮的机车头里一路颠簸,晚上独自一人回到车务段的招待所查阅资料和数据。大部分的时间里,丁荣军经常以干粮当饭,彻夜伏案苦读。凭借对事业的热爱,加之刻苦勤奋,丁荣军从一个初出茅庐的大学生迅速成长为株洲所年轻的科技骨干。不到 30 岁,他就开始参与一系列重大课题研究。1989 年,回到株洲所的丁荣军,受命开发"1 000 千瓦大功率电机交直交实验系统"。在日复一日的枯燥实验中,丁荣军烧掉的元器件差不多有一卡车。苦尽甘来,1990 年 3 月 24 日凌晨2时多，丁荣军“领衔”开发的实验系统第一次试机就取得了成功。

交流传动与网络控制技术被誉为铁路机车的“机芯”。20世纪90年代初，被称为中国铁路技术“转折型”课题的《电力机车三相交流800—1 000千瓦机组地面试验》正式开始。株洲所按照铁道部要求，展开课题攻关。丁荣军作为成为课题组重要成员之一，克服发达国家的技术封锁和参考资料极其缺乏的困难，他和同事迎难而上，完成了20多种电路板的设计、试制和系统联调。最终仅用两年时间就圆满完成了系统试验，拉开了中国铁路机车车辆交流传动系统集成技术的研究与应用大幕。1998年，铁道部提出了“用10年左右的时间完成机车交直传动向交流传动转换”的任务。丁荣军作为交流传动系统的学术带头人、铁道部专家组的重要成员之一，义无反顾地挑起担纲闯关的重任，开展了“交流传动系统及其高性能控制技术”、“机车分布式微机控制与网络系统”和“基于高压接技术的高压大电流电力半导体器件的研究开发与应用”等国家级、部委级科研项目的攻关。

丁荣军指导青年科技团队

2000年以后，丁荣军开始担任株洲所科研副所长、总工程师，直至所长、执行董事、总经理，经历了从技术专家到技术管理者，再到企业管理者的角色转变。但“科技先导”是他一直坚持不变的理念，企业每年以不低于年销售收入8%的巨额资金进行研发。作为轨道交通装备“机芯”技术中最为先进、效能最为突出的高端产品，IGBT长期被西方发达国家垄断技术。当前我国IGBT产品整体发展处于起步阶段，株洲所是我国唯一全面掌握IGBT从芯片设计——模块封装——组件——应用全套技术的企业，也是唯一建立了1 200伏及以上高等级功率IGBT技术及模块技术完善的产品体系的企业。一年后，我国第一条IGBT产品封装线在株洲成功落成，成功实现了IGBT模块的国产化。丁荣军精于推动技术多元应用。他将牵引电传动系统集成技术应用到城市轨道交通、电动汽车、工业变流、风力发电等新领域，在特高压输变电系统、大功率半导体器件等领域，也取得了很大突破。公司销售收入从2006年的16.8个亿跃升到去年的164个亿。

作为株洲所的“掌门人”，丁荣军带领团队立足于自主研发，取得了从大系统到大部件、从关键材料到关键工艺、从核心器件到核心软件的全方位突破，形成了一批专利技术和系列新产品，结束了我国轨道交通机车车辆没有自主“机芯”的历史，使中国成为世界上少数掌握该技术的国家之一，也确立了株洲所在全国的品牌效应和独特的技术优势。

吴淑玄

焊花璀璨写春秋

吴淑玄

吴淑玄(1962—),江苏常州人,全国劳动模范,中车戚墅堰机车有限公司首席员工,电焊工高级技师,机车二车间电焊三班班长。

吴淑玄,1962年9月7日出生,1976年12月参加工作。从当电焊工的第一天起,吴淑玄就立下了这样的誓言:别人不能焊的我能焊,别人能焊的我要焊的更好。人们很快就发现这个貌不惊人的小姑娘不一般。为了学习技术,吴淑玄苦活累活抢着干,窝在闷热的蒸汽机车水箱里一干就是四个小时。为了提高技术水平,她硬是啃下了《焊接工艺学》《金属材料学》等理论书籍,掌握了与电焊相关的电工、钳工、铆工知识。她总结多年的理论与实践经验,先后提出了"车体架蒙皮涨拉焊接工艺"等二十余项合理化建议,编写了《平板对接仰焊与管子对接固定焊操作法》。1989年工厂第一届职工技术大赛,她耐心说服了爱人和婆婆,怀着六个月的身孕报名参赛,每天起早贪黑,苦练了一个多月,在赛场上勇夺第一。2003年,为了参加全国职工技能大赛,她不顾阑尾炎手术之痛,躺在病床上看书背题,出院后随即投入实作训练。在高手林立的江苏省选拔赛中,她以第三名的成绩出线参加全国比赛,并在全国大赛中荣获优秀选手称号,为江苏省荣获团体第七名立了功。

吴淑玄所从事的是工厂新造内燃机车的车体、车架等重要部位的焊接工作,技术难度大,质量要求高,稍有疏忽,都会给机车运行带来不可估量的事故隐患。作为机车关键部件的焊接主攻手,她重任在肩。车体、车架焊接难,"我上!";侧梁、拉杆焊接要求高,"我上!",这是吴淑玄的口头禅。多年来，她以敬业爱岗的职业道德和勇攀高峰的拼搏精神，在铁路五次大提速机车的研制中，特别是在承担青藏铁路和出口柬埔寨等机车的焊接任务时，质量优秀、工作出色。

在完成常州市政工程广化桥的钢结构制作任务时，吴淑玄面对桥梁焊接这一全新的课题，胆大心细，掌握焊接的频率和材质，选择焊接的角度，顶着三十七八度的高温，蜷曲在容积不足1立方米的箱梁黑洞里连焊好几个小时。艰辛的付出换来的是环焊焊缝合格率100%的惊人成绩。

吴淑玄在进行焊接作业

为推进公司整体技能素质的提升，吴淑玄和另外四位女焊工技师组建起了公司女子焊接队，通过开展技术操作表演、举办技术讲座、组织名师带徒等活动，取得了良好的效果。在她的带领下，焊接队的姐妹们成为了公司攻坚战的生力军。在东风11G车体架焊接攻关中，完成技术革新16项，2人获公司创新奖；攻克难关，制作百年厂庆典礼所需演出道具，为公司节约了费用近8万元；利用业余时间完成31只内燃机车产品气缸盖焊修，创造价值1万2千余元；历时一个多月时间，修复2台报废的240柴油机机体，为公司挽回经济损失数十万元。

30多年来，吴淑玄在电焊工岗位上，勤奋钻研业务，不断攀登技术高峰。这些年经她手焊接的七百余台机车无一返工，创造了工厂焊接技术的神话！吴淑玄先后获得“全国先进女职工”“全路先进女职工”“江苏省文明职工”“常州市技术状元”等荣誉称号。2007年吴淑玄光荣地当选为党的十七大代表；2008年当选为北京奥运会火炬接力江苏境内传递活动的火炬手；2010年荣获“全国劳动模范”称号。

翟婉明

铁路提速的“保护神”
翟婉明

翟婉明(1963—),江苏靖江人,中国科学院院士。西南交通大学首席教授、博士生导师,牵引动力国家重点实验室副主任、高速铁路线路工程教育部重点实验室主任,国务院学位委员会机械工程学科评议组成员,国家“千人计划”专家顾问组成员,四川省科协副主席、成都市科协主席。

1963 年 8 月翟婉明出生在江苏省靖江市先祠镇三河村的一个普通的农民家庭。从上小学起,翟婉明每天放学回家,总是书包一扔赶到地里做农活,一做就到天黑,然后借着煤油灯做作业。1981 年翟婉明高中毕业,因为老家的交通实在不便,因而对“交通”两个字比较向往,于是报考并录取到西南交通大学机械系。那年,宝成铁路塌方,翟婉明只好从靖江老家绕道上海、昆明再到学校,一绕便是三天四夜,这让他下定决心改变中国铁路落后的状况。

在西南交大,翟婉明研究生提前毕业留校任教。1991 年、1994 年先后破格晋升为副教授和教授,成为当时我国铁路系统最年轻的教授。1996 年,33 岁的翟婉明成为博士生导师。

经过长期对列车与线路研究,翟婉明认为,随着列车提速及高(快)速、重载铁路的迅速发展,机车车辆与轨道之间的动态相互作用日益增强,列车的运行安全性和乘坐舒适性受轨道线路的影响越来越强,仅从车辆系统或轨道系统本身研究,已难以胜任。于是,翟婉明将车辆系统和轨道系统作为相互耦合的统一大系统,在国内外率先提出并系统建立了“车辆—轨道耦合动力学”新理论,不仅打破了长期以来将车辆、轨道隔裂开来研究的局面,开创了铁路大系统动力学学科新领域，而且对经典的“车辆动力学”、“轨道动力学”产生了深刻影响。翟婉明与其已故导师孙翔建立的“车辆—轨道统一模型”，位列本领域四大国际代表性模型，被称为“翟—孙模型”。他构造的适合于大系统动力分析的快速显式数值积分方法，在国际上被称为“翟方法”，其相关的理论、方法与技术被广泛应用于我国铁路6次提速、重载运输及高速铁路工程领域，解决了一系列工程技术难题，取得了显著的社会经济效益。这一成果在国际上产生很大影响，他也因此被多次邀请在国际学术会议上作报告。对此，翟婉明自豪地说：“我是‘土博士’，土生土长的交大人，没在国外念过一天书，但也出过国，不是去留学，而是去讲学。”

在取得“机车车辆——轨道耦合动力学理论”创新成果的基础上，翟婉明针对我国铁路不断提速及高速化发展所导致的列车通过桥梁时的动态安全问题，又主持完成了高速列车过桥动力相互作用理论与安全评估技术研究。10年的时间，他和他的团队成功建立了1套完整的“列车—铁路—桥梁动力相互作用理论”；开发了列车过桥动态模拟技术；研制出具有自主产权的大型分析系统TTBSIM；提出了列车过桥动态安全评估方法，满足了提速和高速铁路桥梁动力设计安全评估的重大需求。其中，他提出的“车线桥动力分析评估技术”，已成为我国现代铁路新桥设计、旧桥加固不可缺少的一项关键技术，纳入了我国快速及高速铁路设计规范。针对提速列车通过线路接头、道岔等振动剧烈区段的安全隐患，翟婉明采用其理论揭示列车提速导致线路动力性能恶化的机理，提出配套强化改造技术，成功应用于不同类型的既有铁路扩能改造工程，特别是与成都铁路局合作，使西南山区铁路小半径曲线路段行车速度普遍提高30%左右，累计改造曲线达1 800公里，节省成本8.08亿元。另外，在高速铁路工程中，他采用其匹配设

翟婉明(左)考察新能源单轨交通系统

计方法，使列车能成功上爬最大坡度达到34%。通过对广深港高铁跨越珠江4种桥隧设计方案的高速行车安全评估，推荐出最佳方案；完成了我国第一条路基上高速无砟轨道试验段（遂渝铁路）新型无砟轨道设计参数优化和动态安全评估。正因为此，翟婉明被业界誉为“铁路提速保护神”。

翟婉明数十年的奋斗，取得了很大的成功。他成为国家重点基础研究发展计划（973计划）项目首席科学家，教育部“长江学者奖励计划”特聘教授，国家杰出青年科学基金获得者，工程科学首位长江学者成就奖一等奖获得者。翟婉明主持研究成果入选2005年度中国高等学校十大科技进步展，获国家科技进步一等奖一项，二等奖一项。

翟婉明小时候的梦想，是看到火车、坐上火车、改变火车的速度。如今，他做到了，并且取得了令世界瞩目的成绩。未来，他将继续和中国的火车一起，鸣笛向前。

高宗余

人生因桥而出彩

高宗余

高宗余(1964—),江苏南京人,中铁大桥勘探设计院集团有限公司总工程师、教授级高级工程师。2011 年被评为全国工程设计大师。长期从事大型桥梁工程的研究设计工作,在高速铁路大跨度桥梁、跨海大桥、柔性组合结构桥梁研究设计方面,取得了突出成就,先后五次荣获国家科技进步奖。

1964 年 1 月高宗余出生在古都南京郊区的一个农村家庭,自幼便接受了良好的教育。中学时,高宗余在南京市的一所重点中学就读。1981 年,高宗余考入西南交通大学铁道桥梁专业。大学毕业后,高宗余进入中铁大桥局,被分配到总工程师办公室。在那个大办公室,很多老专家都在一起办公。高宗余就是听着老专家们的故事成长起来的。

1990 年,26 岁的高宗余参与武汉长江二桥的设计工作,在负责力学计算时崭露头角。武汉长江二桥跨度当时是亚洲第一,数据汇总成一本 100 多页的厚书,高宗余自己编程序,边计算、边完善,上万个数据,算一遍就要 10 小时。高宗余硬是这样干了半年。令人惊叹的是,时隔 20 多年,他当时编写的"斜拉结构软件系统"仍在国际上处于领先地位。

1998 年,年仅 34 岁的高宗余设计建造了福州市青州闽江大桥,该桥主跨 605 米,在全球结合梁斜拉桥中位居第一。他带领团队刻苦攻关,用一年时间设计出精确的计算软件,由此获得高精度计算,为该桥节省钢材 20%,节省资金 3 000 多万元。

2001 年,高宗余在设计中国第一座跨海大桥——上海东海大桥过程中,遇到前所未有的挑战:桥址所处水域的海水对钢材有腐蚀性,而且一年中有

180 天刮着 6 级以上大风。他推出“预制、整体、工厂”的新概念，大胆设想将每片重达 2 000 吨的巨梁全部在陆上工厂整体预制，再由专用船舶运到海上拼装。这种新型的建桥方法开创了世界桥梁先河，大大提高了建桥效率。全长 32.5 公里的东海大桥不到 4 年就竣工完成，令国外桥梁界所叹服。

2004 年，高宗余在主持设计郑州黄河公铁两用大桥时，为解决上下层桥面宽度差较大的难题，将钢桁梁设计成独特的倒梯形，上宽下窄，上层为设计时速 100 公里的双向六车道公路，下层为设计时速 350 公里的高速铁路，为世界首次采用。

大跨多塔缆索桥是跨江跨河桥梁中提供多孔宽大航道的最经济、最合理的解决方案，但却存在诸多难题。以多塔悬索桥为例，如何在保证主缆抗滑安全的同时，提供足够的主梁刚度一直难以攻破。为攻克这一难题，高宗余主持开展了大跨度三塔悬索桥关键技术研究。在泰州大桥、马鞍山大桥、武汉鹦鹉洲大桥三座大跨度三塔悬索桥设计中，高宗余根据不同水文条件，研究采用不同的中塔结构形式，既实现可通航水域的大跨全覆盖，又使大桥的主要结构工程量减少一半，使我国成为世界上率先修建大跨度多塔悬索桥的国家。

高宗余在“轨道交通工程”科学与技术前沿论坛上作报告

高速铁路桥梁的设计建造是高铁成套技术的关键部分。此类桥梁多采用多种交通功能合建于一桥的方式，对承载能力要求很高。在武汉天兴洲长江大桥方案设计中，高宗余带领工作团队，深入开展大跨度铁路钢桁梁桥新结构研究，首创三索面三主桁的钢桁梁斜拉桥新结构，使高铁跨越长江从可能变为现实。高宗余设计的武汉天兴洲长江大桥独揽全球公路、铁路两用斜拉桥“跨度、荷载、速度、宽度”4 项世界第一。

在 31 年建桥生涯中，最令高宗余印象深刻的是规划建设沪通铁路长江大桥。他认为长江是全世界最繁忙的航运通道，为保证黄金水道畅通，节约投资，大桥应按铁路、城际和公路共用通道过江设计，形成综合性过江通道。从2005年起，高宗余为沪通大桥勘察选址频频到南通，连头带尾十年间，他到南通不下十余次。在2012武汉国际桥梁科技论坛上，作为沪通长江大桥的总设计师，高宗余激动地对外发布：沪通铁路长江大桥将采用主跨达1 092米的公铁两用斜拉桥方案，这将两倍超过刚刚刷新跨度世界纪录的武汉天兴洲公铁两用长江大桥，成为世界上首座超过千米跨度的公铁两用桥梁。大桥主塔高达325米，为世界上最高公铁两用斜拉桥主塔；大桥建成后能抵御14级台风、8级地震、10万吨级船舶的撞击。大桥的工程规模之大，施工难度之大，创造了世界桥梁和中国桥梁建设的多个之最，代表着当前中国乃至世界桥梁建设的最高水平。2014年3月，沪通铁路大桥正式开工建设，将于2019年10月建成通车。

高宗余是业内公认的“大师”，很多人都称赞他成就非凡，但高宗余却说，自己最庆幸的是赶上一个好时代。一个人生命只有几十年，而一座桥却至少要屹立100年，桥是他生命的延续，是他用整个人生画下的彩虹。

吕陇民

把简单的事做好就是不简单

吕陇民

吕陇民(1964—),山东威海人,高级技师,全国劳动模范。历任上海铁路局徐州供电段电力线路工、工长、安全检查队队长。

1964 年 2 月 7 日吕陇民出生于江苏徐州的一个铁路工人家庭,1980 年徐州铁路三中毕业进入济南铁路局徐州水电段(现上海铁路局徐州供电段),历经三十年的努力、奉献,先后荣获铁道部火车头奖章,徐州市、江苏省和全国劳动模范称号。

吕陇民自 1998 年 8 月起开始担任工长。工长在铁路基层单位被称作“兵头将尾”。吕陇民所在的工区担负着徐州东区行车、生产、商业近千家网点以及 3 个铁路宿舍、4 000 多户居民日常用电任务,工作格外繁杂。在供电服务过程中,吕陇民本着“优质、规范、方便、真诚”的服务理念,牢固树立“水电无小事”的思想,及时帮助解决生产单位和居民群众用电难题和故障报修。为了方便广大用户,提高服务质量,吕陇民想了很多办法。如,每次施工前,工区张贴告示、放置宣传展板等,将工程内容、施工范围、停电时间等广泛宣传,尽量减少施工对居民正常生活秩序的影响;坚持首问负责制,能答复的立刻答复、能解决的立刻解决,需要多方协同解决的问题,工区牵头负责;在生产单位选定某科室、在社区选定某热心群众作为联系户,承诺一般问题 5 小时内解决,投诉 3 天内答复,并且制定了严格的规章制度。日常工作吕陇民带头干。一年夏季,徐州遭遇罕见暴雨,雷击导致电力设备损坏,辖区大面积停电,徐州南站、南京车辆段、南京客运段等单位生产用电都受到严重影响。吕陇民冒着瓢泼大雨,驱车前往 3 公里外的配电室。雨水淹没了立交桥通道，汽车无法前行。吕陇民淌着深及大腿的积水扛着抢修设备往前赶到目的地，和工友爬墙进入配电室，快速检修、更换设备，半小时内恢复了供电。

在安全管理方面，吕陇民坚持强化过程控制，建立了以卡控机制为主，自控、他控为辅的班组安全控制体系。作业前，他坚持在画好示意图，讲解设备名称、工作任务、停电范围，逐项阐明注意事项和采取的安全措施；作业中，明确13个安全关键点的卡控措施，并且制作成卡片，人手一份，责任落实到人；作业后及时点评、总结，为全段执行安全工作标准化提供了一整套先进模式。

在多年的工作实践中，吕陇民体会到只有发挥好团队力量才是工作制胜的“法宝”。班组长要与工友们以心换心，带领大伙拧成一股绳，就没有迈不过的坎。针对工作条件艰苦的实际，他不遗余力地关心工区职工生产生活和家庭困难，解除他们的后顾之忧。

吕陇民善于积累和总结，他把自己从事电力工作近30年的实践经验整理出来，结合班组实际，和实习大学生共同研究首创了《电力工区指挥系统》，实现了《电力工作票》(铁路电力行业最重要的安全作业保障措施)由传统手抄形式向微机化应用的新跨越。利用微机制作出的工作票不仅字迹清晰，而且不易涂改、简便操作。票面上既有工作示意图，也有当天工作的设备名称、工作任务、停电范围、安全事项等电力工作内容，一目了然、条理清晰、简单易行，方便了现场施工管理，提高了工作效率。这一成果获得铁路局科技进步二等奖。

吕陇民向青年职工传授瓷瓶绑扎技术

2012年8月，吕陇民被任命为段安全科安全检查队队长。上任后他注重发挥安全检查队的整体作用，合理安排工作计划，盯现场、查问题、帮整改，促进车间、班组安全管理更加规范。西陇海电气化管内直管交接过渡期间，他配合技术科、调度科，对新组建的4个供电工区开展抢险演练考评，结合“V”停作业多的特点，对抢险出动流程、工机具、安全卡控进行检查、点评，面对面抠问题，手把手教标准，确保了交接过渡期间应急抢修准备到位。从事安全检查，他始终坚持“红脸白脸一起唱”，对安全工作中不符合规程、标准的人和事，严肃认真地考核追究，不仅让被检查人明白错在哪里，还要明白错的原因和如何纠错。遇到职工难以理解的问题，他坚持耐心细致地摆事实、讲道理，直到他们心悦诚服。通过坚持不懈地努力，安全检查队逐步从被职工排斥，转变为受职工欢迎、愿意共同交流进步的朋友，理顺了工作关系，进一步夯实了全段安全工作基础。

三十多年来，吕陇民从工人到工长、到安全检查队队长，在徐州供电段没挪过窝。这在别人看来岗位平凡、工作简单，然而，他却干出了十分突出的成绩，这就是吕陇民的独到之处。

余才高

成功源于兴趣，更在于责任

佘才高

佘才高(1965—)，安徽丹徒人，研究员级高级工程师，全国劳动模范。现任南京市地下铁道工程建设指挥部常务副指挥长、南京地铁集团有限公司董事长、党委副书记，南京地铁建设有限公司总经理、党委书记。

1965年1月17日佘才高出生于安徽省丹徒县，1981年进入西南交通大学隧道及地下铁道专业学习，并以全专业第一名的成绩被免试升为该校桥梁、隧道及结构工程专业的研究生。1988年毕业后被分配到南京市政设计院的地铁专业组，从此他和南京地铁结下了不解之缘，成为陪伴南京地铁从孕育到诞生、再到快速发展的第一人。

佘才高从1988年参与南京地铁筹备工作以来，开始的十多年工作都是“纸上谈兵”，大家都认为总这么筹备下去，一点动静都没有，不仅干不了实事，还不利于专业的发展。当时也有很多年轻的毕业生被分到组里，但不久后都相继离开了。最后留下来的年轻人只剩下他一个，而他留下来的原因只有一个，那就是对地铁专业的兴趣。

佘才高充分利用所学专长及长期从事南京地铁工作所积累的经验，针对工程实践中所遇到的一系列技术难题，组织科研攻关和成果转化，对降低地铁工程造价、提高工程质量、确保工程进度和安全做出了突出贡献。

城市轨道交通高架线U型梁综合技术的运用对于发展降噪、经济、美观、环境友好的城市轨道交通具有重要意义。佘才高通过成功构筑了符合国情的新式环境友好型轨道交通高架系统，解决了限制我国轨道交通高架线发展的主要问题，取得了显著的经济效益和社会效益。南京地铁 2 号线东延线因此节省工程造价近 36 800 万元，南京至高淳快速轨道南京南站至禄口机场段工程土建费用节省 9.93%，土建总造价减少投资近 10 100 万元。该项科研成果已在北京城轨试验线等项目上得到了成功应用。

举世瞩目的京沪高铁南京大胜关长江大桥，可同时行驶 3 种速度完全不同的列车。高速铁路与地铁共桥运营在国内外尚属首次，为了确保运输安全，佘才高带领团队开展科研攻关，完成了《南京大胜关大桥地铁行车抗风安全性研究报告》、《南京大胜关大桥地铁行车风参数风洞模型试验及接触网抗风安全性分析》及《南京大胜关长江大桥横风作用下地铁行车安全性和舒适性研究报告》，首次创立了高铁与地铁共大跨度钢桁拱桥运行的技术体系，研究成果对类似工程起到借鉴作用。

近五年来，佘才高还完成了地铁工程安全控制关键技术研究及应用示范、城市轨道交通安全条件论证技术和标准应用示范、南京地铁试运营安全保障关键技术及应用研究等主要成果。获华夏建设科学技术一等奖 1 项，中国岩石力学与工程学会科技进步二等奖 1 项，中国测绘学会科技进步二等奖 1 项，江苏省科技进步一等奖、二等奖、三等奖各 1 项，北京市科技进步二等奖 1 项，解放军科学技术进步二等奖 1 项，拥有发明专利 6 项。

正是因为对地铁专业的浓厚兴趣，佘才高工作期间发表论文近 60 篇、出版专著 6 部，组织编制了南京地铁诸多专题研究报告。他被评为首届城市轨道交通中青年专家，江苏省“333 高层次人才培养工程”（第二层次）中青年科技领军人才，江苏省第一期“科技企业家培育工程”培养对象。

佘才高在地铁学院成立大会上

如今的南京地铁，已建成运营了 1、2、3、10、宁天线一期、宁高线一期等 6

条线，运营总里程225公里，在运营里程和管理水平在全国均名列前茅。对于全国劳模这个荣誉，佘才高认为：“其实能当上劳模主要是因为承担了地铁这个大工程，才有了这么一个发挥的平台，我只是南京地铁的一个普通建设者。后面的建设任务还很重，人不仅要对自己有责任感，更要对自己的家庭和事业负责，地铁就是我的事业！”

王
文
华

大山深处的坚守

王文华

王文华(1967—),安徽怀宁人,全国劳动模范,上海铁路局南京东站古雄站副站长。28年如一日,默默无闻地扎根铁路小站,与大山为伍,和钢轨作伴,凭借自己高度的责任心、过硬的技术业务、无私的奉献和执着的坚守,保障着铁路大动脉的安全畅通。

1987年,年仅20岁的王文华从芜湖铁路技校毕业,分配到皖赣铁路倒湖站工作,这是一个大山深处的四等小站,是上海铁路局和南昌铁路局的分界点。这里"通讯靠吼、交通靠走",恶劣的环境并没有吓退王文华,他暗下决心,"要做就做最好的"。在工作空闲、业余时间,王文华把精力都集中到学业务知识、学专业技能上。他仔细琢磨铁路行车规章,逐条领悟,勤学苦练,从扳道员到行车助理值班员、行车值班员,王文华默默奉献着自己的青春年华。他业务出众、技能超群,多次代表单位参加各级业务竞赛并取得好成绩。

1999年,王文华调任侯潭站站长。侯潭站是建在山窝里的车站,线路坡道大,弯道多。干铁路的人都知道,在大坡道上进行平面调车作业,要求高,难度大,一着不慎,就会发生"溜、脱、挤、撞"的调车惯性事故。侯潭站调车作业频繁,每月货物发送到达在4万吨以上,调车的车辆又是装载液化、压缩气体和爆炸易燃货物。王文华带领员工,迎难而上,时刻注意"天、地、人、车、货"5个环节和因素,确保安全作业。根据侯潭站的特点,王文华摸索出《调车安全控制六条措施》,纳入调车《管理汇编》,从制度上杜绝了安全隐患的发生。

2004 年，王文华被调到祁门站任分管安全的副站长。面对新的环境、新的岗位，他深入到 6 个中间站了解职工生产、生活情况，开展家访、谈心，运用算账对比的方式，宣讲保安全的重要性。2012 年暑运期间，祁门站遇到了繁重的大机施工任务，他主动请缨。在两个多月的时间里，他白天深入到小站开展安全巡查，下半夜就奋战在施工现场，落实施工安全把关措施，确保施工期间的安全平稳。随着车间班子人员的调整，王文华又分管起客运工作。2012 年 8 月中上旬，台风“海葵”侵袭，对山区铁路沿线影响较大，多趟列车停开或中途折返，大批旅客出行受阻。王文华组织客运人员，提前开足窗口，及时为旅客办理退票、改签手续，由于车站备用金不多、零钞不足，他就上银行取出自己的存款，换成零钞后先垫上。仅在 8 月 10 日这一天，他就四次去银行取款，方便旅客退票。有几趟列车在祁门站折返后，下了四、五百名旅客，他及时与汽车站、长运公司联系，调来了多辆大巴车和中巴，在最短的时间内组织旅客中转、疏散，避免了问题的发生。近 30 年来，王文华先后在倒湖、侯谭、祁门和古雄站工作，解决各类事故 20 多起，提出各类安全控制措施 120 多条，大大提高了职工的安全作业技能。

在小站工作的王文华

由于山区铁路小站交通、生活不便，一些职工思想上不稳定。为留住职工，让小站人安心工作，王文华努力让职工们享受“家”的温馨。他带领职工上山挖来各种树木和花草，种植在车站四周，美化环境。同时，积极向上级申请，为车站添置衣橱、床铺，逐步配齐冰箱、空调和厨房、卫生设备以及健身器材。车站周边荒地多，他身体力行开荒种地，养殖家禽。短短几年的时间，就把站区打造成了瓜果飘香的农场，全站职工的蔬菜瓜果和禽蛋供给基本实现自给自足。

就这样，30 年来，王文华不仅自己坚守小站，在平凡的岗位上创造精彩。同时，也让更多的职工和他一样，愉快地工作、努力保障山区铁路安全生产和运行。

用知识和技能激发活力

张忠

张忠

张忠(1969—),江苏常州人,全国劳动模范。中车戚墅堰机车有限公司电焊工、高级技师、首席员工。

1969 年 8 月 24 日张忠出生于江苏省常州市。1984 年 12 月,稚气未脱的张忠带着年轻人的自信和梦想,来到铁道部戚墅堰机车车辆厂(现中车戚墅堰机车有限公司),走上电焊工岗位。电焊工是苦脏累工种,易学难精。起初,张忠拿着焊枪久了就会感到心浮气躁、双臂胀痛,甚至呼吸不畅。焊枪在手中也常常不听使唤,焊出的工件也报废过不少。

重压之下,张忠给自己订下了在常人看来近乎苛刻的学习计划。白天上班他一干就是数个小时,常常是眼睛被呛得睁不开,手臂酸得抬不起来。每周 4 个晚上到夜校学习文化知识,到家后还继续学习电焊技术。梅花香自苦寒来,经过多年的努力,张忠取得了很大的成功。他先后取得国际焊接技师证书、4 项国际焊工资格证书等,成为"精一会二懂三"的复合型高技能人才和业内公认的中国南车"焊接技术第一人"。2001 年,张忠荣获中国南车首届职业技能竞赛电焊工第一名。2003 年,他荣获江苏省职业技能竞赛第二名,并在全国职工职业技能竞赛中获得焊工决赛第六名的优秀成绩。

张忠敢于攻坚、善于攻坚,在企业产品攻坚中永当创新能手。在铁路历次大提速机车的研制中,特别是在一些特种、专用机车的焊接工作中,张忠一直是机车重要关键零部件的焊接"主攻手"。2011 年,公司和谐 5 机车攻坚战是生产中的重中之重。在和谐车构架焊接项目攻关中,遇到了很多新难题,如药芯焊丝的应用等。在没有经验可参考的情况下,张忠和工艺技术人员及作业区的师傅们一起进行分析、计算及论证。他从网上搜集相关技术工艺资料，认真查找理论数据，通过对合金板材各项参数的综合分析，大胆设想，合理应用自己掌握的精湛技术。经过一个多月的反复实验，终于取得了成功。近年来，他攻克的柴油机机体高难度的焊补修复、高速动车组庞巴迪电机吊座焊接等关键技术难题多达百余项。张忠完成的 15 项关于和谐 N5 型机车转向架焊接的工艺评定参数，使每台机车节约成本 4.5 万元，累计为公司创造利润 2 700 余万元。张忠探寻的 DF11 型机车制动缸体的方法，使焊接返修率由原来的 30%降至 1.5%以下。

对焊接技术的不断探究，使张忠练就了一身绝技。而且，更多了理性的升华。他破解了机车总风缸、制动缸等关键部件返修率较高的难题，并总结编写了《DF11 制动缸体环焊缝焊接》《和谐 N5 机车构架焊接》《小直径管对接 45°固定组合焊》等操作法。这些，都代表着我国内燃机车制造焊接工艺的最高水准，在我国内燃机车制造业得到广泛应用和推广。

张忠在工作中

张忠不仅自己刻苦钻研，还一直致力于为企业培养一支技术过硬的焊接技能人才队伍，用"传、帮、带"的形式，将自己的绝活无私传授给公司员工，显现了大师风范。他先后举办电焊工技术操作表演 60 多场次，开展技术讲座 120 余次，授课培训时间达到 600 多课时，培训电焊工近 4 000人次。"因人而异，因材施教"是张忠作为师傅和培训老师的教学原则。他把每个徒弟都十分耐心，毫无保留地把自己的技能和经验传授给他们。张忠还是他们公认的"心理辅导员"，每当有比赛，他都会给他们热情鼓励。有人比赛成绩不理想，他也是第一时间帮助他们查找差距，让他们建立信心。他所带的徒弟有 8 人成为技师和高级技师，2 人成为中国南车核心技能人才。

32 年的坚守和奋斗，从初中毕业生起步的张忠在平凡的焊工岗位上，恪尽职守，默默奉献，将责任心、使命感化作了坚守的动力，追求职业技能的完美和极致，攻克了一道又一道焊接技术难题。张忠获得了全国劳动模范、中华技能大奖、全国技术能手、全国学习型职工先进个人、铁道部“火车头”奖章、中央企业先进职工标兵、江苏省有突出贡献高级技师、新时期助力“中国制造 2025”的“大国工匠”等荣誉称号。张忠大师工作室也荣获了中国国家级技能大师工作室、江苏省十大技能大师工作室等称号。2015 年 7 月，张忠以敬业奉献的突出成绩荣登中央文明办发布的“中国好人榜”。

“用知识和技能激发工作的活力。”这是始终以奔跑的姿态前行的张忠为自己写下的座右铭，这也是对他以不竭的创新精神演绎新时代青年工人成长轨迹的最好注解。

后记
POSTSCRIPT

江苏铁路走过了艰难坎坷，而又高歌猛进的百年历程。

围绕江苏铁路所发生的故事、参与的人物和留下的遗存，值得追忆和回味，也应载入史册，昭示后人。鉴此，南京铁道职业技术学院和江苏省铁路办公室联合组织编写《江苏铁路百年》丛书，并以铁路文化研究中心研究人员为主体组成写作团队。

《江苏铁路百年人物》是《江苏铁路百年》丛书的第一分册，江苏铁路人物的收录，依据以下标准：为江苏铁路兴起和发展作出贡献的重要人物；为中国铁路作出重要贡献的江苏籍人士；在江苏铁路岗位上为民族解放作出贡献的重要人物；在江苏境内任职为铁路事业作出贡献的政府官员（主要指民国时期）。同时，遵循"三重"原则，即：重历史贡献，如历史上对铁路作过贡献的政府官员、贤达名流等；重科技英才，如铁路科研领域的开拓者、领军人物、"两院院士"等；重生产一线，如江苏铁路岗位上的全国劳模等。

本书分三个历史时期，以人物出生先后为序。对于跨越历史阶段的人物，以其对铁路的主要贡献归入某个时期；对于领袖人物、综合性人物，着重介绍其对铁路的贡献；对于铁路人物则主要介绍其对江苏铁路的贡献。改革开放以来的铁路各级领导干部有待今后编入。

本书在写作中参考了有关书刊与资料，在成书过程中得到中国第二历史档案馆、中国铁道博物馆和江苏省铁道学会的大力支持，特别是中国第二历史档案馆馆长马振犊教授为丛书欣然作序，在此一并致谢！